重庆市社会科学规划博士项目研究成果

重庆邮电大学人文社会科学重点研究基地支持项目

教育部人文社会科学重点研究基地————西南大学西南民族教育

与心理研究中心支持项目

人口较少民族
生存、文化与教育

基于云南省莽人的人类学考察

Survival, Culture and Education of Small Ethnic Groups:
an Anthropologist Investigation of the Mang People

袁春艳◎著

中国社会科学出版社

图书在版编目(CIP)数据

人口较少民族生存、文化与教育：基于云南省莽人的人类学考察/
袁春艳著. —北京：中国社会科学出版社，2013.12
ISBN 978 - 7 - 5161 - 3643 - 0

Ⅰ.①人… Ⅱ.①袁… Ⅲ.①少数民族—民族文化—研究—中国
②少数民族教育—研究—中国 Ⅳ.①K28②G759.2

中国版本图书馆 CIP 数据核字（2013）第 271332 号

出 版 人	赵剑英
责任编辑	凌金良
责任校对	周 昊
责任印制	王炳图

出　　版	中国社会科学出版社
社　　址	北京鼓楼西大街甲 158 号（邮编 100720）
网　　址	http://www.csspw.cn
	中文域名：中国社科网　　010 - 64070619
发 行 部	010 - 84083685
门 市 部	010 - 84029450
经　　销	新华书店及其他书店

印　　刷	北京金瀑印刷有限责任公司
装　　订	廊坊市广阳区广增装订厂
版　　次	2013 年 12 月第 1 版
印　　次	2013 年 12 月第 1 次印刷

开　　本	710×1000　1/16
印　　张	17.75
插　　页	2
字　　数	295 千字
定　　价	55.00 元

序

　　西南民族地区跨越我国地势一、二、三级阶梯，从世界屋脊的青藏高原到北部湾，海拔高度从 8000 多米一直下降到 0 米，形成了复杂多样的地形地貌和立体多变的气候环境，继而生成了独特的民族文化系统，体现了从人类最早的发展形态直到现代社会的完整性。而其纵横交错、南北流向的横断山脉，使其自古交通不便，音讯阻梗。因此，至今除了 34 种西南独特的少数民族之外，还有若干没有划分族群的"人"，他们的所属族群尚在进一步研究和认定之中，这既是学术问题，也是民族识别工作的问题。在西南便有夏尔巴人、僜人、苦聪人、克木人和莽人等，这些民族多聚居在大山里，相对封闭，自成体系，与外界鲜有交往。尽管现代化的发展使其交通、通讯大别于以前，但这些"人"的生存环境极差，要能深入深山老林极其不易，所以如何了解他们，研究他们，继而让他们的民族身份、文化历史以及独特的生活方式得到应有的尊重和认同，这是摆在我们民族文化研究、民族教育发展，乃至整个民族社会和谐进步面前的一道坎。

　　要研究这些民族，要研究这些"人"，就必须研究其所处的天时地理环境，就必须研究这些民族与其他民族交往以及与其他民族间的文化血缘关系，当然更主要是应研究这些民族自身的自然系统、人文社会以及语言、风俗等独特的文化生态系统，而要做这些事情并不容易。因为，首先得知道他们在哪，虽然这些"人"学者们早就注意到，也分别有些初步介绍，但是这些"人"居无定所，常常以游耕方式游走于大山之间，即便相对稳定，其所处的环境以及与之沟通的渠道和方式也是相当不便、相当艰苦的。袁春艳在她博士学习期间，选定了以莽人这个特殊的群体作为研究对象，对她而言是一个严峻挑战。虽然她也是少数民族——苗族人，也知道一些民族研究的基本范式，也有要把问题研究透的雄心，可是一个小姑娘只身前往这样的地区，仍然有诸多的严峻挑战。除了生活上的艰苦，交通上的不便以及语言文化的隔阂之外，更重要是这些"人"虽然少，却是一个完整的社会，"麻雀虽小，五脏俱全"，研究这样一个小而全的社会结构，所需要的知识、学养、能力都是全方位的，是极其不易的。所以，选这个研究对象，表面上是一个很小的族群，而实际上是解剖一个社会结构。更何况莽人是一个没有文字的族群，对其已有的文字记载甚少，因而很少有现成资料可以查阅，要对这样一个完全陌生的族群去研究、去挑战，其艰难可想而知。

坦率地说，袁春艳的研究并不顺利，其辛辛苦苦跑几个月后弄出的第一份开题报告并未通过，参与开题的老师们提出了诸多问题，可以说袁春艳是穷于应付。但难得是她不气馁、不灰心、知耻而后勇，再花一年多时间深入下去，重新巩固自己以往研究所不够的方方面面。于是一个"跑"——深入实践、钻山沟、做田野、到现场，一个"学"——学习本学科与其他学科基本理论、基本方法、研究范式等，再了解其他学者所做的相关研究。全方位"跑学"结合，以跑促学，以学导跑，这样的学习方式值得提倡。不是说这一作品很成熟，也不是说有什么惊人突破，但是这种"学、思、习"的方式，即孔夫子说的"学而时习之"，是很好的范例，是一种有益的尝试。这样做现在未必有大突破、真突破，但持之以恒，在"学、思、习"结合的过程中，自己的学问、整体的素养、研究的能力可以长足发展，大步提升。同时，研究的问题对莽人社会的现代化以及融入现代化体系，对整个民族社会的发展，对我们民族工作的调整，以及民族教育的发展都有诸多的借鉴价值。袁春艳攻读博士学位期间所在的西南大学西南民族教育与心理研究中心，就一直倡导这种学习方式，深入实践，坚持"学、思、习"的有机整合。可以说，袁春艳开了个好头，踏上了学术研究的正途，她以此作为自己研究的平台，今后在这条路上以这种方式走下去，相信她会学有所成！

值春艳的这本书付梓之际，写上面这段话聊以为序，也算是对春艳的祝福吧！

张诗亚

癸巳年冬月初五

目　录

引言 ……………………………………………………………… (1)

导论 ……………………………………………………………… (1)

一　问题的提出 ………………………………………………… (2)

（一）莽人生存与发展现状的思考 …………………………… (2)

（二）莽人教育现状的思考 …………………………………… (4)

（三）教育应对的思考 ………………………………………… (6)

二　研究的意义 ………………………………………………… (6)

（一）理论意义 ………………………………………………… (6)

（二）实践意义 ………………………………………………… (7)

三　概念界定 …………………………………………………… (8)

（一）人口较少民族 …………………………………………… (8)

（二）人口较少民族教育 ……………………………………… (13)

四　文献综述 …………………………………………………… (13)

（一）莽人的相关研究 ………………………………………… (13)

（二）人口较少民族发展问题研究 …………………………… (15)

（三）人口较少民族教育发展研究 …………………………… (21)

第一章　莽人教育发展的文化生态系统分析 ………………… (28)

一　莽人的族群特征与人口特征 ……………………………… (28)

（一）族群特征 ………………………………………………… (28)

（二）人口特征 ………………………………………………… (33)

二　莽人教育发展的自然环境 ………………………………… (41)

三　莽人教育发展的社会环境 ……………………………… (43)
（一）政府扶贫前的莽人社会环境 ………………………… (43)
（二）首次扶贫至2008年综合扶贫期间的社会环境 ……… (43)
（三）2008年综合扶贫时期的社会环境 …………………… (45)
四　莽人教育发展的精神环境 ……………………………… (50)
（一）生育礼仪 ……………………………………………… (50)
（二）婚嫁礼仪 ……………………………………………… (51)
（三）丧葬礼仪 ……………………………………………… (53)
（四）节日礼仪 ……………………………………………… (55)
（五）信仰与禁忌 …………………………………………… (55)

第二章　生存与文化环境变迁中的莽人教育发展 ………… (57)
一　莽人教育发展的历程 …………………………………… (57)
（一）1968年之前的莽人教育发展 ………………………… (58)
（二）1968年至2008年前的莽人教育发展 ………………… (60)
（三）2008年以后的莽人教育发展 ………………………… (62)
二　莽人教育发展的现状 …………………………………… (66)
（一）学校教育调查 ………………………………………… (66)
（二）学校外教育调查 ……………………………………… (85)
（三）个案分析 ……………………………………………… (103)
三　莽人教育发展存在的问题 ……………………………… (110)
（一）现有教育目的与莽人生存发展需求相分离 ………… (110)
（二）教育的传统文化传承功能正在退化 ………………… (116)
（三）现有教育缺乏对莽人自主发展意识与能力的培养 …… (121)

第三章　生存与文化变迁方式对莽人教育发展的影响因素 …… (130)
一　表层：外部环境因素 …………………………………… (130)
（一）非内动力作用下的扶持使自主发展意识缺失 ……… (131)
（二）生存环境与生计方式骤变对生存发展能力的挑战 … (132)
二　中层：教育系统内部结构因素 ………………………… (134)
（一）传统与现代两种教育文化的交流与碰撞 …………… (134)

（二）教育主体独特性与教育同质化的交锋 ……………………（135）
（三）现代学校教育需求不强的现实性 ……………………………（136）
（四）生存发展为主的教育理念的缺失 ……………………………（137）
　三　深层：文化因素 ………………………………………………（139）
（一）文化变迁与文化适应的碰撞与磨合 ………………………（139）
（二）文化选择与文化自觉的外生至内生 ………………………（147）

第四章　人口较少民族生存、文化与教育模式形成的国际比较 ……（159）
　一　前苏联和俄罗斯联邦时期北方小民族的教育模式 …………（159）
（一）寄宿制学校教育制度加剧北方小民族文化的消失 ………（161）
（二）政府过度强调对国家主体民族语言的学习 ………………（163）
（三）法律政策保障小民族教育的自由 …………………………（164）
　二　美洲印第安人的教育模式 ……………………………………（167）
（一）同化教育 ……………………………………………………（167）
（二）多元文化教育 ………………………………………………（172）
　三　澳大利亚土著人的教育模式 …………………………………（177）
（一）福利政策催生受教育水平降低 ……………………………（178）
（二）教育平等权的特别保护措施 ………………………………（179）
　四　启示 ……………………………………………………………（185）

第五章　教育促进人口较少民族生存与文化共生的政策建议 ……（191）
　一　教育政策理论的选择 …………………………………………（191）
（一）坚持少数人权利保护的理论基础 …………………………（192）
（二）增强新发展观与发展权理论的彰显力度 …………………（196）
（三）形成社会系统理论的宏观视域 ……………………………（201）
　二　教育政策价值取向的选择 ……………………………………（203）
（一）人的生存与发展的需求 ……………………………………（204）
（二）文化选择与认同的需求 ……………………………………（211）
　三　教育政策保障机制的选择 ……………………………………（216）
（一）补偿式转向引导式的教育政策 ……………………………（217）
（二）外源性发展转向内源性发展 ………………………………（221）

（三）政策保障与法律保障并重 …………………………（231）

结语 …………………………………………………………（239）

附录一 《金平县莽人 2008—2010 年发展总体规划》…………（242）
附录二 访谈提纲 …………………………………………（258）

参考文献 ……………………………………………………（263）

后记 …………………………………………………………（275）

引　言

　　人口较少民族在现代化浪潮的冲击下和非内动力作用的推动下，自然演进中断、文化变迁骤然，面临着"保生存"与"保文化"的矛盾与困境。每年都有这样一些民族的文化在无声的消失，人类族群的多样性受到威胁，已日益受到社会各界的关注。

　　莽人作为人口较少民族之一，其生存发展与文化传承之间的矛盾冲突反映出了人口较少民族的一些共同问题。作为社会系统重要组成部分的教育，该如何应对？对此，本书以莽人为例，尝试着回答一个问题：人口较少民族需要什么样的生存发展，继而是人口较少民族需要什么样的教育来满足其生存发展的需求，推进人口较少民族生存与文化的和谐共生。该著作从以下三个问题展开：

　　（1）莽人教育发展的状况如何，还存在哪些困难和问题，其困境背后的原因是什么？莽人教育发展的特征是什么？其民族生存发展、文化与教育之间的关系是什么？

　　（2）国际上人口较少民族教育发展的情况如何，为促进人口较少民族的生存发展，推进其生存与文化的和谐共生，有哪些具有借鉴意义的启示？

　　（3）教育发展如何才能促进人口较少民族的生存发展，实现生存与文化的和谐共生，有哪些应对之策？

　　本研究运用教育学、法理学、政策学、人类学、社会学、哲学和伦理学等学科知识，在少数人权利、发展权和社会系统论等理论基础上，站在生存发展、文化与教育三者关系的角度，以莽人为例对人口较少民族教育发展展开论述。第一，通过文献研究和口述史研究的方法，对莽人教育的文化生态系统进行了必要的阐述；第二，在田野调查、案例分析和叙事研究的基础上，从莽人村民、学生、教师、行政人员和文化学者的层面调查分析莽人学校教育与学校外教育的发展状况，探讨现有教育目的、教育主体与教育内容方面存在的问题；第三，由表及里地从外部环境因素、教育系统内部结构和文化因素等层面剖析莽人教育发展困境的原因；第四，通过国际比较研究，选择具有典型性的前苏联与俄罗斯联邦时期北方小民族、美洲印第安人和澳大利亚土著人的教育发展模式，提出了具有借鉴意义的启示；第五，在莽人个案研究与国际比较分析的基础上，尝试从教育政策的视角提出教育促进人口较少民族的生存发展，实现生存与文化和谐共生的建议，并按照理论与实践结合的原则从人口较少民族教育政策的理论选择、政策价值取向选择和政策保障机制选择三方面展开探讨。为此，本书得出了如下结论：

（1）莽人教育发展的最大症结不是政府扶持力度不够的问题，而是现有教育目的与莽人生存发展需求相分离、教育传承传统文化的功能退化和现有教育对莽人自主发展意识与能力培养的欠缺。首先，当下困扰莽人的核心问题仍是生存发展问题，而现有的教育同质化倾向严重，不能满足莽人生存发展的需求；其次，莽人不仅面临着作为生命体的人的生存发展问题，而且也面临着民族传统文化的生存发展危机。可是现有的学校教育和迁居后的家庭教育与社区教育，都逐渐失去了传承传统文化的机会和能力；再次，实践证明非内动力作用下的政府扶持无法从根本上解决莽人的生存发展问题。因而，政府不单是给予财力、物资等扶贫性资助，更需培养莽人自主发展的意识和能力，可是无论学校教育还是学校外教育对莽人自主发展能力的培养都较欠缺。因此，笔者认为，只有坚持"以人为本"的教育理念，根据当地发展的实际需求，满足不同主体生存发展的需要，立足于本民族的传统文化，培养他们的生存之道和自主发展意识，才是活的教育，才能促进生存与文化的和谐共生。

（2）莽人的现实困境实质是生存与文化之间的张力，作为社会系统重要组成部分的教育未能促进二者之间的和谐共生。究其原因，政府主导型的非内动力扶持、迁居而致的生存环境与生计方式的骤变、外来强势文化的冲击等因素，只是困扰莽人教育发展的外层原因。进一步剖析我们会发现，源于教育系统内部的结构冲突，传统教育与现代教育的摩擦，学校教育与学校外教育的碰撞，现代学校教育内部主体、内容与方法等要素间的矛盾，致使无法确立满足莽人生存发展需求的教育理念。而深层的核心原因在于文化适应与文化冲突。一方面是文化变迁与文化适应的碰撞与磨合，另一方面隐含着文化选择与文化自觉的外生至内生。因此，莽人的发展不能以代替或牺牲传统文化为代价，为了促进莽人的生存发展离不开传统文化的传承，否则就失去了发展的根基。

（3）在个案研究和国际比较的基础上，为推进人口较少民族生存与文化和谐共生，促进其生存发展及其发展权的实现，从教育政策的视角探讨教育的应对之策。本书得出以下三点结论：一是应把少数人受教育的平等权、教育选择权与教育发展权作为人口较少民族教育政策理论的基本选择；二是实现以文化为根本和以生存发展为诉求的人口较少民族教育政策价值取向的选择，教育应满足人的生存发展需求和文化选择与认同的需求；三是应落实人口较少民族主体自主与内生性发展的教育政策保障机制的选择，人口较少民族教育发展应逐步从补偿式转向引导式，从外源性发展转向内源性发展，完善人口较少民族教育优先发展和传统文化保护与传承的政策法律保障。

本研究的拟创新之处在于：一方面，从理论层面而言，首次尝试从教育学的角度对教育与人口较少民族生存发展之间的特殊关系进行学理思考，尝试着论证教育促进人口较少民族的生存发展，推进人口较少民族生存与文化的和谐共生。总之，对人口较少民族的教育理念与功能进行反思和调整，为教育在促进人口较少民族生存发展以及发展权实现方面提供理论依据；另一方面，从实践层面而言，本研究选择以莽人为例，首次对莽人教育进行深度调查和系统分析，通过莽人作为人口较少民族的典型个案，分析当下莽人生存与发展的困境及其原因，尝试论证通过教育来促进莽人生存与发展现状的改善，为莽人发展权保障的完善提供可行性建议。本书也尝试着为我国人口较少民族发展权的保障提供现实经验，为政府制定政策和法规来保证人口较少民族生存发展以及发展权的实现提供可鉴之材。

导　论

全世界共有 2000 多个不同的民族，其中有些人口既少，力量又小，经济发展水平不高，处于社会的边缘。费孝通先生将这样一部分人描述为"根蒂不深，人数又少"，即人口相对很少，特别是传统文化相对简单，因而在现代社会显露出诸多不适应，甚至存在生存危机的民族，称为"小民族"。[①] 在我国，1990 年人口普查将人口规模在 10 万人以下的 22 个小民族界定为"人口较少民族"。根据《扶持人口较少民族发展规划（2011—2015 年）》，将人口较少民族的范围扩大到总人口在 30 万以下的 28 个民族。据联合国的统计，具有以上特征的民族在世界上大约有 3 亿—5 亿人，他们分布在 70 多个国家和地区，讲 5000 多种语言，有着不同的文化。但在全球化浪潮的冲击下，每年都有一些小民族在无声地消失，照此下去，若干年后，这样的小民族就会所剩无几，我们不能对这些小民族的生存与发展问题熟视无睹。费孝通先生在"中国第六届社会学人类学高级研讨班开幕式"上谈道："在我国，万人以下的小民族有十多个，他们今后如何生存下去？在社会的大变动中如何长期生存下去？实际上在全球一体化后，中华文化怎么办也是一个类似的问题，虽然并不那么急迫，而小民族在现实生活里已有了'保生存'和'保文化'相矛盾的问题。我们主张民族平等、民族自治，首先要保证民族生存，反对消灭民族。"[②] 而人口较少民族本身具有自己的特点，他们在语言文化、宗教、生活习俗等方面都有自己的独特性，失去这种独特性就失去了民族性，也

---

① 中国人口较少民族发展研究丛书编委会：《中国人口较少民族经济和社会发展调查报告》，民族出版社 2007 年版。

② 费孝通：《民族生存与发展——在中国第六届社会学人类学高级研讨班开幕式上的即兴讲演》，《西北民族研究》2002 年第 1 期。

就不存在人口较少民族的问题。因此，人口较少民族该如何更好地生存和发展是一个亟待解决的问题。

在我国，莽人是一个典型的人口较少民族。地处云南省红河哈尼族彝族自治州金平苗族瑶族傣族自治县金水河镇，生活在西南部海拔 850 米至 1900 米沿中越边境线的哀牢山腹地，是目前为止中国最后一个原始部落，现共有 688 人。2009 年 4 月，才被归为布朗族。2008 年 1 月在胡锦涛总书记、温家宝总理对云南莽人发展问题的重要批示下，红河州制定了《金平县莽人 2008—2010 年发展总体规划》，并实施了莽人综合扶贫项目。该扶贫项目总投资 7000 多万元，人均近 10 万元。于 2009 年 6 月基本完成安居工程，从旧村寨整体搬迁到新安置点，生存环境与生存方式发生了骤变。随着《扶持人口较少民族发展规划（2005—2010 年）》和《金平县莽人 2008—2010 年发展总体规划》的实施完成，存在着一些非内动力因素，加之面对社会转型和外来文化的强势冲击，还有莽人固有的文化根蒂不深、人口数量又少，使莽人面临生存和发展的困境。在迁居后的新环境下，莽人如何更好地自主生存和发展，如何确保其生存权与发展权，教育有何作为呢？如何让教育与莽人的生存和发展结合，通过教育的方式来改善莽人生存与发展的状况，保障莽人生存权与发展权的实现，是值得我们深思和研究的。

一 问题的提出

（一）莽人生存与发展现状的思考

随着莽人生计方式从传统到现代的骤然转变，虽然离现代文明生活更进了一步，但是族群的生存与发展遇到了前所未有的难题，其困境主要表现在以下几个方面：

一是莽人生存与发展的自然环境急剧恶化与单一化。20 世纪 50 年代前，莽人散居在中越边境线上靠中国一侧的金平县境内的高山密林中，过着流动性的狩猎采集生活。莽人聚居区地广人稀，自然环境优美，物产资源十分丰富。据 2001 年统计，莽人聚居区土地面积有 20500 亩，其中森林面积 9500 亩；荒山面积 12000 亩；能开采田地有 2000 多亩。① 在原始

① 此数据由金平县金水河镇政府提供。

森林中有多种动植物，蕴藏着丰富的矿产资源，为莽人的生存和发展提供了良好的自然环境。在三次迁居为轴心的扶贫政策实施以后，为加快莽人经济的发展，莽人整体迁居，彻底结束在原始森林游居游耕的生活，大量砍伐原始森林，栽种经济作物，加大草果、木薯的种植面积，2010 年莽人新居龙凤村一个村就推广杂交水稻、杂交玉米 1600 亩，种植茶叶 1043 亩，种植杉木 1493 亩。笔者在采访中有村民谈到，他们现在很少去打猎，是因为原始森林中野生动物已非常稀少。可想而知，随着原始森林被经济作物逐渐替代，动植物多样性遭到破坏，进而导致深层连锁的生态平衡破坏现象渐次性地产生。

二是莽人自主发展的内动力缺失，面临着生产发展的困境。随着国家对莽人族群生存问题的关注，陆续出台了扶持资助的相关政策，其目的是让莽人快速进入现代化社会。因此，把莽人从原来赖以生存的环境里整体搬迁出来，另辟空间重新修建安置房。笔者在调研中发现，尽管政府实施了扶贫规划项目，莽人仍面临生存发展困境：缺乏资金来源，因为政府不再直接为莽人发放种苗、种猪等，需要莽人自己购买，但缺乏购买力；种植缺乏科学技术，缺乏具有现代技术的人力资源，现代农业发展不理想；新安置点远离自己耕作的土地，周围几乎都是其他民族的土地资源；随着人口的增加和结婚成家，所建住房不能满足需要，致使部分老人返回老寨；国家长期扶持照顾和实施优惠政策，使莽人在受惠的同时，也逐渐形成了"等、靠、要"的依赖心理和行为。总之，各种现象表明，在没有政府的直接和长期性的扶持下，莽人无法实现自主发展。政府不可能长期为他们提供扶持，而他们又失去自己内在的发展能力，莽人接下来如何发展的研究显得尤为紧迫。

三是莽人族群特征逐渐消失，文化的不适应日趋突出。莽人以前是族内通婚，有着同姓不婚的习俗，莽人以红、黑、灰三种颜色作为氏族图腾姓氏，同一颜色图腾的同一姓氏，属于同一个血统，同一颜色图腾的氏族内严禁通婚，族群内部通婚保持了民族的特性。随着迁居后与外界交往日益频繁，莽人女孩嫁到周边其他民族村寨或外地的现象增多，而外面的女子不愿意嫁给莽人，导致莽人男子的婚姻问题日趋严重。加上莽人人口总数少，近亲结婚的几率增大，近亲结婚而导致的弊病正在不断显现，逐渐威胁到整个族群的生存繁衍。

同时，莽人由于长期生活在极其封闭的环境中，传统文化显得尤为特殊和脆弱，在现代化浪潮冲击下和非内动力作用的推动下，莽人显示出诸多的文化不适应现象。笔者在调研中发现，迁居后，莽人失去了以前朝夕相处的火塘，失去了席地而睡的木地板，失去了族群活动的场所，失去了打猎的天然环境，失去了每餐喝酒歌唱的悠闲生活氛围。如《雷公打牛村规民约》第九条规定："村民每天上午不准喝酒，如有，处50元罚款。以酒代醉闹事，不听劝告的，打伤他人的医疗及误工费由闹事者负责，并处160元到200元的罚款，罚款金60%交村小组，40%交村委会。"面对强大的主流文化、都市文化的嵌入，莽人失去对复杂文化的选择和分辨的能力，莽人族群的传统文化正在逐渐消失。

（二）莽人教育现状的思考

面对莽人在生存与发展出现困境的当下，笔者希望从教育的角度去审视，探讨教育在莽人社会系统中的作用和功能。所以，应事先剖析莽人教育发展的现状及其存在的问题。

一是莽人现有教育理念未能以改善族群生存与发展状况为核心。在扶持人口较少民族发展规划阶段，政府通过《金平县莽人教育基础设施建设实施方案》，2008年投入莽人教育工程建设资金142.2万元，进行平和村小学、上田房小学、南科中心完小3所莽人学校项目建设。除了将莽人学生全部纳入国家"两免一补"范围，还按时为学生发放补助，对106名莽人小学生每人每年给予补助1500元，对仅有的8名莽人初中生每人每年补助2500元，2名高中生和4名中专生每人每年补助3500元。同时，教育部门专门安排一名教师管理莽人学生，负责管理莽人学生的生活起居、发放生活补助费、购买生活用品、护送学生回家等工作，当地人把莽人称为"大熊猫"。但莽人所在地区"教育意识淡薄"，"读书无用论"思想严重，学生辍学、逃学现象也十分普遍。笔者调查发现其主要原因是学生对学习没有兴趣和不适应环境，实质就是本土教育缺失，未能满足生存发展需要。同时，义务教育阶段课程设置的趋同性，未能把莽人社会发展需求融入学校教育中。政府在对莽人教育的扶持上，主要是促使莽人适应现代学校教育环境和缩小与发达地区教育的差距为主，而在维持民族差异性和改善民族生存与发展方面还较欠缺。

　　二是寄宿制学校加速了莽人文化的消亡和族群特征的消失。莽人是一支只有语言没有文字的族群，传统传承方式主要为口传。可随着寄宿制学校成为莽人地区学校教育的主要形式后，加剧了传统代际间口头传承的断层，同时莽人的语言在不断的消亡，进而导致了莽人文化的不断泯灭。笔者在2009年底调研发现，上田房小学共有学生75人，莽人（布朗族）占27人，其余为苗族和哈尼族学生。教师4人（2人汉族，1人苗族，1人哈尼族），由于师资不够，没能开设民族文化方面的课程，只能按照国家课程的要求开设基本的语文、数学、思想品德等，同时要求使用普通话教学。而该校没有莽人教师，不会说莽人语言，因此在与学生的语言沟通上存在很大困难，莽人学生直到二年级才勉强能听懂课程。另外，在南科中心完小调查发现，平和村的莽人学生从三年级就开始寄宿。虽然莽人现已定居，但政府为了提高莽人的文化素质，提高教学效率，使学生从小远离家庭和传统的生活方式，掌握汉族的语言，接受现代文明的知识。寄宿制学校不同民族的学生交往日益频繁，加上以主流文化为标准的教学内容对学生的熏陶，加快了莽人在语言、文化上的同化。莽人族群的文化正在不断消亡，民族特征也正在逐渐消失。

　　三是学校教育日益占据着主导地位，学校外教育的地位与功能逐渐弱化。民族文化植根于传统的家庭与社区活动之中，可是在学校教育嵌入民族地区，特别是占主导地位以后，家庭教育与社会教育等学校外教育逐渐处于弱势并被淡出。在原有的生产生活方式下，莽人小孩从小就开始随同大人采集、打猎，从事农活，帮家人分担家务，并不重视学校教育。但在搬迁之后，莽人远离了自己长期赖以生存的环境，失去了原有的生产生活方式，家庭教育和社区教育失去了原有的土壤，而在新环境中仍处于不断适应的阶段，所以这是一对未尽融合的矛盾体。在家庭教育中，目前莽人对于生育方面的观点是只想要一胎，因小孩上学等的花费较大。由于子女的减少，对子女的宠爱更多，基本不让小孩做家务，并以主流文化的养育方式为标准，从而家庭教育失去了传承文化的实质功能。在社区教育中，由于新社区已为现代化的住宅小区，活动场所为篮球场、村文化活动室，使原来的社区活动遭到破坏。新安置点还没有形成有生机的社区，社区教育已处于混乱状态。而只有形成新的自主的学校外教育，才能把莽人族群及其文化特质蕴含在其中，才不至于发展成为只有人没有文化的族群外壳。

（三）教育应对的思考

面对生存环境与生计方式的急剧变迁，现代化浪潮的冲击和非内动力作用的推动，莽人存在着生存发展问题，继而是文化的不适应问题。文化的维持和演进，一般局限于他们所处的既定区域中，其文化的变迁也应是自然变迁，而莽人的现实却是非内动力的急速变迁，是一种人为变迁。通过调查分析发现，莽人的生存发展困境与文化的不适应主要表现在：行政命令支配的不妥安排、沉重的负担和生活价值取向的丧失、寄宿制学校导致家庭和代际之间的隔离、丧失传统生存技能而现代生存技能又未掌握等。作为促进个人与族群生存发展重要途径的教育，该如何应对？笔者尝试探讨莽人这样的人口较少民族究竟需要什么样的教育，政府在其中应如何选择政策措施，又如何定位其角色，才能让莽人在外部环境的急剧变迁中真正做到文化适应，实现莽人乃至整个人口较少民族自主的生存发展，保障其发展权的彰显。

缘于上述思考，笔者提出本研究的问题：政府的初衷是为了推动莽人的发展，对莽人实施迁居等一系列扶持性政策，可由于是在非内动力作用下，外部环境的急剧变化与外来文化的强势冲击，加之莽人本来文化根蒂不深、人口数量又少，因而面临着生存与发展的困境，深层次是文化的不适应，继而存在着"保生存"与"保文化"的两难问题。因此，教育该如何发展才能应对莽人生存发展的需求，促进生存与文化的和谐共生？莽人教育的特征是什么？莽人需要什么样的教育？透过莽人探讨人口较少民族的生存发展、文化与教育之间的关系是什么？本书希望通过人口较少民族教育发展的研究，来促进莽人乃至整个人口较少民族的生存发展，保障其发展权的实现。

二 研究的意义

（一）理论意义

本研究是从教育学的角度对教育与人口较少民族生存发展之间的特殊关系进行学理思考，尝试着论证教育促进人口较少民族的生存发展，破解人口较少民族"保生存"与"保文化"的两难问题。首先，该研究是对我国人口较少民族教育理论的丰富，目前我国人口较少民族教育还未进行系统的研究，大都是涵盖在民族教育的领域内，而未对人口较少民族教育的特殊性进行充分的剖析。人口较少民族生存发展问题的紧迫性和文化的独特性，是与其他少数民族有着本质的区别的，因此在人口较少民族的整个社会系统中，研究其教育发展问题是必须且必要的。其次，该研究是对人口较少民族发展权理论研究的完善，以改善人口较少民族生存与发展现状为核心，进行人口较少民族教育发展的理论和应用研究，继而为人口较少民族发展权保障机制的完善提供理论依据。总之，对人口较少民族教育理念与功能进行反思和调整，为教育在促进人口较少民族生存发展以及发展权实现方面提供理论依据，为我国人口较少民族基本人权理论与实践的不断发展和健全尽绵薄之力。

（二）实践意义

马林诺夫斯基曾说："对正在迅速消亡的原始种族的研究是目前正在不遗余力地摧毁着原始生活的文明世界的职责之一。"[①] 人口较少民族作为其所生活地区最早定居的族群，长期在独有的天地系统中生存繁衍，他们与世无争，与自然和谐共存，对自然界怀着敬重意识，对人保持友好，对物质只有简单需求，对野外生存有极强的适应能力，对自然灾害有着惊人的敏感度，在生产和生活方式上保持一种古老而简单的方式。但随着社会发展不断加速的今天，国家民族的一体化改变了他们传统的谋生手段，在非内动力作用下将他们带入"现代化"过程，导致其处境堪忧，也意味着人类发展的逐渐单一化或特殊化。本研究通过莽人作为人口较少民族的典型个案，分析当下莽人生存与发展的困境及其原因，尝试论证通过教育来促进莽人生存与发展现状的改善，为莽人发展权保障的完善提出可行性建议。本书也尝试为我国人口较少民族发展权的保障提供现实经验，为政府制定政策和法规来保证人口较少民族生存发展以及发展权的实现提供可鉴之材。

---

① ［英］马林诺夫斯基：《原始社会的犯罪与习俗·前言》，原江译，云南人民出版社2002年版。

三　概念界定

（一）人口较少民族

在西方文化人类学、民族学界，一些人口数量相对较少、文化相对简单的民族，往往用"部落民"、"部族民"、"原住民"、"土著"、"初民"等来称呼。前苏联民族学界的相关研究在 20 年前已经出现"小民族"用法。如"改革与北方小民族的命运"①，"小民族大问题"②，"马来西亚的小民族：塞芒人、塞诺人、贾昆人"③ 等。这些民族的文化特点和在现代化进程中面临的生存发展问题具有同质性。与"小民族"概念相关的是"第四世界"（The Fourth World）的概念，近年来在不同的意义上使用了这个概念。在人类学上，主要指传统文化相对简单，难以成为当今现代化话语下人类社会的主要民族，如北极的爱斯基摩人，美洲的印第安人，澳大利亚的土人和新西兰的毛利人等。

在我国，20 世纪 20—30 年代，随着人类学的"西学东渐"，吴文藻、费孝通、林耀华等一批领军人物也开始使用"小民族"的概念。费孝通先生认为，"小民族"的特征应概括为"根蒂不深，人数又少"。"根蒂不深"，是指这些民族传统文化普遍较为简单；"人数又少"，是指相对壮族、回族等人口众多民族而言，"小民族"的人口数量比较少。2000 年由国家民委领导，费孝通教授担任学术顾问，北京大学、中央民族大学和国家民委民族问题研究中心共同组成的"中国人口较少民族经济社会发展研究课题组"，根据 1990 年人口普查数据，将人口规模在 10 万人以下的 22 个小民族界定为"人口较少民族"。这是我国首次使用"人口较少民族"的概念。此后，学术研究和相关政策法规中多将"小民族"称为"人口较少民族"，尤其是国家的政策法规中已统一称为"人口较少民族"。《扶持人口较少民族发展规划（2011—2015 年）》中对人口较少民

---

① ［苏］З. П. 索科洛娃：《改革与北方小民族的命运》，于洪君译，《民族译丛》1991 年第 1 期。

② ［俄］皮卡、普罗霍洛夫：《小民族的大问题》，《世界民族研究》1996 年年刊。

③ ［苏］Е. В. 列鲁单诺瓦：《马来西亚的小民族：塞芒人、塞诺人、贾昆人》，《民族译丛》1989 年第 1 期。

族的界定范围扩大到总人口在 30 万以下的 28 个民族。"小民族人数虽少，但他们自古以来就创造了属于自己的物质文化、伦理文化和精神文化，以独立和自尊屹立于世界民族之林，构成了人类不可缺少的一部分。"① 就目前对人口较少民族以人口数量为主要划分标准的依据和科学性有待于进一步论证。苏联学者 A. H. 库兹涅佐夫在《小民族和少数民族》中指出："小民族和少数民族的概念，不论在人数上或历史上，都只能是相对的理解。同时认为，单靠人数来区分地球上确定的小民族是远远不够的。为了明确区分大小民族，有必要弄清小民族形成的原因和时间、小民族存在到今天的原因。"② 笔者赞同如果仅就人口多寡，不依据传统文化的历史远近、根蒂深浅而论，是不能体现这种族群的全部特征和生存发展趋势的。

就人口较少民族的特征而言，其共有的群体特征决定着其民族发展拥有着共同的环境、共同基础和发展困境。其共同的发展特征表现如下：

1. 人口数量相对较少

根据 1990 年人口普查的数据，我们把 10 万人以下的 22 个小民族称为"人口较少民族"，2000 年第五次人口普查统计 10 万人以下的民族有 20 个，2011 年 6 月制定的《扶持人口较少民族发展规划（2011—2015年）》把总人口在 30 万人以下的 28 个民族统称为"人口较少民族"。与 1990 年相比增加了景颇族、达斡尔族、柯尔克孜族、锡伯族、仫佬族、土族 6 个民族。具体的人口数量变化情况如表 1：

表 1　　　　　　　　　人口较少民族人口普查统计

项目 民族	第四次人口 普查人数（人）	第五次人口 普查人数（人）	分区省（区）
鄂伦春族	6965	8196	内蒙古、黑龙江
鄂温克族	26315	30505	内蒙古、黑龙江
俄罗斯族	13504	15609	内蒙古、黑龙江、新疆
赫哲族	4245	4640	黑龙江

① 李安山：《小民族、社会科学与人类文化》（序），载何群《土著民族与小民族生存发展问题研究》，中央民族大学出版社 2006 年版。

② ［苏］A. H. 库兹涅佐夫：《小民族和少数民族》，华辛芝译，《种族和民族》（丛刊）1981 年第 2 期。

续表

项目 民族	第四次人口 普查人数（人）	第五次人口 普查人数（人）	分区省（区）
高山族	2909	4461	福建
毛南族	71968	107166	广西、贵州
京族	18915	22517	广西
布朗族	82280	91882	云南
阿昌族	27708	33936	云南
普米族	29657	33600	云南
怒族	27123	28759	云南
德昂族	15462	17935	云南
独龙族	5816	7426	云南
基诺族	18021	20899	云南
门巴族	7475	8923	西藏
珞巴族	2312	2965	西藏
撒拉族	87697	104503	甘肃
保安族	12212	16505	甘肃、青海
裕固族	12297	13719	甘肃
塔塔尔族	4873	4890	新疆
塔吉克族	33538	41028	新疆
乌孜别克族	14502	12370	新疆
景颇族	119209	132143	云南
达斡尔族	121357	132394	内蒙古、黑龙江
柯尔克孜族	141549	160823	新疆、黑龙江
锡伯族	172847	188824	新疆、辽宁、吉林
仫佬族	159328	207352	贵族、广西、云南
土族	191624	241198	青海、甘肃
总计	1431708	1695168	

资料来源于中华人民共和国国家统计局人口普查公报。

从以上列表可见，人口较少民族基本上都分布在东北、西北、西南等边境一带。除毛南族、保安族、裕固族、撒拉族外，其他大部分都分布在边境线附近，大都与国外相同民族相邻而居、交往密切。同时，我国人口较少民族整体分布分散，部分集中居住。大部分与其他民族混居在一起，主要分布在内蒙古、黑龙江、新疆、甘肃、云南、贵州、西藏、福建、广西、青海 10 个省（区）。

2. 传统文化相对简单和脆弱

传统文化相对简单是人口较少民族又一显著特征。人口较少民族由于长期生活在生态极其脆弱和地缘偏远的地带，往往与外界接触甚少，在较为独立的空间内形成了自成一体的独特文化。同时因人口较少，其文化缺乏更广泛的传播主体，在历史积淀中形成的语言、风俗等文化因子容易被外来文化所击破。何群博士将"简单文化"解析为："一是文化简单，根源在于自然环境与社会环境，具体表现在生产方式较为原始、人口较为稀少、社会组织相对松散、多信仰原始多神教；二是容易受到环境的约束，适应急剧变化环境的能力较差。"① 笔者认为，人口较少民族的文化简单其实质并不是指文化内容的简单，更多的是指文化形式较简单，传承与传播的途径较简单，容易在人口极少的背景下失去已有的文化。

语言是一个民族或族群文化的标识，如果语言消失就标志着其文化走向了衰亡，而文化的消亡也就意味着这个民族的消失。人口较少民族多为有语言无文字的族群，同时，因其文化的相对简单和脆弱，在现代化进程中和主流文化的冲击下，语言文字正在逐渐失去运用的机会。如赫哲族语言已经面临濒危，鄂伦春语在 20 世纪 80 年代还是鄂伦春族人的主要用语，但有研究者在 2000 年对鄂伦春自治旗 4 个聚居猎民乡镇 636 名猎民作语言使用调查，发现完全掌握并能够熟练运用民族语言的共有 251 人，占被调查总数的 39.47%；19.02% 的人本民族语言水平处于中等程度；273 人完全不懂本民族语言，占被调查者的 41.51%。② 仅在近 20 年时间里，掌握鄂伦春语的人急剧减少，鄂伦春说唱艺术也将因失去传承者而走向消亡。这绝非个别现象，整个人口较少民族文化都面临着传承的危机，无论是物质文化还是非物质文化，在生存环境变迁、生计方式骤变和与外界接触日益频繁的当下，其传统文化失去了适应能力，正在逐渐被同化或

① 何群：《环境与小民族生存——鄂伦春文化的变迁》，社会科学文献出版社 2006 年版。
② 王建民、张海洋：《中国人口较少民族文化发展与保护调研报告》，http://www.seac.gov.cn/gjmw/zt/2009–06–08/1244170372221116.htm/，2009 年 6 月 8 日。

边缘化，甚至走向了消亡。

　　3. 生存环境极其脆弱

　　人口较少民族还有一显著的特征表现在生存环境方面，他们大多生活在地区偏远、交通闭塞、自然环境恶劣、生态脆弱的地区。从我国人口较少民族的居住分布情况可见，其主要分布在西北荒漠化地区、北方黄土地区和西南石山岩溶地区，在我国四大生态脆弱地带中已占据多半。人口较少民族中有 17 个民族，约 84.1% 的人口居住在我国生态最为脆弱的地带，另外 5 个民族有 15.9% 也常年生活在高山密林中。[①]

　　生活在西北荒漠化地带的人口较少民族有塔吉克族、鄂温克族、乌孜别克族、俄罗斯族、裕固族和塔塔尔族，共 6 个民族。这一地带土地沙化、风蚀严重，加上耕地和草地大幅减少，沙尘暴日益频繁，野生动植物急剧减少，使这一地区以狩猎采集和游牧为主要生计方式的人口较少民族面临生存与发展的威胁。生活在北方黄土高原的人口较少民族有撒拉族、保安族等，主要是生活在甘肃、青海一带，水土流失严重，植被稀少，旱情严重，这些地区是我国水资源严重缺乏的地区之一，严重地影响这一带人口较少民族的生产生活。居住在西南岩溶地区的人口较少民族较多，主要有云南、贵州、广西的布朗族、基诺族、德昂族、独龙族、怒族、阿昌族、普米族、毛南族、京族等 9 个民族，占全国人口较少民族总人口的 60.5%。这一带主要为喀斯特地貌，以丘陵、峡谷与盆地交错分布的高原山区为主，岩溶山区的生态本身极其脆弱。加上由于人口剧增，过度开发，导致森林山区变成秃岭荒山，水土流失严重，土地石漠化、贫瘠化，[②] 使以山地农业为主的人口较少民族无法保障基本的生产，对其生存发展造成严重影响。同时，也还有一部分民族生活在西南边境的原始森林中，诸如莽人（布朗族）及其一些未识别的族群，长期以来生活在封闭的环境中，与外界接触甚少。

　　结合上述观念，本书要论述的人口较少民族是指在世界范围内人口数量相对较少，传统文化相对简单，生存环境极其脆弱，仍保留有自己族群特征和传统文化，但在急剧变化的现代社会的强大外力和外来强势文化冲

---

　　① 张韬：《中国人口较少民族发展问题研究——以鄂伦春民族为例》，硕士学位论文，中央民族大学，2010 年。

　　② 胡鞍钢、王绍光、康晓光：《中国地区差距报告》，辽宁人民出版社 1995 年版。

击下显示出诸多的不适应，甚至存在生存与发展危机的一些族群共同体。

（二）人口较少民族教育

目前，我国就"人口较少民族教育"而言还未形成专业的术语，对其概念还缺乏专门的分析，未对其所属的内涵和外延进行科学的界定，在与"民族教育"概念的对照研究上也较欠缺。已有的"加快发展人口较少民族的教育事业"①，"国家应优先发展人口较少民族教育"②，"人口较少民族和谐教育"③ 等有关人口较少民族教育的研究未能就其概念进行论述，对人口较少民族及其教育的本质特性彰显不充分，不能与一般的少数民族教育相区别，而"少数民族"与"人口较少民族"的概念是有实质性的差异的。因此，笔者认为，应把"民族教育"与"人口较少民族教育"区别开来。

英国比较教育学家萨德勒（M. Sadler）曾指出："校外的事情比校内的事情更为重要，并且它支配和说明校内的事情。"④ 从教育的界定而言，其包括了人类的一切教育实践活动，既包括现有的规范化的学校教育，也包括学校教育诞生前乃至现在仍延续的学校外的一切教育形式，特别是在人口较少民族地区，教育形式绝非只是学校教育。

因而，在本研究中，笔者认为，人口较少民族教育应指以人口较少民族成员为对象，在内容和形式方面具有人口较少民族族群特征，充分彰显人口较少民族生存与发展的教育理念与功能，并为保持其本民族的文化独特性而进行的传统教育与现代教育、学校教育与学校外教育共同参与的活动。

四　文献综述

（一）莽人的相关研究

莽人（布朗族）作为刚被识别的一个族群，由于长期生活在哀牢山

---

① 国家民委教育司：《加快发展人口较少民族的教育事业》，《中国民族》2001 年第 2 期。

② 巴战龙：《国家应优先发展人口较少民族教育》，《中国民族报》2010 年第 9 期。

③ 闫沙庆、王昕：《教育公平与人口较少民族和谐发展研究》，《黑龙江民族丛刊》（双月刊）2008 年第 5 期。

④ 张诗亚：《祭坛与讲坛：西南民族宗教教育比较研究》，云南教育出版社 1992 年版。

的原始森林中，很少与外界接触，因而一直是一个鲜为人知而带有神秘色彩的族群，迄今为止很少有学者去调查研究。第一个较全面的介绍莽人的是杨六金先生，他从民族学和人类学的角度对莽人族群的历史、民俗、语言、文学、生产方式、宗教信仰等方面进行了阐述。杨六金先生坚持了16年的跟踪调查研究，并著书《一个鲜为人知的族群——莽人的过去和现在》①，在介绍莽人的生产生活各方面情况之中蕴含了莽人的特有文化。首先，从莽人的传统物质文化层面，研究了莽人文化赖以生长的自然环境，从以林为家的游居到出林定居以及在迁徙中演变的文化，同时还描述了族群社会构建、独特的住房及其火塘等住宅文化、原始的生计方式、生产生活工具、独特的服饰头饰。并通过莽人的耕种、养禽训畜、刻木记事、计量、历法和气象、医药来展示莽人的原始科技及莽人在其中的智慧和文化积淀。其次，对莽人的精神文化进行研究，莽人历史渊源与称谓中蕴含的文化，通过奇特的图腾姓氏、节日习俗、丰收歌和祝酒歌、创世诗和谚语、传说故事、乐器和舞蹈、伦理道德等智慧研究其所蕴含着的独特文化。杨先生还研究了莽人的姑表婚、妻姊妹婚和非等辈婚、一夫多妻和一夫一妻制、童养婚和寡妇婚、同姓不婚和无离婚习俗，以及婚礼程序等莽人婚俗。另外，他通过人生命历程中从生育到丧葬去剖析莽人的生死观，并通过魔公占卜、失魂、招魂、祭祖、禁忌等对生灵的崇拜去理解莽人万物有灵的信仰。再则，从制度文化层面，杨先生调查莽人在自己的天地系统中有其独特的社会组织结构、村规民约、家庭组织和土地分配的制度、婚姻制度等，较全面的从人类学的视野描述和分析了莽人的传统文化。最后，杨先生对莽人传统教育没有进行专门研究，只是在莽人的生产生活的活动中稍作提及，在学校教育中，只是简单从办学历史和受教育程度上介绍了莽人教育的状况以及从教育环境和师资方面分析教育落后的原因，并展示了莽人失学、辍学等严重的现实。

　　杨六金先生此书出版后，引起了一些学者对莽人的关注。如杨世光的《走进莽人寨》对莽人的住宅结构、图腾、口头艺术等进行了记述，盘文龙在《滇越边境的神秘莽人》中介绍了莽人具有高超的狩猎技术、在禁忌中忌绿、崇拜黄麂等独特之处。也有学者从人口学的角度去研究莽人的

---

① 　杨六金：《一个鲜为人知的族群——莽人的过去和现在》，云南教育出版社 2004 年版。

人口结构与家庭规模①，调查结果认为优生优育已成为莽人目前面临的重大课题，关系着莽人族群民族自身发展和民族未来。

在 2008 年中央对莽人的生存发展问题的高度关注下，政府实施了莽人综合扶贫项目工程，据此引起了一些新闻工作者和学者的关注。有学者从农业扶贫开发的角度去分析莽人的贫困问题，认为贫困的主要原因是社会发育程度较低、基础设施差、产业发展缓慢和教育发展落后，并为莽人农业扶贫开发提出了发展思路。② 也有研究者从传播学的角度发现莽人的媒介接触以电视与手机为主，书刊、电影与网络相对匮乏，希望通过莽人的大众媒介接触调查对我国边境少数民族地区以媒介接触为内容的文化扶贫研究提高现实依据。③ 张德强撰写的《莽人部落：中国"阿凡达"的神秘生活》和《探访"莽人"部落的神秘生活》从居住环境、风俗习惯等角度描述了莽人在原有天地系统中的自成一体与和谐共生，也对迁居后在新环境下的诸多不适应进行了描述。

总之，莽人这个族群还未能得到学术界的广泛关注。莽人作为中国最后一个原始部落，在政府的大力扶持下，其生存环境发生了彻底的改变而引发的一系列问题，还未有学界对其进行深入系统的探讨。在政府扶持计划实施之前，杨六金先生对其进行的人类学考察，是对莽人的历史、文化、教育等方面的描述性的介绍，没有针对性的进行专题分析。在此之后，也有学者开始关注莽人族群，对其人口、文化进行过考察，但都缺乏系统的研究。为了关注莽人在现代化背景下的生存发展问题，有必要对其进行进一步的专题研究，为人口较少民族在当前背景下的生存与发展问题提供鲜活的案例。

（二）人口较少民族发展问题研究

关于在现代化过程中，外来强势文化的冲击与非内动力作用的扶持发展，人口较少民族面临着新的生存与发展问题，已引起了国内外学术界的共同关注，并对其现状背后的深层原因进行了不同角度的剖析。

---

① 杨秀琼、黄高贵、周朝当、刘碧佳：《莽人族群的人口构成与家庭规模调查》，《中国医药导报》2008 年第 6 期。

② 叶富琼：《金平莽人地区农业扶贫开发的探讨》，《云南农业》2010 年第 5 期。

③ 方明：《中国西南边境莽人的大众媒介接触调查》，《东南传播》2011 年第 6 期。

　　从人口较少民族的研究起源来看，在国外应该追溯到摩尔根对印第安人的研究。在摩尔根的代表作《古代社会》、《美洲土人的房屋和家庭生活》、《易洛魁联盟》以及《人类家族的血亲和姻亲制度》中，通过对生计方式、生活方式、传统文化等方面来分析对印第安人经济和民族发展的影响，已成为当今人口较少民族发展问题研究的典范。在国内，20世纪20年代末30年代初，我国少部分学者开始注意到人口较少民族的问题，诸如杨成志对云南民族的社会调查，凌纯声在东北调查基础上发表了《松花江下的赫哲族》等。[①] 接着20世纪90年代在费孝通先生主持下针对少数民族地区的发展进行了系列的调查并设立了多个项目，为发现人口较少民族的生存发展问题打下了基础。但是，真正开始集中的有意识的研究人口较少民族的发展问题是2000年6月北京大学、国家民委、中央民族大学等组织实施"中国人口较少民族经济和社会发展调查"的联合项目。同年，以云南大学为主组织实施了大规模的"云南民族村寨调查"等研究，主要目的是反映云南25个少数民族现实社会生活。而人口较少民族的生存发展真正引起学者与政府部门关注与研究的是费孝通先生在第六届社会学人类学高级研讨班上做的"民族生存与发展"的演讲。费孝通先生通过分析鄂伦春族、赫哲族、裕固族等民族的现实生存发展问题，提出了一个很严肃的话题："在全球化的浪潮之中，一些根蒂不深、人数又少的民族，如鄂伦春族，政府的确也尽力在扶持这个民族。他们吃住都没有问题，孩子上学也不要钱，但本身还没有形成为一个有生机的社区，不是自力更生的状态。所以在我脑子里一直有一个问题，在我国万人以下的小民族有10多个，他们今后如何生存下去？在社会的大变动中如何长期生存下去？"[②] 这一席话引起了研究者的共鸣，也引起了中国学者对人口较少民族发展的反思以及研究的兴起。

　　1. 环境变迁与人口较少民族发展问题的相关研究

　　已有学者研究环境变迁对人口较少民族发展问题的影响，认为主要是从政府扶持性政策的选择、国家政治的变迁、交通与大众传媒、外来移民

---

　　① 杨塑：《民族学概论》，中国社会科学出版社1984年版。

　　② 费孝通：《民族生存与发展——在中国第六届社会学人类学高级研讨班开幕式上的即兴讲演》，《西北民族研究》2002年第1期。

等外部环境的变化所带来的。在印第安人的迁居史的研究中，研究者主要通过对印第安人实施的系列政策的研究为基点，认为："迁居使印第安人面临着两难的困境，要么在保留地上继续着相当贫困的生活，继续享受政府给予的福利待遇，以保持'印第安'生活方式；要么为改变经济前景而离开保留地，这样就会丧失政府提供的福利，而且还要改变作为印第安人的大部分的生活方式。这不只是文化冲突和认同问题，还是个人自主选择的问题。"① 同时，就印第安人的研究而言，还有人认为资本主义时代的到来，西欧各国对自然资源的大量开发和利用，已经严重威胁到印第安人的生存环境，再度引起印第安人的生存发展危机。② 除了外部强势民族对自然资源的过度开发的威胁外，还有旅游业的发展也为人口较少民族的社会经济发展造成影响，诸如在英国学者贾尼斯·萨切勒的《近年来旅游业对洛瓦林夏尔巴人社会经济的影响》中描述到峡谷出现了惊人的快速世俗化的现象。北方小民族、东南亚狩猎民族在政府系列扶持政策下实施异地搬迁而引起了环境变化，进而导致文化的变迁。

在国内的研究方面，何群博士系统地从环境与小民族生存的角度进行了研究。他认为，小民族的生存问题，主要是由外部环境急剧变化而它们的传统文化不能有效适应引起的。历史上与外界接触很少、长期生活于一种比较单一的自然环境中的小民族，其传统文化是一种"简单文化"。当这样的小民族周围的自然环境与社会环境发生急剧变化时，它们传统的"简单文化"和社会组织无法进行迅速调整和有效适应，必然产生生存危机和发展道路的问题。"简单文化"在与"复杂文化"的接触中，尽管文化借用、传播等文化变迁的一般法则仍在发生作用。但是由于"简单文化"产生于比较单一的环境，缺乏"复杂文化"多元、多层面、异质性强的特点，因此，面对急剧变化的新环境，传统文化所具有的"简单文化"的特点又束缚了小民族适应新环境的能力。③ 也有学者从单个人口较少民族的角度去研究环境对其发展的影响，认为"当一个族群的生产力

①　[美] 特雷尔·罗兹：《城市中的美国印第安人》，王珊译，载何群《土著民族与小民族生存发展问题研究》，中央民族大学出版社 2006 年版。

②　李剑鸣：《两个半球汇合与北美印第安人的历史命运》，载黄邦和、萨那、林被甸《通向现代世界的 500 年——哥伦布以来东西两半球汇合的世界影响》，北京大学出版社 1994 年版。

③　何群：《环境与小民族生存：鄂伦春族文化的变迁》，社会科学文献出版社 2006 年版。

水平较低，所处的自然环境又较恶劣时，他们就只能选择那种能有效地帮助他们抵御自然环境所带来的重重压力和灾难的社会组织形式，血缘家族便是这样的一种组织形式"①。作为外部环境对人口较少民族发展的影响的研究主要是强调在原有环境与其发展的适应性，在外动力作用下发生的环境变化导致人口较少民族生存发展的不适应，从而产生了文化不适应等系列发展问题。

2. 文化变迁与人口较少民族发展问题的相关研究

已有的研究主要以现代化社会为大背景，阐释并分析在主流文化的强势冲击下人口较少民族文化生存面临的危机，继而是整个族群生存面临的困境。大量研究都证明，人口较少民族的文化变迁是"与占统治地位的民族接触时，在强势文化的影响下所发生的急剧变迁"②。而通过人口较少民族的文化变迁的大量研究表明，其文化变迁都是在非内动力作用下的被动文化选择而形成的。有学者认为，"与'文明世界'开始接触，这个保持部落文化达 1 万年之久的民族（雅诺马莫人）现在正处于蜕变消亡的前夕"③。同时，巴巴拉·本特利说："使一个印第安部落消亡，无异于毁灭一个图书馆、信息库，正是一系列的文化丰富着我们大家，如果我们想消除这些人，我们实际上是要毁灭我们自身的一部分。"④ 文化生存在人口较少民族发展中的重要性与紧迫性已经得到了国外学者的广泛重视，并取得了许多有重要价值与意义的成果，推动了有关"国际生存"组织的建设和发展。

在国内的研究中，主要从费孝通先生提出的"保生存"与"保文化"两难困境的范式为基点而开始。有的学者从语言消亡的角度探讨单个人口较少民族语言的保护和生存发展的困境。⑤ 也有从传统艺术的角度探讨人

① 杨圣敏：《环境与家族：塔吉克人文化的特点》，《广西民族学院学报》（哲学社会科学版）2005 年第 1 期。

② ［美］克来德·M. 伍兹：《文化变迁》，何瑞福译，河北人民出版社 1989 年版。

③ ［委］科恩特拉斯特：《雅诺马莫人：亚马孙地区仅存的部落民》，张学谦译，《民族译丛》1992 年第 6 期。

④ ［巴西］伦纳德·格林：《正在消亡的部落》，王晓丽译，载何群《土著民族与小民族生存发展问题研究》，中央民族大学出版社 2006 年版。

⑤ 游志能：《从赫哲族语言消亡看人口较少民族的语言保护》，《佳木斯大学社会科学学报》2007 年第 5 期。

口较少民族传统文化的逐渐消失的问题。在针对东北亚小民族的现代化问题的研究时，有学者认为，"民族不分大小，其发展的最终趋势是一致的，即民族特征逐渐消失。只不过在消失的速度上小民族明显快些，且最终小民族会融于较大民族中。当然，即使语言和一部分民族特征消失了，但人们的共同心理素质还会长期存在。民族融合、民族消亡现象是历史的必然，关键在于是否能以平等的身份自愿地相互融合"①。人口较少民族文化生存的研究在通过文化环境变迁展开，诸如自然进程的中断，而在强势文化的作用下的文化变迁，文化变迁的主动与否决定着文化生存乃至整个族群的生存发展。

3. 经济发展视角下扶持性政策与人口较少民族发展问题的已有研究

随着政府对人口较少民族生存发展问题的关注，并制定优惠政策和扶持性措施以促进其发展，因而伴随着人口较少民族的经济发展问题研究和扶持性政策的研究。目前已经有博士学位论文专门研究人口较少民族的经济发展问题，通过对人口较少民族经济发展的类型归类，分析其经济发展的困境，并提出了"小民族、大政策"的对策建议。② 同时，也有从不同地区、单个人口较少民族的层面研究其经济发展问题，诸如对东北人口较少民族、云南布朗族等经济发展的研究。此外，也有研究从宏观上论述人口较少民族的发展问题，分析人口较少民族现有的发展困境及其原因，探索人口较少民族自主发展之路。③ 就政府扶持性政策的研究而言，集中在《扶持人口较少民族发展规划（2005—2010 年）》制定与实施以来对人口较少民族发展影响的系列研究，其主要是从政策评价的角度展开，而又是集中在扶贫政策的层面。

目前已有韩彦东的博士学位论文《基于可持续发展的人口较少民族地区扶贫开发政策研究》、阿娜尔的硕士学位论文《扶持人口较少民族发展政策实证研究——以内蒙古为例》，主要是国家提出的扶持人口较少民族发展规划的政策背景下对现有的扶贫发展现状进行政策的理论分析与评

---

① 初祥：《东北亚小民族现代化问题的研究》，《西伯利亚研究》1995 年第 5 期。

② 普永生：《当代中国人口较少民族经济发展研究》，博士学位论文，中央民族大学，2004 年。

③ 张韬：《中国人口较少民族发展问题研究：以鄂伦春民族为例》，硕士学位论文，中央民族大学，2010 年。

价。除此之外，还有大量的文章论述扶持人口较少民族发展的政策，诸如李晶的《对扶持人口较少民族发展政策的比较研究》、杨东萱的《对口帮扶扶贫模式的作用与趋势的思考——以芒市三台山德昂族为例》、张银花和阿娜尔的《扶持人口较少民族发展政策的持续及完善——内蒙古自治区扶持人口较少民族发展政策的实践成效调研》、李晓斌与杨晓兰的《扶持人口较少民族政策实践的效果及存在的问题——以云南德昂族为例》、石亚洲的《论民族政策制定专家参与制度的完善——以扶持人口较少民族发展政策为例》、李若青的《云南扶持人口较少民族发展政策的实践启示》、朱玉福与伍淑花的《中国扶持人口较少民族发展的政策及其实践研究》等。通过比较研究、案例分析等方法对不同地区、不同人口较少民族进行宏观与微观层面的研究，对当下实施的人口较少民族扶持性政策做出了不同视角的评价，推动了《扶持人口较少民族发展规划（2011—2015 年）》的提出与制定。

在针对人口较少民族扶持性政策的研究中，除了提出具有可操作性的实践层面的建设性建议外，还涉及政策：如何保障人口较少民族的生存发展的理论问题。在人口较少民族的发展历程中，一直都是在政府的扶持下发展的，是政府主导下实现的从生存环境、生计方式到文化模式的变迁，使得人口较少民族养成了"等、靠、要"的严重思想，非内动力作用下的发展使莽人自主发展能力减弱，因此，政府行为该如何恰当介入人口较少民族的发展中，如何实现人口较少民族的自主发展意识与能力的提高，是已有研究希望解决的。同时，政府在政策制定与实施过程中，如何对待自然资源开发与经济发展、传统文化传承与现代经济社会发展、民族的生存发展与民族的同化消亡、外源性政府扶持的强化与内源性自主发展能力弱化之间的多重矛盾。这些问题不仅是现代的研究热点，也将是今后一段时间内人口较少民族的研究重点之一，是对人口较少民族发展前景的再思考，是整个人类在推进人口较少民族自主可持续发展的责任意识的自觉与反省。

综上所述，人口较少民族生存与发展问题已得到学界的重视，并从文化学、经济学、政策学等角度展开，主要的研究方向：一是人口较少民族的文化生存问题，对人口较少民族在现代强势文化冲击下其民族文化逐渐消失乃至民族消亡的现象进行了剖析；二是从环境变化等角度探讨人口较少民族生存与发展困境的原因，分析人口较少民族生存与发展问题，并为政府决策提供政策建议。但从教育学的视角去思考人口较少民族生存与发展问题还较欠缺，对教育促进人口较少民族发展权的实现的理论与实践分析还有待于进一步加强。

（三）人口较少民族教育发展研究

就国内学界对人口较少民族教育问题的研究而言，有意识的关注并系统的研究只有十余年的时间。20 世纪中叶政府组织的少数民族社会历史调查，1978 年改革开放背景下人类学、民族学、社会学等学科的恢复，使对包括小民族在内的现代化过程中少数民族社会文化转型的研究渐成气候。① 但是缺乏对人口较少民族教育的专门研究，只是在研究中作为经济社会发展的一个影响因子被提及，更多是包括在整个民族教育的研究之中。

人口较少民族教育的专门研究主要集中在两个时期：第一个时期是2000 年成立的"中国人口较少民族经济社会发展研究课题组"，展开了包括教育在内的人口较少民族的全面性研究。在专家和学者的带领下，对22 个人口较少民族进行了深入的调查研究，剖析了人口较少民族教育发展的意义和功能等，提出了"加快发展人口较少民族的教育事业"② 的论断。同时，也实证研究了各个具体的人口较少民族的教育发展现状及其原因，诸如布朗族、鄂伦春族、裕固族等；第二个时期是 2005 年五部委联合制定了《扶持人口较少民族发展规划（2005—2010 年）》，在此政策推动下，迎来了人口较少民族教育研究的黄金期，大部分成果都在此阶段得以彰显。课题主要涉及人口较少民族教育与教育公平、人力资源、民族文化、自然环境以及民族生存和发展的关系等研究，并提出了"人口较少民族和谐教育"③ 和"国家应优先发展人口较少民族教育"④ 的思想和见解。同时，单个人口较少民族的教育研究评述也在不断呈现，诸如《成

---

① 何群：《综述和讨论：关于小民族的生存及前景》，《西北民族研究》2007 年第 1 期。

② 国家民委教育司：《加快发展人口较少民族的教育事业》，《中国民族》2001 年第 2 期。

③ 闫沙庆、王昕：《教育公平与人口较少民族和谐发展研究》，《黑龙江民族丛刊》（双月刊）2008 年第 5 期。

④ 巴战龙：《国家应优先发展人口较少民族教育》，《中国民族报》2010 年第 9 期。

就与问题：中国裕固族教育研究六十年》①、《近 5 年裕固族教育研究进展述评——以研究生学位论文为例》②、《赫哲族教育研究综述》③、《京族教育研究综述》④、《中国德昂族教育研究述评》⑤ 等，通过文献述评了人口较少民族教育研究的发展历程。

通过对相关文献的分析，可以看出，当前学术界对人口较少民族教育的研究主要以学校教育为对象，从两个维度进行研究：一是从教育系统内部结构发展的角度进行研究；二是从教育与社会发展的关系角度进行研究，阐释教育的功能与目的。

1. 教育系统内部结构发展的研究

人口较少民族教育系统内部结构发展的研究，主要以现状与归因分析为研究思路，以个案研究为主，进行宏观层与微观层的探究，剖析与探索人口较少民族教育的发展方略。

一是学校教育事业发展历程与现状的宏观研究。学者们对鄂伦春族、鄂温克族、赫哲族、裕固族、德昂族等人口较少民族教育的研究较多，按照从现象入手的思路，分析学校教育的现状、存在的问题及其解决策略。学者杨筑慧通过田野调查云南勐海布朗族学校教育的历史与现状，认为新中国成立后教育水平总体呈上升趋势，但由于交通闭塞、经济发展滞后、学校布局不合理、宗教信仰、国家分配政策的改变、教师不安心现状等综合因素的影响，导致目前勐海布朗族学校教育处于滑坡状态，对布朗族的教育发展产生了不良影响。⑥ 从已有的研究和笔者的调研中发现，各人口较少民族教育几乎都存在上述问题，而且在发展中的困境有着较多的共性。

除了对单个人口较少民族教育进行研究外，朱玉福等研究者对人口较少民族教育事业十几年来的发展进行了总括性的分析。首先，阐述了人口较少民族教育事业发展的现状：一是人口较少民族地区已初步形成一定规模的教育体系，主要体现在教育基础设施和办学条件明显改善，师资力量

---

① 巴战龙：《成就与问题：中国裕固族教育研究六十年》，《民族教育研究》2007 年第 6 期。

② 巴战龙：《近 5 年裕固族教育研究进展述评——以研究生学位论文为例》，《民族教育研究》2010 年第 2 期。

③ 郑丽洁：《赫哲族教育研究综述》，《当代教育与文化》2005 年第 5 期。

④ 李芳兰：《京族教育研究综述》，《当代教育与文化》2005 年第 5 期。

⑤ 罗吉华：《中国德昂族教育研究述评》，《当代教育与文化》2005 年第 5 期。

⑥ 杨筑慧：《云南勐海布朗族学校教育的历史与现状》，《民族教育研究》2003 年第 5 期。

大改观，国家采取优惠政策和措施重点扶持人口较少民族教育事业；二是
人口较少民族教育事业迎来发展新机遇，从 2002 年国务院发布的《关于
深化改革加快发展民族教育的决定》开始，到 2010 年制定的《国家中长
期教育改革和发展规划纲要（2010—2020 年）》，从国家到地方各级政府
都强调大力发展人口较少民族教育。其次，分析人口较少民族教育事业总
体发展水平较落后的原因。主要是由于历史、地理、自然条件等原因所
致，加之人口少、居住分散、力量弱小、基础差等诸因素，表现在：文化
素质偏低、基础教育发展薄弱、教育基础设施较为落后、接受职业教育和
高等教育的人数较少、缺乏重视教育的意识。最后，提出对策和建议：一
是要高度重视人口较少民族教育事业的发展；二是抓住人口较少民族发展
的新机遇，加快教育事业发展步伐；三是采取各种有效措施，推进人口较
少民族教育事业的全面发展。如加大经费投入、加强教育基础设施建设、
加强"两免一补"等各种优惠政策执行力度、加大师资培训力度、充分
利用教育对口资源的优势、进一步健全教育体系、宣传民族教育法律与政
策以改善教育社会环境等。① 从现代学校教育系统内部结构发展的角度，
按照国家教育层面的发展要求和标准，他们分析了人口较少民族教育的普
适性现状、问题及其对策。

　　二是学校教育教学内容与形式现有境况的微观研究。已有研究从民族
教育所涉及的教育教学内容与形式出发，从微观层面剖析人口较少民族学
校教育课程建设、双语教育、乡土教材等内部各要素的发展境况。一是对
人口较少民族文化课程建设的探讨。有学者经过长期调研，认为民族文化
课程是提高人口较少民族教育质量的重要途径，首先分析加快人口较少民
族地区民族文化课程建设的必要性，体现在提高教育教学质量的需要、促
进学校特色发展的需要、传承民族文化的需要三方面；接着提出对策，认
为应将民族文化课程建设纳入相关规划并重点支持，全面准确地认识民族
文化课程的功能，走出民族文化课程建设的误区，促进民族文化课程建设
的均衡发展，建立民族文化课程建设的交流机制。② 二是对人口较少民族

---

① 朱玉福、周成平：《人口较少民族教育事业发展研究》，《民族教育研究》2010 年第
4 期。

② 巴战龙：《民族文化课程：提高人口较少民族教育质量的重要途径》，《中国民族教育》
2010 年第 4 期。

双语教育的研究。研究者以达斡尔族为个案，从文化变迁的视角分析了这一类有语言无文字的小民族双语教育面临的共同问题。有学者认为，文化变迁尤其是汉化是双语教育发生的根本原因之一，双语教育是促进汉化成功实现的一种最重要的手段，对于无文字民族双语教育的革新，应实事求是地采取灵活多样的教学方法，教育不可以忽视少数民族中的语言转用和语言濒危现象。① 人口较少民族教育教学内容的专门性研究不多，主要是涵盖在整个民族教育的研究之中，运用演绎思维通过民族教育的现实折射出人口较少民族教育的现状。也有运用归纳思维通过人口较少民族教育反映整个民族教育的研究，贾仲益在对人口较少民族实地调查的基础上对"民族教育"的定义、语言和文字、民族教育的对象、民族教育中的乡土知识教育等问题进行了探讨②。从已有的研究表明，人口较少民族教育的研究范围较狭窄，缺乏一定的调查基础和理论深度，有待于深入研究人口较少民族教育的特殊性，建构出人口较少民族教育特有的理论和实践体系。

2. 教育功能的研究

已有人口较少民族教育功能的研究，主要是从社会本位论立场，通过工具理性的价值取向探讨教育功能。从人口较少民族地区社会经济发展落后的现状入手，分析教育在推动人力资源开发，脱贫致富推动经济发展乃至实现小康社会中的作用。也有学者从民族文化和民族命运的前景着手，研究人口较少民族教育在适应现代主流社会与传承本民族文化方面的功能，以及培养民族在自主生存与发展方面的意识的作用等。

一是促进人力资源开发的功能研究。已有研究表明优先开发人力资源，实现由开发物质资源到开发人力资源的重要转变，是实现人口较少民族地区经济发展的根本途径。③ 同时，针对人口较少民族区别于其他民族的特点，韩彦东认为，人口较少民族人力资源存量短缺主要表现在整体受教育水平偏低，人口较少民族受教育程度的性别差异等因素不利于人力资

---

① 孙东方：《论有语言无文字小民族双语教育问题——以达斡尔族为例》，《中南民族大学学报》（人文社会科学版）2006 年第 7 期。

② 贾仲益：《从云南人口较少民族的调查看民族教育的几个问题》，《民族教育研究》2003年第 3 期。

③ 朱玉福：《扶持人口较少民族的意义》，《广西民族研究》2007 年第 1 期。

本存量的整体提高。① 诺贝尔经济学奖获得者贝克尔认为："人才是经济发展的财富之源，是真正意义上的第一资本。"② 人力资本在当今社会早已被公认为是经济社会发展的重要资源，进而把人力资源的开发看成是现代学校教育的主要任务和目的，因此众多研究人口较少民族教育的人力资源开发功能也就成了必然。

二是在经济与社会建设中重要地位与功能的论证。张锦鹏认为："知识的贫乏是少小民族贫穷的根源，也是少小民族自我发展动力机制不足的深层因素。"③ 同时研究者强调："优先发展人口较少民族教育，提升教育的经济、社会和文化效益及社会发展的质量，是人口较少民族教育及社会发展内在的迫切要求。"④ 闫沙庆等学者在探寻教育公平与人口较少民族和谐发展问题时提出："国内外成功的教育模式证明教育的追赶一定要优先经济的追赶，教育振兴是人口较少民族振兴的重要标志，扶持人口较少民族加快发展，关键在教育。"⑤ 因此，推动人口较少民族地区的现代化建设，必须优先发展民族教育。"优先发展民族教育"的理念，已引起学者和政府越来越多的重视，除了证实优先发展民族教育有经济功效外，巴战龙还认为："国家应进一步明确优先发展人口较少民族教育，因为这是维护公平正义、建设和谐社会的需要，是维护民族自信尊严、促进社会持续发展的需要，是人口较少民族教育及社会改革和发展的需要。"⑥ 教育与社会经济发展的关系在人口较少民族的研究中显得尤为重要，人口较少民族教育的显著功能与优先发展的重要地位在已有研究中得到充分彰显。

三是文化适应与传承的双重功能研究。就人口较少民族教育的文化传承功能研究来看，同民族教育研究一致，赞同适应主流社会文化与传承民族文化的双重功能学说。有学者提出国民教育的社会功能与民族功能应加

---

① 韩彦东：《人口较少民族人力资本存量短缺的原因分析及对策》，《黑龙江民族丛刊》（双月刊）2005 年第 5 期。

② ［美］加里·S. 贝克尔：《人力资本》，梁小民译，北京大学出版社 1987 年版。

③ 张锦鹏：《从"有限理性"看云南少小民族自主发展意识的激发》，《云南社会科学》2010 年第 2 期。

④ 闫沙庆、王昕：《教育公平与人口较少民族和谐发展研究》，《黑龙江民族丛刊》（双月刊）2008 年第 5 期。

⑤ 同上。

⑥ 巴战龙：《国家应优先发展人口较少民族教育》，《中国民族报》2010 年第 9 期。

以整合，因为国民教育除了要努力按国家的目标定位对教育对象进行
"五美"和"三个面向"的塑造以外，还应当使各民族受教育者具有弘扬
民族文化的自觉性和责任感，具有在多民族共处的环境中自立、自信、自
尊、自强和善于进行批判地吸收的能力，从而使国民教育在民族地区能够
有效地担负起为民族文化培养接班人的重任。① 民族教育应具双重功能的
观点得到了研究者的普遍认可，为此也进行了大量的研究。研究者以裕固
族为个案，对其学校教育的功能进行了社会人类学分析，指出裕固族学校
教育应有两个基本的功能：一是传授现代社会主流科学文化知识，促进社
区发展，使受教育者适应主流社会生活，并通过筛选和分配实现向上的社
会流动；二是传承本民族文化，使受教育者通过文化濡化适应社区生活，
从而维系社区的存在与稳定。② 这一观点适合所有的民族教育。民族教育
在文化传承上的功能研究早已成为研究重点和热点，研究者认为："文化
的传承离不开教育的手段，教育不仅仅具有文化传承功能，还可以促进文
化间的交流与创新。"③ 西南大学西南民族教育与心理研究中心对民族教
育的文化传承功能也进行了深入的田野调查、理论与实践研究，产生了大
量优秀硕博论文成果。

四是促进人口较少民族自主生存和发展的功能研究。人口较少民族地
区教育除了要完成国民教育的基本任务以外，更核心也是更紧迫的任务是
促进本民族的自主生存和发展。何群认为：小民族中的部分群体，在现代
化潮流冲击下，其社会遭遇到巨大的冲击，以致传统文化和生活方式残存
无几。作为小民族社会系统重要组成部分的民族学校，同样承受着边缘化
的压力。因而，应当围绕怎样才能改善小民族生存发展状况的核心，对包
括小民族教育在内的民族教育理念，进行反思和调整。④ 教育功能整合的
终极目的，或者说是国家扶持人口较少民族基础教育发展的根本目的是培

---

① 贾仲益：《从云南人口较少民族的调查看民族教育的几个问题》，《云南民族教育研究》
2003 年第 3 期。

② 巴战龙：《社区发展与裕固族学校教育的文化选择——人口较少民族乡村学校教育的民
族志研究》，硕士学位论文，中央民族大学，2005 年。

③ 张元卉：《人口较少民族文化传承的教育人类学研究——以鄂伦春族文化传承研究为个
案》，硕士学位论文，中央民族大学，2009 年。

④ 何群：《当代小民族教育：社会碎片化场景中的边缘化压力》，《满语研究》2008 年第
2 期。

育和提升人口较少民族的自主发展意识和能力，达到"文化自觉、和谐共生"的文明新境界。[①] 由于人口较少民族特定的生存环境和天然的弱势地位，加之外来强势文化和非内动力暂时性扶持的进入，其民族的生存和发展日益凸显其研究的必要性。

　　综上可见，随着政府和学界对人口较少民族的日益重视，人口较少民族教育研究的成果也日趋丰富。目前人口较少民族教育的研究主要集中在学校教育系统内，其研究重心主要是从现象层面入手，分析学校教育发展存在的诸如资金、设施设备、师资、课程、双语教育等教育教学方面的困难和问题及其解决对策，而对学校教育与本民族发展的关系研究还较欠缺。在教育功能研究上集中于探讨教育促进人力资源开发，推动经济发展，适应主流文化和传承本民族文化等方面，从民族生存发展以及发展权保障的角度去思考教育理念与功能以及教育存在的困境的研究还较薄弱，教育促进人口较少民族生存发展的研究有待深入。

---

① 巴战龙：《国家应优先发展人口较少民族教育》，《中国民族报》2010 年第 9 期。

第一章

莽人教育发展的文化生态系统分析

"地者，万物之本原，诸生之根菀也。"（《管子·水地篇》）天地系统是人类得以繁衍生存的基础，也是人类赖以生存与发展的根基。莽人的教育发展与其所处的文化生态系统有着密切的关系。

一 莽人的族群特征与人口特征

（一）族群特征

1. 莽人的源与流

莽人由于是一支只有语言没有文字的族群，因此莽人没有记载自己历史的书籍，汉文史籍上也很少有记载可以考证。最早对莽人继续族源追溯的是杨六金先生，他从莽人口头流传的《创世记》和风俗习惯及其宗教信仰分析，并结合一些国内外学者的诸如认为莽人是古孟高棉语族的一支，在汉文史籍中属于"百濮"族群等见解，查阅汉史《逸周书·王会解》、《史记·司马相如传》、《华阳国志·南中志》发现，史书上记载的苞满、闽濮、望蛮、朴子蛮，就是莽人和布朗族等民族的先民。而后杨六金先生又考证了《云南民族史》上记载的"清朝初年，这一部分蒲人不复见于记载"史料，证实这部分濮人不是有些史学家认为的融入其他民族中去了。恰恰相反，这部分蒲人并没有融入其他民族中，是因为害怕受到其他民族的歧视和压迫，不敢定居在坝子里，逃难到深山密林中，三五年迁徙一次，最后迁徙到金平县边疆一带和越南老街市的坝洒县境内，然后往南迁徙到越南莱州省的封土、孟来、清河、孟德等县的深山密林中，散居于莽莽的原始森林中。

杨六金先生认为，我国金平县境内的莽人，是从"蒲人"、"蒲满

（莽）人"族群中分出来的一支。[①] 因此，就其莽人的渊源而言，目前杨六金先生的考证结论得到了公认，认为"莽人"先人于明朝中期散居在云南省红河州和文山州境内，到明末清初流散到越南老街省和莱州省境内，清朝末期又有部分"莽人"从越南迁回我国的金平县一带。19 世纪 30 年代末到 20 世纪 50 年代初，因民族压迫和战争摧残，为保护族人的生命安全，一些莽人逃避到今中越边境地区一侧的高山密林之中，他们过着岩洞当房住、野果当饭吃、树皮当衣穿的流动性的原始采集、狩猎农耕生活。20 世纪 50 年代中期后，党和政府动员他们出林定居定耕，帮助他们建盖房屋，教他们开田种地。从此，莽人结束了 100 多年在原始森林中避难的悲惨生活。

　　除了通过史籍和实地考证以外，专家还通过 mtDNA 测试，探寻莽人的族群渊源。中国科学院昆明动物所细胞及分子进化开放实验室和云南省红河州卫生学校联合对莽人和苦聪人（1985 年归为拉祜族）进行 mtDNA 测试。"共检测 15 种 mtDNA 类型，莽人就占 10 种，明显较苦聪人多。从苦聪人、莽人群体内多态指标 Z 值看，苦聪人群体内变异较莽人大。两群体间 P 值也较大，即遗传距离较远。说明每个民族都有自己独特的遗传经历和遗传特征，尤其莽人是一个遗传上较独特的群体，群体内变异较为丰富，这也与 Stoneking 等提出的高山人群由于地理隔离，能够保持较多 mtDNA 变异的看法相一致。"[②]

　　"从历史、语言、民族学、人类学、社会学等方面的研究认为，莽人是很早以前就生息在云南南部，是该地的原始土著人群之一，且长期与异族通婚率低。而苦聪人则系古代北方民族一支向南迁移并与当地其他民族逐渐融合而成；现两种族群虽居住地相近，但血统上相距甚远。"[③] 对莽人族群渊源也可能还有其他的不同见解，还有待于进一步的科考和认证。

　　2. 莽人的族群称谓

　　莽人的称谓问题，长期以来也扑朔迷离，称法各异。究其原因也是与莽人的生存环境有关，一直生活在深山密林中，与外界几乎隔绝，致使莽人成为一支神秘的群体，鲜为人知。虽然附近的村民知晓有这个群体的存

---

　　① 杨六金：《一个鲜为人知的族群——莽人的过去和现在》，云南教育出版社 2004 年版。

　　② 杨翔、张丽梅、丁猛、张亚平：《云南莽人、苦聪人 mtDNA 多态性研究》，《云南大学学报》（自然科学版）1999 年第 3 期。

　　③ 同上。

在，但是很少来往，对其了解甚少。继而深入莽人山寨去调查和研究的就更少，直到 1989 年，学者杨六金先生才揭开这片神秘的处女地，多次深入莽人寨子调研，并对莽人的称谓问题进行了深入探究。

现代莽人自称"莽"（mang），兼有"山民"或"聪明"的意思；当地傣族对莽人的称呼为"岔满"、"插满"①（tsha mang），汉意为生活在高山上、没有名字的人；当地的苦聪人（属于拉祜族的一个支系）称呼莽人为"阿比"和"孟嘎"，"阿比"是头发乱而长的意思，"孟嘎"是嘴边有纹的意思；当地的哈尼族对莽人的称呼是"巴格然"和"崩欧然"，其含义是老实人的意思，越南境内的莽人对我国境内的莽人的称呼是"莽地夺"，意思是大地方的人；云南境内的苗族对莽人的称呼是"么"；拇鸡人（彝族的一个支系）称莽人为"拉莽"，源于老挝人对莽人的称呼，其意为马鹿，带有侮辱的意味。杨六金老师认为，以上汉文史籍上记载的"满"、"曼"、"蛮"、"莽"，实为一个字，或者说是一个同源词，"岔满（莽）人"、"蒲满（莽）人"，都是"莽人"。② 以上各种莽人的自称和他称，不仅可以探寻莽人的真正称谓，还可以从主位和客位的角度去认识莽人，追溯莽人的族群特征。

除了对莽人这个族群的自称和他称上种类繁多外，在 20 世纪 60 年代以来，在报刊和有关文件中，常见"莽人"与"芒人"两种称呼用法混乱的现象。因此，有的专家就认为金平县境内有两种族群。直至后来金平县编制的《金平民族志》（1990 年版）和《金平苗族瑶族傣族自治县志》（1994 年版）都仍用"芒人"的称谓。据此，杨六金先生查阅《越南西北的南亚语系民族集团》、《当代越南》、金平县《莽人简报》及《辞海》等书籍，结合中国社会科学院李道勇先生和云南民族学院王敬骝教授有关莽人称谓的调查报告，并在自己的实际调查中进行深入考证。他认为："我国境内的莽人和越南境内的莽人都属于南亚语系孟高棉语族，属于古代'百濮'族群的后裔，是从近代'浦人'、'蒲满（莽）人'族群中分化出来的一支。他们的国籍虽然不同，但是两者居住的地域相连，自称和

---

① 云南省民族研究所：《云南省红河哈尼族彝族自治州金平县苦聪人经济社会调查（附：插满人社会经济调查）》，内部参考 1963 年。

② 金平苗族瑶族傣族自治县民族事务委员会：《金平民族志》，云南民族出版社 1990 年版。

他称也相同，历史传说、语言形态、宗教信仰、风俗习惯、生产方式、衣食住行等都一致，从古至今，均相互通婚。因此我国境内的莽人与越南境内的莽人是同一族群。而芒人属于南亚语系越芒语族，属古代'百越'族群的后裔，说明莽人与芒人是两个不同的族群。"[1] 而后，在2002年金平县九届人大五次会议上，县长在其"政府工作报告"中将原来其族群称谓的"芒人"正式写为"莽人"，并于同年4月1日在《金平报》刊载《金平县尚未确定族称的并非芒人》一文。从此以后，金平县境内的报刊和官方用语及其相关资料都正式使用"莽人"这一称谓，进而外界无论是官方、媒介还是学者也都统一运用"莽人"作为该族群的称谓。

3. 莽人的族群特征

莽人具有较独特的族群特征，目前尚且保存完好。其主要原因是与生存环境和遗传因素有关，莽人长期生活在深山老林中，交通阻塞，信息闭塞，很少与附近村民及外界接触，自成一个封闭式的生活圈。加之莽人的生活较贫困，其他民族的女子不愿意嫁给莽人，到目前为止，莽人大多是内部通婚，其男子还未与我国别的民族女子通婚，有极少数附近越南边境的女子嫁给莽人男子为妻，而他们又是同一个族群，因而莽人的族群特征较明显。

图1-1　莽人村民

---

[1]　杨六金：《一个鲜为人知的族群——莽人的过去和现在》，云南教育出版社2004年版。

　　学者应用 Heath-Carter 体型法对莽人体型进行分析，发现莽人身矮体轻，身体细瘦，骨骼宽度小，小腿围度小，皮下脂肪薄，肌肉不发达。莽人生活在中国与越南边境的深山中，生活艰难，经济不发达，妇女与男性一样从事繁重的农耕劳作，这是造成莽人（特别是妇女）身体纤瘦，皮下脂肪发育不良的主要原因。① 莽人是生活在南亚的古老族群，语言也属南亚语系孟高棉语族，更多地具有南亚类型的体型特征。据笔者的调研发现，莽人的体质均具有以上特征，普遍身材不高，多在 1.60 米以下，除此之外还有鼻子扁小、嘴巴稍大等特征，同时莽人皮肤黝黑，双腿粗壮有力。其特征的形成是因为莽人生长在森林中，且经常在野外穿行，而在采集狩猎为生的时代，莽人穿山越岭的本领更强。在访谈中莽人村民谈道："爬山是莽人的强项，且一年四季不穿鞋，赤脚可以在深山老林中奔跑，健步如飞。身肩 100 多斤的东西，能一天翻越七八十里山路，据说任何一个民族无法与莽人相比。但是现在由于政府禁止打猎，生活方式由游居游耕逐渐过渡到定耕农耕，年青一代的这项本领越来越弱了。"

　　莽人的心理特征主要表现为胆怯、善良、诚实、纯朴、群体意识强等。其原因主要是在颠沛流离的民族迁徙过程中，莽人为生存而进入莽莽林海，与邻近的其他民族交往较少，一直生活在自己的小集体中，面对这个小族群以外的人都会感到陌生，进而是胆怯，甚至还有懦弱的一面。在调查中附近村民谈道："前些年，莽人在森林边只要看见有陌生人从旁边经过，撒腿就跑，躲到森林中去，更增加了外界对莽人的神秘感。最近几年，由于莽人被社会关注较多，与外界不断的接触，才慢慢学会和陌生人交往。"即便如此，莽人的胆怯心理现在依然存在。而莽人的善良、诚实和纯朴也是与生活环境密切相关的，除了生活在密林中与大自然的接触交往更多外，莽人原始共产主义的社会组织也赋予了莽人现有的特征。夜不闭户、路不拾遗，不管谁收获了粮食、猎物还是野果等，都要和大家分享，自己只留下一点。莽人的族群特征是莽人在长期的生产生活中自然形成的，是和其生存的天地系统和谐共生的。而如今莽人在政府扶持下进行了以迁居为核心的综合扶贫，进入了一个新的生存环境和生存空间，其族

---

　　① 郑连斌、陆舜华等：《中国莽人、僜人、珞巴族与门巴族 Heath-Carter 法体型研究》，《人类学学报》2010 年第 2 期。

群特征也必将会随着环境的改变而改变。

(二) 人口特征

有研究认为:"老年人口所占比例低,而幼童比例高,优生优育已成为莽人目前面临的重大课题,关系着莽人族群自身发展和民族未来。"[①] 鉴于此,笔者对莽人的人口发展状况和结构进行以下的横向与纵向分析,探寻在不同的时空下莽人的人口特征及其发展态势。这是事关莽人生存发展的根基问题,也是教育发展问题研究的基础。

1. 莽人三村人口特征的横向比较

笔者 2010 年底对莽人新安置点牛场坪村进行入户调查的人口统计如下:

表 1-1　　　　　　　　　　牛场坪村人口统计表

门牌号	户主姓名	人口数量						人口质量		
		总数	0—14 岁		15—59 岁		60 岁及以上		受教育程度	
			男	女	男	女	男	女	文盲	小学	初中
1	罗正华	4	1	1	1	1	0	0	2	0	0
2	龙三妹	1	0	0	0	1	0	0	1	0	0
3	罗小二	5	2	1	1	1	0	0	2	0	0
4	龙山	8	2	1	2	3	0	0	4	3	0
5	罗忠华	6	2	0	1	1	1	1	4	1	0
6	龙玉忠	5	1	1	1	2	0	0	2	2	0
7	陈小二	2	0	0	0	1	1	0	2	0	0
8	罗小三	4	1	1	1	1	0	0	2	1	0
9	罗大妹	7	1	3	1	1	0	1	2	3	0
10	陈自荣	1	0	0	1	0	0	0	1	0	0
11	罗文清	4	1	1	1	1	0	0	2	1	0
12	陈有明	3	0	0	1	2	0	0	2	0	0
13	陈阿见	5	1	1	1	2	0	0	2	0	0
14	陈勇明	4	0	0	2	2	0	0	2	2	0

---

① 杨秀琼、黄高贵、周朝当、刘碧佳:《莽人族群的人口构成与家庭规模调查》,《中国医药导报》2008 年第 2 期。

续表

门牌号	户主姓名	人口数量							人口质量		
		总数	0—14 岁		15—59 岁		60 岁及以上		受教育程度		
			男	女	男	女	男	女	文盲	小学	初中
15	陈四华	7	1	3	1	1	0	1	3	3	0
16	陈四新	7	2	0	3	2	0	0	2	1	0
17	陈二	3	0	1	1	1	0	0	2	1	0
18	罗光明	6	1	1	3	1	0	0	2	0	0
19	陈万华	4	1	0	1	2	0	0	1	3	0
20	陈小明	4	1	1	1	1	0	0	0	2	0
21	罗剑	4	2	0	1	1	0	0	1	1	0
22	罗二	3	1	0	1	1	0	0	2	0	0
23	陈四	6	0	2	1	2	0	1	4	2	0
24	陈玉生	2	0	0	2	0	0	0	1	1	0
25	陈跃明	4	1	0	1	2	0	0	2	2	0
26	陈二	5	1	0	1	1	1	1	4	0	0
27	陈荣	3	1	0	1	1	0	0	1	1	0
28	陈德新	3	0	0	2	1	0	0	2	1	0
29	陈幺妹	5	1	0	1	2	0	1	3	1	0
30	罗玉光	9	2	2	3	2	0	0	3	2	0
31	陈四祥	5	1	1	2	1	0	0	2	2	0
32	罗小大	9	1	2	3	3	0	0	2	2	0
33	陈小军	4	1	1	1	1	0	0	2	0	0
34	陈小大	6	1	0	1	2	1	1	4	2	0
35	陈忠文	5	2	1	1	1	0	0	2	1	0
36	陈立光	5	2	0	1	2	0	0	2	3	0
37	陈有新	5	0	1	2	2	0	0	2	2	0
38	罗开文	7	2	0	2	3	0	0	0	4	1
39	罗正明	6	3	0	1	1	0	1	3	2	0
40	陈大妹	7	0	2	2	2	0	1	3	3	0
41	陈金亮	4	0	2	1	1	0	0	2	0	0
42	陈海林	4	0	2	1	1	0	0	1	1	0
43	罗有先	9	1	2	5	1	0	0	2	5	0
总计		210	41	35	61	60	4	9	89	62	1

2010 年统计牛场坪村有 43 户 210 人，平均每户人口为 4.883 人。从性别比例（男性/女性）看：0—14 岁为 1.12；15—59 岁为 1.02；60 岁及以上 0.44；男女总数比为 1.02，其中男性比重为 50.5%，女性则为 49.5%。从以上的性别比可见，男女比例较平衡，牛场坪村目前只有 3 个在法定结婚年龄未婚的男子（分别为 29 岁、35 岁和 39 岁）。但是随着牛场坪村与外界接触的不断增多，莽人姑娘嫁到附近其他民族和外地的现象日益增多，而其他民族的姑娘不愿嫁与莽人。因此，莽人男子的婚姻将成为未来事关莽人族群和社会发展的一个不可忽视的问题。

就莽人的年龄结构看，0—14 岁总人数为 76 人，比重为 36.2%；15—59 岁总人数为 121 人，比重为 57.6%；60 岁及以上总人数为 13 人，比重为 6.2%。由以上人口年龄结构数据可见，牛场坪村目前的劳动力是较充足的。而其村寨共有 89 个文盲，比例高达 42.3%，如何充分的科学的利用现有的劳动力促进莽人的生存和发展，这是值得深思的。同时，在赡养老人方面目前没有太大负担，因此教育和抚养子女便是未来发展的另一重任。

2010 年底笔者对莽人新安置点龙凤村进行入户调查的人口统计如表 1—2：

表 1－2　　　　　　　　　龙凤村人口统计表

编号	户主姓名	人口数量						人口质量				
		总数	0—14 岁		15—59 岁		60 岁及以上		受教育程度				
			男	女	男	女	男	女	文盲	小学	初中	高中	中专
1	罗三	8	3	0	2	1	1	1	2	3	0	0	0
2	盘进忠	6	1	1	3	1	0	0	0	5	1	0	0
3	刀小四	6	0	0	4	2	0	0	3	3	0	0	0
4	陈自新	5	0	1	1	2	0	1	3	1	0	0	1
5	陈继光	7	1	1	2	2	0	1	1	5	1	0	0
6	罗大妹	9	1	2	0	5	0	1	2	3	2	0	0
7	罗继忠	4	1	0	2	1	0	0	4	0	0	1	0
8	罗自忠	6	0	1	2	1	1	1	3	2	1	0	0
9	刀正华	7	2	2	1	1	0	1	2	4	0	0	0
10	陈小三	8	0	2	3	2	1	0	4	3	1	0	0
11	张小明	5	2	1	0	2	0	0	3	2	0	0	0

续表

编号	户主姓名	人口数量							人口质量				
		总数	0—14 岁		15—59 岁		60 岁及以上		受教育程度				
			男	女	男	女	男	女	文盲	小学	初中	高中	中专
12	张荣辉	5	1	1	1	2	0	0	2	0	0	0	0
13	陈文明	6	0	2	1	3	0	0	4	0	0	0	0
14	罗自华	7	0	3	1	3	0	0	2	4	0	0	0
15	陈文忠	5	1	0	2	2	0	0	2	2	0	1	0
16	罗幺妹	2	0	0	1	1	0	0	2	0	0	0	0
17	陈小大	8	1	0	2	4	1	0	3	4	0	0	0
18	陈仕军	3	0	1	1	1	0	0	1	1	0	0	0
19	陈有新	4	0	1	2	1	0	0	1	3	0	0	0
20	罗世金	6	1	2	1	2	0	0	2	4	0	0	0
21	盘文忠	6	2	0	1	3	0	0	2	2	0	0	0
22	罗正明	7	1	0	3	3	0	0	3	1	2	0	0
23	罗继安	3	1	0	1	1	0	0	2	0	0	0	0
24	罗云祥	3	0	1	1	1	0	0	0	2	0	0	0
25	陈世平	9	2	1	5	1	0	0	1	5	0	0	0
26	刀世荣	8	2	2	2	1	0	1	2	1	1	0	1
27	刀光明	10	3	3	1	2	1	0	2	4	0	0	1
28	刀文军	4	2	1	1	0	0	0	1	3	0	0	0
29	陈大平	3	0	0	1	1	0	1	3	0	0	0	0
30	罗继章	3	0	1	1	1	0	0	1	2	0	0	0
31	罗继高	7	2	0	3	2	0	0	1	3	1	0	1
32	陈小华	2	1	0	0	1	0	0	1	0	0	0	0
33	刀玉军	4	2	0	1	1	0	0	2	0	0	0	0
34	罗大妹	10	1	3	1	4	0	1	2	5	0	0	0
35	陈大	2	0	0	0	0	1	1	2	0	0	0	0
36	罗文金	3	1	1	1	0	0	0	1	1	0	0	0
37	罗继明	1	0	0	1	0	0	0	1	0	0	0	0
38	陈文军	2	0	0	1	1	0	0	1	1	0	0	0
39	罗友明	1	0	1	0	0	0	0	1	0	0	0	0
总计		205	35	34	56	63	6	11	75	79	10	2	5

龙凤村是莽人（布朗族）、苗族和彝族 3 个民族杂居的村寨。据 2010 年底统计，全村共有 78 户 393 人，其中莽人有 39 户 205 人，平均每户人口为 5.256 人。从性别比（男性/女性）看：0—14 岁为 1.029；15—59 岁为 0.888；60 岁及以上为 0.545；男女总数比为 0.898，其中男性比重为 47.3%，女性则为 52.7%。目前在婚配方面，虽然只有 3 个男子没配偶（其中一人 37 岁未婚），但是同其他两个村的原因一样，目前莽人还未娶到其他民族的女子，因此近亲结婚的现象较严重，对莽人未来的人口结构从数量到质量上都是不利的。

就龙凤村莽人的年龄结构看，0—14 岁总人数为 69 人，比重为 33.7%；15—59 岁总人数为 119 人，比重为 58.4%；60 岁及以上总人数为 17 人，比重为 7.9%。由以上人口年龄结构数据可见，龙凤村目前的青壮年比重较大，劳动力充足，有利于促进其生产发展。而青少年的比重其次，并与其他两个村相比，学生人数较多，学生的学习是家庭的一个重任。而该村莽人的文盲为 75 人，其比重为 36.6%，小学文化程度的人口为 79 人，其比重为 38.5%。相比之下，该村莽人的文化程度相对较高，这是该村未来发展的优势，将有力地推动其经济社会的发展。

2010 年底笔者对莽人新安置点平和村进行入户调查的人口统计如表1－3：

表 1-3　　　　　　　　　　平和村人口统计表

编号	户主姓名	人口数量				受教育程度	
		总数	男	女	劳动力	学生	小学在校生
1	龙有明	4	2	2	2	1	1
2	盘六	4	2	2	2	1	1
3	陈忠文	6	2	4	2	4	1
4	陈元	6	3	3	2	1	2
5	龙四金	3	2	1	2	0	1
6	陈广明	10	7	3	5	3	0
7	陈玉金	9	4	5	3	1	0
8	龙生	3	2	1	2	0	0
9	陈世生	5	4	1	3	1	1
10	龙小三	3	2	1	2	0	0

续表

编号	户主姓名	人口数量				受教育程度	
		总数	男	女	劳动力	学生	小学在校生
11	陈力新	5	4	1	2	2	2
12	陈小大	5	3	2	2	0	3
13	罗小大	9	5	4	4	4	2
14	龙海生	3	1	2	2	0	0
15	陈忠为	9	5	4	4	2	1
16	陈忠明	8	5	3	2	2	1
17	陈松	6	2	4	4	0	0
18	陈文忠	11	5	6	5	2	1
19	龙正宋	3	2	1	2	0	0
20	陈自才	5	2	3	2	0	0
21	陈忠华	4	3	1	3	1	1
22	龙文明	4	2	2	2	1	1
23	龙玉兴	6	3	3	3	1	1
24	刀小明	6	3	3	3	2	2
25	陈万忠	5	3	2	2	1	1
26	龙树英	6	3	3	2	2	2
27	龙三	6	3	3	2	2	2
28	龙自光	7	4	3	2	2	2
29	龙正元	5	4	1	3	1	2
30	陈世保	5	4	1	4	2	2
31	陈小三	3	1	2	2	0	0
32	刀玉明	2	1	1	2	0	0
33	陈世华	2	2	0	1	1	1
34	龙正有	5	1	4	2	1	1
35	陈小大	10	3	7	3	1	1
36	龙正祥	9	3	6	2	2	2
37	陈小二	7	3	4	4	2	2
38	龙四	7	6	1	4	1	1
39	陈小明	9	5	4	4	2	2
40	陈小二	2	1	1	2	0	0
41	陈文光	8	5	3	3	3	2
42	小陈大	6	2	4	3	0	0
43	陈二妹	4	2	2	2	1	1

续表

编号	户主姓名	人口数量				受教育程度	
		总数	男	女	劳动力	学生	小学在校生
44	龙世友	6	3	3	3	1	1
45	陈正忠	3	1	2	2	0	0
46	陈玉光	4	2	2	2	0	0
47	陈小二	4	2	2	2	0	0
48	陈福兴	8	4	4	3	2	2
49	龙正祥	3	2	1	2	0	0
	总计	273	145	128	128	56	49

　　平和村是由坪河中寨、坪河下寨异地搬迁后新合并组建的一个村寨，是莽人的一个聚居区。据 2010 年底笔者入户调研统计，全村共有 49 户 273 人，家庭规模为 5.571 人。其中性别比（男性/女性）为 1.133，男性比重为 53.1%，女性的比重则为 46.9%，该村中男性人数略高于女性人数，但是从人口性别比来看，属正常范围。从劳动力数量看，该村的劳动力为 128 人（其比重为 46.9%），接近一半人口。而学生人数只有 56 人（比重为 20.5%），小学 49 人，目前还未有初中及以上的在读学生。大部分青壮年都留在本村务农，从生产劳动的人口数量上看已较充分，但是从人口质量上看则有待进一步加强提高。三个村寨人口构成指标的对比分析如表 1 - 4：

表 1 - 4　　　　　　　莽人三村寨人口结构统计表

指标 村名	户数	总人口数	男性人数	女性人数	劳动力数	家庭规模
牛场坪村	43	210	106	104	121	4.883
龙凤村	39	205	97	108	119	5.256
平和村	49	273	145	128	128	5.571
总计	131	688	348	340	368	5.252

　　从三个村寨人口结构的比较可见，无论从人口总数、男女人数、劳动力人口数还是家庭规模，三个村都是相当的，分布较均匀。在 2008 年前未实施计划生育的情况下，莽人自然生育状态与少数民族地区国家规定的

生育计划相差不远，这是一种自然调控能力。同时，男女比例也相差不大，因此，没有族际通婚的情况下莽人内部通婚也能维持族群的繁衍。但是，在笔者的调研中发现了潜在的问题：一是莽人虽有同姓不婚的习俗，但出现了不少近亲结婚现象，其近亲结婚的弊病正在不断显现；二是由于莽人在政府的扶持下，与外界接触的机会日益增多，莽人女孩能走出去了解周边及其更远地方的别族的生活，因此，她们更愿意嫁到附近其他民族甚至是云南省外的地方。而因莽人的生活习惯等一直未能被周边民族所接受，外面的女子不愿意嫁给莽人，因此莽人男子的婚姻问题将是莽人族群发展的较严重的问题。如果仍保持族内通婚的话，近亲结婚将越来越严重，甚至会导致莽人这个族群的消亡。

2. 莽人三村人口的纵向比较

2008 年，在中央领导的直接关心下实施了莽人综合扶贫项目，并于 2009 年进行整体搬迁，分别修建了现在的新安置点牛场坪村、平和村和龙凤村。由于莽人自己没有文字，加之与外界隔绝，在解放前还未有人进入莽人山寨记载其历史。只在新中国成立后，才有政府部门深入寨子扶持其生产生活并开始对其基本情况进行记载。直到 1989 年杨六金先生进入莽人寨子，才有第一位学者开启莽人的研究之门。因此，对其人口的纵向比较，也只能搜集到解放后的相应数据，如表 1 - 5：

表 1 - 5　　　　　　莽人人口发展状况表（1950—2010 年）①

项目 年份	牛场坪村（原雷公打牛村）		平和村（原坪河中、下寨）		龙凤村（原南科新寨）		合计		家庭规模（人，载户）
	户数	人口	户数	人口	户数	人口	户数合计	人口合计	
1950	11	56	25	123	23	112	59	291	4.932
1960	12	59	27	133	25	120	64	312	4.875
1973	22	100	29	134	25	133	76	367	4.829
1980	17	93	34	167	21	129	72	389	5.403
1990	27	154	38	206	27	159	92	519	5.641
2003	33	201	41	266	33	184	107	651	6.084

---

①　从 1950 年到 2003 年的数据是由杨六金先生提供，2003 年后的数据是由金平县莽人综合扶贫办公室提供，2010 年底的数据是笔者入户调研统计的结果。

续表

项目 年份	牛场坪村 （原雷公打牛村）		平和村 （原坪河中、下寨）		龙凤村 （原南科新寨）		合计		家庭规模 （人，载/户）
	户数	人口	户数	人口	户数	人口	户数 合计	人口 合计	
2007	43	195	49	270	36	216	128	681	5.320
2008	43	201	49	268	39	209	131	678	5.176
2009	43	209	49	267	39	213	131	689	5.252
2010	43	210	49	273	39	205	131	688	5.252

根据以上分析所示，从 1950 年到 2010 年这 60 年间，莽人人口总数增加了 397 人，平均每年增加 6.6 人，增长率为 57.8%。从家庭规模看，户数增加了 72 户，平均每年增加 1.2 户。由于莽人人口基数太小，加之莽人的生存环境、生活质量与风俗习惯等原因，在自然生育状况下，莽人人口增长速度仍较慢，至今还是中国人口数量最少的一个族群。因此，今后莽人的发展需要从人口结构调整出发，在计划生育和科学生育的基础上，逐渐提高莽人的人口质量，提高莽人的受教育程度，加强与外界的交往以增加族际通婚的几率，以推动莽人人口从数量到质量的不断发展，保障莽人这个族群的生存与发展，不因人口方面的问题导致莽人族群的灭亡。

二　莽人教育发展的自然环境

不同的地理环境决定所有生活于此的动物、植物、人类有着不同的共生圈。西南民族有大量的史料证明，由于西南地区地理环境特殊，自然条件恶劣，生存条件比东部平原地区差得多。所以，在长期与大自然打交道的过程中，西南诸民族形成了一整套关于如何与大自然和谐相处的认知和实践知识。[1] 因此，只有"天人合一"的生存之道才会延续民族的生存与发展，也只有剖析该民族赖以生存的自然环境乃至整个天地系统，才能真正对其进行深入的认识与研究。

莽人所在地位于金平苗族瑶族傣族自治县（以下简称金平县），云南

———————

[1]　张诗亚、贺能坤、周玉林：《认识西南与西南民族地区发展》，《社会科学家》2009 年第9 期。

省红河州南部，哀牢山脉东南端，东隔红河与个旧市、蒙自市、河口瑶族自治县、屏边县相望，西接绿春县，北连元阳县，南与越南老街省坝洒县和莱州省封土、清河、孟德县接壤。金平边境线长 502 公里，占全省边境线的 12.4%，居全省 25 个边境省第二位，居全国与越南社会主义共和国（以下简称越南）接壤的边境县第一位。全县国土面积 3685.69 平方公里，辖 13 个乡镇 93 个村委会 4 个社区 1107 个村民小组，总人口 35.62 万。是一个集边疆、山区、多民族、原战区、贫困"五位一体"的国家重点扶贫开发县。

解放前，莽人散居在原始密林中。居住在中越边境线上哀牢山腹地西隆山林区的东南边缘中国境内一侧的高山密林之中，东一家西一户地过着原始的游耕游居生活。

20 世纪 50 年代末 60 年代初，金平县委、政府把深山老林里散居的 12 个窝棚点合并到老林山边的 4 个村寨。分布在金平县金水河镇南科村委会的南科新寨、坪河中寨、坪河下寨、乌丫坪村委会的雷公打牛等 4 个自然村，海拔 1200—1550 米的高山密林之中。4 个莽人村，村与村之间相隔 20 余公里。距金水河镇政府所驻地（那发）80 公里，距村委会驻地（联防）30 余公里，与越南莱州省清河县的南刀和勐德县的孟拔山水相连。有 2 个村（坪河中、下寨）坐落在陡峭的山坡上，出门不是上坡就是下坡，连骡马空身都爬不上去。食盐、布匹等生活用品全靠人工背，每到雨季，杂草遮住了小路，外地生人无法进入村寨，连当地居民胆小者都不敢独自行走。特别是雷公打牛莽人村三面环绕临国领土，只有一悬崖与祖国相连，当地群众往往从邻国领土上环绕而过。

图 1-2　迁居前的莽人村寨

图 1-3　迁居后的莽人村寨

2008 年 1 月在胡锦涛总书记、温家宝总理对云南莽人发展问题作了重要批示下，红河州制定《金平县莽人 2008—2010 年发展总体规划》，对莽人实施整体性搬迁安置。由原来的 4 个村合并为 3 个村，分别为牛场坪村、平和村和龙凤村。牛场坪村是原雷公打牛村异地搬迁安置的新村，因安置点地名叫牛场坪，故取此名。该村位于金平县金水河镇南部，地处中越边境，距金平县城 83 公里，距金水河镇人民政府 45 公里。平和村是由坪河中寨、坪河下寨异地搬迁后合并组建的一个村寨，原取名水龙岩村，2009 年 5 月正式命名为平和村。该村地处中越边境，距金平县城 95 公里，距金水河镇人民政府 62 公里。龙凤村距金平县城 102 公里，距金水河镇人民政府 64 公里，居住有莽人（布朗族）、苗、彝三种民族。

三　莽人教育发展的社会环境

（一）政府扶贫前的莽人社会环境

莽人教育发展的社会环境孕育在整个生存环境的变迁之中。解放前，他们世代生活在极其封闭的原始密林中，与外界交往甚少，形成了独特的原始共产与平均思想的社会组织形式。并在原始而传统的刀耕火种、游耕游居的生计方式和生活方式中维系族群的繁衍与发展，承载着天人合一的生存特质，形成了莽人独特的教育形式。

（二）首次扶贫至 2008 年综合扶贫期间的社会环境

解放后，莽人历经了三次搬迁历程。第一次是 1958 年底到 1959 年初，把散居在原始森林中的 14 个莽人聚居点合并为 4 个自然村。从此，莽人开始从游居游耕向定居定耕过渡。但莽人由于在林边生存出现困难，又搬回老林中。第二次搬迁是 1997 年开始，原金水河镇副镇长杨六金先生组织实施搬迁，把莽人从原始森林迁到林边，并教他们生产生活的基本技能。但后来又返回到森林中，这次返回主要是人回到老林里，房子还在老林边，一般晚上回到林边来住，出现了"局而不定、定而不居"的现象。为了究其原因，笔者访谈了莽人综合扶贫办的李主任，他谈道："由于杨六金先生个人力量单薄，他走之后，莽人又忘了所教的本领，把学过的技能都丢了，加上又缺乏政府后续的扶持，所以，仍未摆脱生存困境，再次回到老林中。"因此，第二次搬迁仍未能找到适合莽人的生存与发展方式，在缺乏政府扶持的情况下莽人仍不能独立自主的发展，导致贫困依旧，重新返回密林。

图1-4　莽人旧居

　　在2008年综合扶贫项目实施之前，社会形态特殊，莽人的民族社会发育低下，贫困状况十分严重。2008年前莽人的困境表现在以下五个方面：一是基础设施落后，发展条件差。4个莽人村有3个村尚未解决安全饮水和通电问题，有2个村未通公路，农业生产依靠传统技能，耕作粗放、靠天吃饭的状态未能改变；二是贫困面积大，贫困程度深。2007年莽人人均纯收入489元，不及全州农民人均纯收入的1/5。人均有粮244公斤，大多数莽人一年当中有三四个月缺粮，有的缺粮长达半年。饥饿期间，他们便进入深山老林中以采集野菜、野果为生，整体处于绝对贫困状态；三是产业结构单一，村民增收难度大。莽人除了粮食生产外，仅靠种草果和编竹器换取微薄的经济收入。畜牧业发展十分落后，大牲畜主要用于耕田种地，生猪和家禽饲养量少，增收困难。由于未确定族称，无法办理合法身份证，莽人外出务工受到限制，基本没有外出务工收入来源；四是住房条件极差，村容村貌亟待改善。莽人大部分居住在低矮、阴暗、潮湿的简陋住房中。4个村寨的村道尚未硬化，没有公共厕所，整体环境和卫生条件极差；五是教育科技落后，社会事业发展缓慢。莽人的文盲率高达 75.6%，坪河下寨一直没有学校，村里无人上过学。无卫生间和文化活动室，属于广播电视盲区。

生存环境困扰着莽人的发展，交通闭塞、信息不畅，使莽人与外界社会隔绝，严重地影响了莽人与外界交往的机会，在这个数码时代、信息化时代下，莽人相对隔离的"孤岛式"处境致使莽人的生存问题日益凸显，严重地阻碍了莽人的发展。同时，莽人传统的生产生活方式、文化模式，在现代主流文化为准绳的时代，莽人的整个生存与发展显得原始而落后，与大的社会背景相脱节。因此，国家为了实现各民族的共同发展，使各民族发展的差距日益缩小，便制定扶贫规划，加强对莽人等人口较少民族的帮扶。

（三）2008 年综合扶贫时期的社会环境

莽人第三次迁居始于 2008 年的综合扶贫。基于莽人严重的生存问题，加上最近几年来国家对我国所有人口较少民族的重点扶持，在国家制定的《扶持人口较少民族发展规划（2005—2010 年）》的背景下，迎来了国家层面对莽人乃至整个人口较少民族的关注。2008 年 1 月 26 日胡锦涛总书记在中办秘书局《每日汇报》中刊登的《云南莽人和克木人目前生存、发展中面临的问题》上作了重要批示："请云南省委、省政府研究提出扶持措施，帮助其尽快摆脱贫困。"同日温家宝总理在国务院办公厅秘书一局《专报信息》（109 期）中的《国家民委反应云南莽人、克木人生产生活较为困难》上作重要批示："请扶贫办商同云南省政府和有关部门提出政策措施，下决心解决莽人、克木人的生产生活问题。"在中央的指示下，云南省红河制定了《金平县莽人 2008—2010 年发展总体规划》，专项实施莽人综合扶贫项目规划建设，主要包括道路、水利、通电、安居、基本农田、教育、卫生、文化广电、科技产业、生态建设、整村推进、民生保障等 12 项工程。概算总投资 7758.56 万元，其中国家补助 4405.29 万元，省补助 2555.27 万元，州自筹 198 万元，上海帮扶 600 万元。这次扶贫规划建设平均每户投入约 46.74 万元，平均每人投入约 9.31 万元，其投资金额之大，扶贫力度之强在人口较少民族的扶持发展史上是罕见的。

首先，在政府扶持下莽人生产水平骤然提高。经过 2008 年到 2010 年三年的综合扶贫项目实施，政府行为实现了莽人生产环境与生产方式的骤变，使莽人的生产水平和经济发展水平远远高于 2008 年前的水平。在生产方面的扶持主要体现在以开垦水田为主，加大经济林木的种植，推进畜牧业发展，其扶贫的目的是为了实现经济的发展，脱贫致富，因而采取的措施也是以经济发展为核心和航标的。

图 1-5　坡改田种植水稻，开垦荒山种植茶叶

定居定耕是扶持人口较少民族惯用的方式，而定耕的形式又以水田为主，在地处高海拔的山区依据地形而开垦的梯田变成了山区民族从游耕游居转向定耕定居的成功模式。因此，在对山地民族的生产方式转型时，大

都采用"梯田模式"。并由政府发放肥料，发放杂交水稻、杂交玉米、黄豆种子等。同时，为了加快莽人经济的发展步伐，推进莽人的产业发展，政府还扩大种植经济作物的面积，大力发展养殖业。通过比较综合扶贫前后耕地面积、粮食产量、经济收入、牲畜养殖情况等指标可以明显地看出莽人经济社会的变化，如表1-6所示：

表1-6　　　　莽人村2007—2010年经济社会基本情况对照表

单位：人、亩、吨、公斤、万元、元、头、只、匹

村名	年度		户数	人口	耕地		人均耕地	粮食总产	人均有粮	经济收入	人均收入	生猪存栏	家禽存笼	大牲畜存栏
					合计	水田								
牛场坪	2007		43	195	267	112	1.4	53.04	260	11.02	540	38	115	23
	2008		43	201	267	112	1.33	55.3	275	23.01	1145	61	123	67
	2009		43	209	409	194	1.96	62.07	297	29.16	1395	89	120	125
	2010		43	210	409	194	1.95	68.95	328	38.47	1832	89	872	98
平和村	2007		49	270	355	146	1.3	65.2	241	11.27	417	31	199	42
	2008		49	268	355	146	1.3	73.7	275	32.19	1201	65	417	49
	2009		49	267	412	198	1.54	75.56	280	36.39	1363	83	732	65
	2010		49	273	615	254	2.25	82.9	304	48.3	1769	73	705	59
龙凤村	2007		76	368	546	112	1.48	85.01	231	18.44	501	38	115	23
	2008		76	374	546	112	1.46	104.72	280	47.8	1278	98	605	47
	2009		78	396	939.7	301.8	2.37	121.97	308	57.66	1456	187	803	90
	2010	合计	78	383	926	299	2.42	218.8	571	79.9	2086	144	865	105
		莽人	39	205	605	166	2.95	86.96	424	38.58	1882	55	236	33
		苗族	29	132	200	97	1.52	97.08	736	28.8	2258	67	509	54
		彝族	10	46	121	36	2.63	34.76	756	11.52	2505	22	120	18
合计（包括苗、彝族）	2007		168	833	1168	370	1.4	203.25	244	40.73	489	107	429	88
	2008		168	843	1168	370	1.38	233.72	277	103	1222	224	1145	163
	2009		170	872	1761	698.3	2.02	259.6	298	123.21	1413	359	1655	280
	2010		170	866	1950	747	2.25	370.65	428	166.67	1925	306	2442	262
莽人	2010		131	688	1629	614	2.37	238.81	347	125.35	1822	217	1813	190

资料来源：由金平县莽人综合扶贫办公室提供。

整体来看，三年的综合扶贫项目实施之后，在物资扶持、技术扶持和产业开发等多条渠道方面，其扶贫成果初见成效，基本暂时解决了莽人的生存问题，也为莽人的进一步发展打下了物质基础，但是莽人的自主发展问题却是一个根本性问题，一直是制约莽人发展的核心问题，在解决基本生存问题的基础上日益凸显其重要性和紧迫性。

其次，在政府外推力的扶持与监督下，莽人生活水平显著提高。低生活水准和最低生存水准是人之生存的两条基本底线，作为个体权利的生存权而言，艾德先生认为，"应包括食物权在内的适当的生活水准权"①（中国称为"基本生活水准权"）。基于此，莽人在面临生存困境时，政府出台了综合扶贫性政策，通过新建安居房、发放粮食、添置生活用品、指导蔬菜种植等方式改善莽人的生活水平，解决他们的最基本的生存问题。

从住房条件看，政府为莽人新建安居房 168 幢，户均建筑面积 122.4 平方米。整体性搬迁或就地改建使莽人远离了原有的居所，住进了具有现代主流文化元素的"小洋楼"。对于原有接近危房的旧房而言，政府新建的安居房为莽人解决了居住安全的问题，但新安置房也存在诸多莽人不习惯和不适应的地方。在生活用品方面，政府也为莽人配备了较齐全的生活设施设备。为了实现莽人的信息畅通，除了实现公路畅通外，还利用多种媒介诸如实施广播电视村村通、每户配套直播卫星接收器一座和 25 英寸普通电视机一台。政府就连最基本的生活用具都为莽人配备齐全，大到住房，小到一个汤勺，在迁居后莽人可以靠着政府发放的物资和用具轻松的生活。龙凤村莽人村民生活用具发放情况如表 1-7：

表 1-7　　　　　　　　龙凤村莽人村民生活用具发放清单

人数	户数	床	被子	垫子	床单	枕头	锣锅	铁锅	锅铲	铝锅	小碗	大碗	汤勺
209	39	103	103	103	103	209	39	39	39	39	390	195	39

最后，政府行为主导莽人风俗习惯的变化。饮酒与酒文化是人类共有的现象，特别是在山地民族中显得尤为突出。莽人饮酒已成为生活的重要组成部分，可以没钱给子女学费生活费，但是不可以没钱买酒，可以放弃农活但

---

① ［日］大须贺明：《生存权论》，林浩译，法律出版社 2000 年版。

是不可以不喝酒，从早餐到晚餐都离不开酒，由此随处可见醉酒躺在路边、田地边的莽人。一系列的酒文化一方面为莽人的传统文化增加色彩，另一方面也有不可避免的弊端。就莽人的饮酒和与酒相关的风俗习惯对莽人发展的影响而言，笔者访谈了莽人综合扶贫办公室的李主任，他谈道：

> 过去小孩满月时，要用筷子沾酒抹在小孩的嘴唇上，表示驱邪。同时，莽人的男女老少都会喝酒，过去是用竹筒装酒，把竹管插在里面，你吸一口我吸一口，一个传一个。在政府工作队进村后，严禁用沾酒的方法为满月的小孩驱邪，就任命莽人各村一位妇女主任，负责监督此类事情，并做好计划生育的宣传。一天，妇女主任就发现一家小孩满月沾酒的事，劝告了该家人，并向工作队报告了，结果这家人就用脏水泼这位妇女主任。

图1-6　一莽人村民醉酒后睡在大门口

面对莽人饮酒带来的一系列问题，政府在《村规民约》、保证书等管理条例中专门针对饮酒问题进行规定，并制定了详细的饮酒管理方案。坚持教育为主，惩罚为辅。在驻村工作队监督期间，莽人早上和中午喝酒、醉酒后乱躺乱睡的现象基本未出现，但当工作队离开村后，他们就照样喝酒，醉酒依旧。政府还专门在《村规民约》中对村风民俗进行了制度化的规定。在对村风民俗的规定一方面是为了维护边疆的安全，边疆民族及其相关政府有责任和义务维护国家的安全和稳定；另一方面是希望处于边缘化的弱小民族能尽快融入主流文化的氛围之中，以社会主义的精神文明去推动莽人的发展。

最后，政府通过基层组织的建立促使莽人自我管理能力的提高。政府为了巩固基层的基础政权，加强组织建设，在安置点的三个村积极发展中共党员，同时设立村级的领导班子。在三个村培养党员 12 名、入党积极分子 9 名。建立健全了党支部、村民小组、治保、调解等基层政权组织和共青团、妇女等群团组织，制定完善了村民自治制度。政府部门希望通过基层组织的建设，各个组织分工合作、履行职责，为莽人群众实现自我管理、自我教育、自我发展奠定组织基础，提供组织保障。并且通过党员和村干部起到领导和带头作用，在日常生活和生产的管理中都以党员和村干部作为示范，并监督和管理其他群众。

四　莽人教育发展的精神环境

族群文化是一个族群区别于其他族群的标志，是一个族群的灵魂所在，一个族群的文化消亡也就意味着这个族群的消失。莽人虽然是我国目前为止人口最少的一个族群，但是他们长期生活在莽莽的深山密林中，因而形成与其所生存的天地系统和谐共生的独特文化，并在与其他民族交往甚少的环境下保存和传承着自己完整的族群文化。

但是，为了改变莽人原始生产生活方式，促进莽人生产生活水平的提高，政府加强对其扶持，整体性异地搬迁，离开深山密林而与附近其他民族生活得更近，通过修公路拉近莽人与外界交往的物理距离，借助电视等媒介拉近莽人与外界接触的心理距离。因此，随着迁居远离原有的环境和与外界接触交往的日益频繁，在莽人生育、婚嫁、丧葬、节日、艺术、风俗、禁忌中渗透着丰富的礼仪文化，是莽人发展的精神支柱。

（一）生育礼仪

莽人的生育文化蕴含着莽人的原始崇拜与信仰，"莽人认为妇女受孕是某种神秘力量进入妇女腹内的结果，认为世界万物都是有灵魂的，因此孕期生病、分娩时难产、畸形儿降临、婴儿的死亡等，都是超自然神秘力量的作用，因而对此产生恐惧感和依赖感。莽人认为妇女生孩子是天神赐的，所以，妇女不育，就要祭神"①。笔者在调研中了解到，过去莽人生小孩一般不上医院，在家里自己卧房生，这是属于已经嫁到男方的妇女。如果男方到女方家上门的话，不能在家里，而要在外边搭个棚子，在棚内生小孩，直到满月后才能搬进女方家里，虽然是上门女婿，但孩子还是跟他父亲姓。同时，除了本氏族正常孕妇可以在家生育外，其他非正常的孕妇，包括非婚怀孕和结婚时没举行过婚礼仪式的孕妇都不能在家生育，必须实行隔离，夫妻俩在自家的房屋前后用芭蕉叶搭一间简易窝棚，在棚内举行安家仪式，夫妻俩住进后，孕妇方可在窝棚内生育。

初孕者不知道自己什么时候分娩，有时在半路上分娩，婴儿出生后用没有消毒的铁刀或竹片来割断脐带。另外，还必须将刚生下的婴儿用冰冷的山泉水洗净身上的污垢，只有能抵抗住冰冷泉水的婴儿才能幸存下来，如果抵抗不住就会死亡，所以婴儿的死亡率较高，这也是造成莽人人口少的主要原因之一。莽人婴儿出生第三天，由家长杀鸡祭祖，祈求祖灵保佑婴儿。过去，莽人妇女胎儿分娩后满一轮（12天）才能回家，现在很多妇女产后的第二天就可以回家了。如今莽人在科学生育方面已经有所进步，意识到了他们一些传统生育方式的落后，现在已经不再用冷水沐浴刚出生的婴儿了。三天内不分男女和身份，只要来家里，婴儿的父母都要杀鸡招待客人，并请求给婴儿取名。按照当地莽人风俗，来人最好不要拒绝，据说是彼此的福分所在，为婴儿取名后，这位客人便成为婴儿日后的"干爹"或"干妈"。

（二）婚嫁礼仪

莽人的婚姻有着浪漫而自由的开端，也拥有着简单而复杂的过程。在婚姻法未进入莽人山寨时，莽人青年男女十五六岁之后就可以谈婚论嫁了，男女青年有公开进行社交和恋爱的自由，莽人的婚姻一般都是男女自愿缔结的。

莽人婚礼过程既简单又复杂，笔者在访谈莽人陈××时，她谈道：

① 云南省民族研究所：《云南省红河哈尼族彝族自治州金平县苦聪人经济社会调查（附：插满人社会经济调查）》，内部参考1963年。

　　在整个婚礼中，男方给女方家两头礼猪，三到四块铜钱，铜钱现在是很不好找的，礼猪要分批给，如果男方第一批送了而没有第二批，不管等多少年，也要补上。男方家有猪了要跟女方家商量有没有能力迎接，如果有就开始订好日子，没有只能往后拖延。举行第一头礼猪，两边都要找四个媒人，两男两女，男媒是原来提亲的两人，按大小之分，婚程最少要一天一夜，只在单方即可。第一天，选好媒人，备好礼猪，男媒人牵猪，女媒人负责牵新娘。要到女方家时，媒人们手拿酒在家门口迎接，一人连续喝三杯，表示辛苦了。进门时新郎走正门，新娘走后门。接着就是杀礼猪摆宴席，不是说把猪肉全部砍下来煮着吃，而是有层次的分割，包括肠子在内，用秤来称，一条一条割下来能称几两就是几两。只要是亲戚、姊妹的不管大小都要有份，特别是前辈等的一定要分猪腿。这样一头猪就只留下头了，把猪皮剥下来砍成块和青菜一起煮一大锅汤，叫亲朋好友来尝尝，告诉大家女儿出嫁了，享受下女儿的喜礼。第一头猪的肉新郎新娘一点都不能吃到。第二头礼猪他们就可以吃了，因为有种说法是第一头就是定死了终生，吃了会对下一代不利。举行婚席这几天，除了礼猪，还会每餐宰鸡，至少两三只鸡，一日三餐不能少，鸡头、鸡腿、鸡脚要分给媒人，男方媒人在女方家是贵客，一定要给鸡头，这时候女方家媒人变成主人，要好好接待客人。反过来，女方家到男方家也是同样的待遇。在娘家这几天不管是媒人还是新郎新娘不得随便回男方家，一定要等到返回的那天起回去。每次摆鸡头的时候要配上三杯酒，媒人站主角位置，对着这些食物向父母、前辈或者对方媒人磕头、结拜、念礼语等，每餐都要这样的重复。所以找媒人也要酒量好一点的，不然应付不了。

　　要返回男方家那天，女方要准备陪嫁礼物，各准备好自己的一份礼物。虽然是要举办两次，但还要看情况，若是上门女婿第一次就必须举行陪礼，这是代表女儿要离开，父母送给她的礼品，如果不是上门女婿就要留到下一次陪礼。陪礼的过程就是根据猪肉的份数，分到谁头上就由谁承担这份礼物，送礼的方式有现金、碗、锅、锄头、衣裳、布等。分到猪腿、猪脚的礼份就要重一些，但不勉强，根据个人能力。收现金时，用一只碗放在饭桌上，谁给就放在碗里用另一只碗盖起，全部收完以后，要在大众面前数清是多少，然后连碗一起包好，这些礼品是由小媒人负责背回去。这天女儿、母亲会哭诉，相互叮嘱，如女儿会说："女儿嫁人了，爸妈要多保重……"母亲会说："为人妻要廉洁、孝敬公婆……"等简单的话语。然后准备从娘家出发，其他备酒排队送走，女方的长者还有用锅底灰把媒人的脸抹黑以表吉祥（据说是媒人脸上抹黑锅底灰，以后当婚者生的儿女就会很聪明），女方的媒人可以中途把黑灰洗掉，男方的媒人却不能。在往返路程中不管是远还是近，必须在路上休息吃午饭时才能回到男方家，这些食物之前是娘家准备好的，一定要有一只鸡，糯米饭，到了家门口先要洗刷才能进家门，新郎入正门新娘入后门，程序和女方是一样的。

在莽人的婚姻中，以一夫一妻制为主，但也曾有一夫多妻制，前提是必须征求第一个妻子的同意，家庭组织的基础和中心是男子。莽人没有离婚的习俗，女人一旦嫁给男人，无论怎样都不能离婚，除非死去。但是寡妇可再嫁，但其子女必须留在夫家，原夫家还要索取一头小猪和礼银钱。莽人婚俗方面还保存着舅表婚、姨表婚、姑表婚、妻姊妹婚、非等辈婚、童养婚等婚制形式，但是同姓不通婚。如杨六金先生所讲："莽人以红、黑、黄三种颜色作氏族图腾姓，同一种颜色图腾的氏族内严禁通婚，图腾姓在莽人内部使用，对外莽人仍用汉姓。莽人同姓不婚与汉族同姓不婚不同，如莽人的陈姓有红色、黑色、灰色等三种姓氏图腾。诸如红色内部是不能通婚的，但可以和黑色和灰色通婚，因为莽人认为同一种颜色图腾属于同一个血统。"[1] 但是莽人早婚现象突出，舅表婚、姑表婚等也较明显，加上人口较少，只有600余人，很容易出现近亲结婚的现象。出现弱智、痴呆的现象较多，婴儿的成活率较低，这是人口发展缓慢的重要原因之一。

（三）丧葬礼仪

莽人的丧葬也孕育着自己独特的文化因子，与周边其他民族的葬礼形式不同。就莽人的丧葬礼仪，莽人村民陈××（现为金水河中学教师）

---

[1] 杨六金：《一个鲜为人知的族群——莽人的过去和现在》，云南教育出版社2004年版。

口述如下：

人过世后没有什么特殊的处理，直接把死者生前所住的那间房的朝火塘面的墙拆掉，用一块湿布把死者全身擦一遍以表示净身。不用棺材，只用白布将尸体盖上，双脚趾用线系住。用竹筒煮糯米饭和煮熟的猪、鸡肉等献祭，没有猪的可以用狗肉作祭祀品。其中，糯米饭必须要用竹筒煮，猪要用木棒从其头部打死，鸡要用手扭脖子，无论鸡、猪都必须用火烧。一般都要停尸2天后才能出殡。出殡前所有的铁器都不能放在家里，全部要放在正门外的晒台上，丧家男女边哭边叙述。若是男子死去，妇女必须解开头绳，而妇女死去，男人则须包头帕或脱掉帽子。

只要知道村里有人去世了，全村的人会一家出一人去帮忙，没有丧家去请的道理，都是主动来帮忙。举办丧事这几天，帮忙的从早到晚都要忙着砍棺材、砍柴火、舂大米等，且都有分工，干活的人不能少也不能多，不管有没有活干，早上起来就要去，三餐饭回自己家吃，每天都是这样安排的。丧日里宰牛、猪等留下来出殡完了回来再吃，吃不完也不能分，连自己人都不能留，过了这晚剩下的全部扔掉，这些都是属于死者的财产。

墓地选在住房附近的平地处，坟墓不垒土堆，只在两头埋块石头作标记。棺材是圆木制成，把圆木剖成两半，用斧子挖一个槽，棺材是人死后临时制作，棺材做好后放在坟地上，搭起茅草棚，必须把死者抬到坟地里才能装进棺材，不能把棺材抬到村子里，有对村里人不吉利的说法。举行入棺仪式时，青少年死则搭芭蕉叶棚，出殡必须走后门（长者可以从前门出殡），尸体用篾垫包裹抬出。送葬的都是男人，只有一位妇女为死者背殉葬品，殉葬品有饭碗、竹水筒、木刀、取火用的火镰等（女的还有背箩）。送葬归来人人都要洗脸、洗手、洗脚以表示净身。死者的家属要在脑门前剪一撮头发，表示戴孝。埋葬后的第一天早晨天快亮的时候莽人魔公（莽人的祭司）要给死者的灵魂领路，由魔公颂领路词，教死者的亡灵按祖先迁徙来的路线，回归祖先的繁衍地，与祖先团圆。来帮忙的人丧日里一律不得回自己的家，一直到下葬了人后第二天早上才能离开。参加葬礼这些人三天不能再去死者家里。

（四）节日礼仪

莽人除了过"沙吉恩"外，没有什么特别的节日。莽人先民为了在深山密林、与世隔绝的环境下更好的生产生活，创造了自己独特的历法，根据植物发芽、落叶和各种动物（特别是鸟类）的鸣叫来判断月份和季节，确定播种或收获，莽人把一年分为 13 个月，第 13 月只有 15 天，是过年和砍林地的季节。"沙吉恩"节就相当于汉族的春节，过去一般都在秋收后，也就是第 13 月起就开始过节，节期为 3 天。慢慢地莽人运用阴历后，改为每年的腊月初一开始过节，以前除属猪日外都可以过年，因为莽人忌属猪日过节，后来慢慢形成腊月初一开始杀猪过节，如腊月初一属猪日就推迟一天。有猪的人家就会杀猪招待全寨成员，还会邀请外寨的亲友，一起会餐。来参加过节的人家有酒的就带酒，男女分席就餐，男人一

图 1-7　莽人服饰

桌，女人一桌，穿上自己民族的服装，大家一起吃喝、唱歌、跳舞。在一家过年一天一夜后，又到另外一家，彼此相邀。客人回家时，主人还要送一块肉，节日结束便开始新一年的生产工作。

（五）信仰与禁忌

由于莽人信仰鬼神，把一切灾难疾病都归于鬼魂的力量，由于处在密林中，因此在生产生活中形成了各种独特的禁忌。莽人认为，舂米的木碓是神圣的，不能坐在上边，也不能放物件。非同一氏族的人不能共同使用一个木碓；更换旧碓时，新碓必须要用火炭抹黑，而且只能在晚上更换，换下来的旧碓要用泥巴涂上，任其腐烂，不能当柴烧。莽人还有一个特异的习俗是忌讳绿色，虽然莽人世世代代生活在绿色掩映的深山之中，但从

不把绿色东西带进室内。因为绿色对莽人来说是鬼魅之物，会生病或者死亡，也会给自己的部落带来灾难。每年的地谷成熟后，得先由妇女吃三餐后，男人才能吃和收割。猎获麂子不得拿回家，只能在屋外煮着吃，妇女忌吃麂子肉。凡宰杀猪、鸡、狗只能在房子后侧，禁止在屋内。在起居方面也有严格的规定：设有几个火塘（根据人口多少和房屋大小而定，一般是5—7个），从正门进去的右侧第一个火塘叫"布念夺"，是家长住的地方，安有一张床，妇女不能随便坐；左侧的第一个火塘叫"景当"，是祭祀祖先的地方，与之相对的"布念夺"火塘，家长们商讨事情就在这里。旁边的另外两个称为"布念"的火塘边，是允许青年们在家里跳舞唱歌的地方；后面还有一个火塘叫"常夺"，这是做饭和煮猪食的地方。招待客人也是有一定的规矩的，年长的男客住在"景当"处，成年男客住在"布念"处，女客住在对面的"布念"处。已婚男女不能同桌吃饭，未婚男子多与妇女同桌；结婚时没交清礼银或父母健在者均不能在家中生育，产妇不能出入正门等。莽人生产生活的点滴中都有属于他们族群约定俗成的禁忌，并能世代传承，自觉遵循。

但是，随着莽人与外界的接触日益增多，其自成一体的环境被打破，加之现代科学技术不断深入到莽人的生产生活中，莽人对鬼神信仰的观念也在不断发生改变。笔者在新安置点牛场坪村访谈罗开文时谈道："从雷公打牛搬到牛场坪后，莽人的很多禁忌都没有遵循了，特别是莽人最大的禁忌——'禁绿'被打破了，不知是谁第一个带绿进屋，发现也没有生病或带来灾难，于是现在他们都带绿色的蔬菜、树叶等进屋内。"随着莽人日益走向现代化，其原始信仰和灵魂支柱也在逐渐走向消亡。

第二章

生存与文化环境变迁中的
莽人教育发展

教育的发展是同人与社会的发展相适应的，教育的发展形式与内容是人与社会发展要求的反应。很长一段时间里由于莽人生存在地缘偏僻、交通闭塞的原始密林中，与外界几乎隔绝，莽人的生活世界中没有学校教育和教育事业的概念。加上莽人是一个只有语言而无文字的族群，其教育是作为一种社会实践活动，是分散的、灵活的，无处不在地蕴含在莽人的生产与生活之中，并通过口耳相传的方式在活动与仪式中完成教育功能，传承和发展着莽人独有的族群文化，维系着莽人的生存与繁衍。可是，随着现代化发展浪潮的冲击，生态环境的逐渐恶化，政府的资助和扶持，生产生活方式的变迁，莽人近乎封闭的社会系统被打破，原有生活化的教育形式被迫改变甚至中断。特别是解放后政府为莽人创建了现代学校教育，在传统教育形式与现代教育形式的对接与磨合中，产生了碰撞甚至是冲突，学校教育在莽人地区的发展充满了艰难和曲折。分析莽人教育的发展状况，有助于窥视学校教育与校外教育在莽人发展中的作用比对，以及探寻促进莽人发展的应然教育选择。

一 莽人教育发展的历程

教育就广义而言应包括一切教育实践活动，是有利于增进人们知识和技能、影响人们思想的活动总和。不仅是学校教育，还有更广泛的家庭教育、社会教育等校外教育，其教育形式的多样性在莽人地区彰显得更完整。对于生活在中越边境深山密林中的人口较少民族莽人而言，学校教育进入该地区的时间也仅四十几年，且经历着一波三折的发展历程。相对而言，传统教育形式在莽人地区则具有长期性和持续性，特别是在解放前学校教育未进入之前，莽人的教育一直是依靠口耳相传、言传身教的潜移默化的教育形式世代传承与延续。但是在现代社会背景下，现代学校教育已成为主要的教育形式，使得莽人的家庭教育与社会教育的传统文化传承功能逐渐退化。总之，莽人的教育在艰难的历程中发展着，也正在变迁与逐渐适应的过程中寻找适合莽人的特有的教育形式。

（一）1968 年之前的莽人教育发展

1968 年之前，整个莽人地区还没有一所学校，也没有接受过任何形式的学校教育，莽人的教育形式是融于生产生活之中的传统教育。同时，传统教育在整个莽人的生存发展历史上起着重要的作用，莽人是一个只有语言而无文字的民族，在极其封闭的环境下本民族文化能世代相传，并能完整的保留和传承，离不开蕴含在莽人家庭与社区中的传统教育。同时，莽人通过向长辈、同辈学习，通过向大自然学习，总结了很多与大自然和谐共生的生产生活经验，因此莽人拥有了较强的在原始密林中求生存的能力。

首先，家庭教育在莽人地区有着决定性的地位，伴随莽人一生。因为莽人没有文字，生产生活、风俗习惯等文化并没有文字记录下来，只有简单的刻木记事，因而需要靠父母、长辈的口耳相传，通过代际间的口述才能把生产生活技能及其所蕴含的文化传承下来。在传统的莽人家庭教育中，母亲是女孩的教育者，包括一些日常生活知识的教育、伦理道德品质的培养、婚育知识的传授等，诸如在女儿出嫁时母亲要教导说："为人妻要廉洁、孝敬公婆……"男孩则是跟着父亲学习，教导一些生产知识、劳动技能、打猎本领等。父辈在家庭生活中潜移默化的教导子女本民族风俗习惯的遵守和传承，家庭教育深刻地影响着莽人的个人特性与民族性格的形成，具有有别于其他民族的独特性。同时，家庭教育作为重要的传统教育形式，以最直接、有效、易接受也是最生动的形式渗透在家庭生活的方方面面，真正实现了"活的教育"。直到现在，传统家庭教育对于莽人而言都是不可或缺的教育形式。

其次，莽人向大自然学习生存本领，大自然是莽人得以在深山密林中生存的重要学习对象。莽人由于祖祖辈辈一直生活在原始密林中，除了以"米"为单位的血缘与姻亲组成的小的社会系统外，几乎没有与外界其他民族有过社会交往。因此，莽人生产生活的技能和规律的掌握无法向其他民族学习，只能依靠莽人自己族群间的相互帮助，最重要的是依靠大自然学习生存的本领。与自然界长期相处，莽人不断了解所有动物、植物的习性，了解天象与时令，并根据自然规律来合理安排自己生产生活的规律，世代相传，真正实现天、地、人和谐共生的境界。诸如生产中莽人也总结了自己的历法与时令，也有自己的耕种规律和劳作时间：①

　　莽人自创有历法，把一年分成 13 个月，根据月令和某地鸟类开始鸣叫而进行播种或收割。一月份种早包谷，听到威鸟叫则开始烧地，扎瓷鸟叫开始种地谷，棉花虫叫则早包谷开始成熟。六月份收早包谷，九月份收地谷，十一月、十二月收芭蕉芋、木薯和芋头，十三月份过年庆丰收。

　　以前，莽人有自己独特的时令，具有能有效地区分白天至黑夜的各个时段的方法。猫头鹰第一次鸣叫开始为上午（6—11 时）；公鸡连续打鸣三声为中午（12—15 时）；公鸡第二次连续鸣啼三声为下午（16—18 时）。在黑夜里，公鸡第一次连续鸣叫三声时为深夜（1—3时）；公鸡第二次连续打鸣时为凌晨，这时妇女们起床点燃火把去春米和做早饭。除了用公鸡的鸣叫声判断时段外，莽人还用蜜蜂飞动来判断白天的各个时段。如白天有数十只蜜蜂一起在窝边第一次飞动时为中午（12—15 时），这时是吃午饭的时间；第二次飞动时为下午（16—18 时），这时在家的人开始做晚饭。此外，莽人还通过日出和日落来判断白天的各个时段，如日出为早上（7—9 时），是吃早饭的时间；日照头顶时为中午（12—15 时），是吃午饭的时间；日落偏西时为下午（16—18 时），是收工的时间。如为阴天，就不太准时了。

① 金平苗族瑶族傣族自治县民族事务委员会：《金平民族志》，云南民族出版社 1990年版。

最后，莽人还通过社会群体和节日祭祀组织等形式进行传统教育。教育的形式也非常灵活多样，在田间地里、寨内聚集地、火塘边等任何与族人交往的场所都是教育场域。在生育礼仪、婚礼、葬礼、祭祀、节庆等蕴含莽人文化因子的活动都提供了鲜活的教育内容，也彰显着强大的教育功能。莽人传统教育的核心便是生产生活技能、风俗习惯、伦理道德、禁忌规范等。

总之，教育与莽人的日常生产生活融为一体，教育并未被单独剥离出来，也不需要单独花时间、精力、财力、人力去传授与学习，在生产生活中自然学习继而自然形成。没有年龄、性别的限制，所有人都是教育者与受教育者，都有学习的权利与机会。对于莽人来说，在他们的意识里没有专门化、规范化、专职教师、集中和系统的受教育的理念，这也是学校教育一直在莽人地区发展不理想的重要原因。在这方面传统教育与现代教育相比有着天然的优势，一方面传统教育既能完成把自然人化成社会人的功能，另一方面它还有着实用性、灵活性和广泛性。特别是在对传统文化的传承方面，传统教育的文化传统功能更强于学校教育，因此，即便是在以学校教育为主的现代也应保护传统教育，发挥传统教育应有的特殊功能。

（二）1968 年至 2008 年前的莽人教育发展

政府为解决莽人的生存问题，在原始森林中寻找莽人，让他们走出密林在林边定居，并为他们修建学校，开始专门的现代学校教育。1968 年前，莽人村寨没有办过任何形式的学校，也无一人上过学。因此，莽人不仅不认识汉字，而且能听懂汉语的人也很少，阻碍了莽人与外界交流的机会，不利于莽人在全球现代化背景下的生存与发展。

虽然从 1968 年后莽人有了自己的学校，但是学校的开办却是一波三折，时而停办又时而复办，其历史变迁与发展状况为①：1969 年在南科新寨开办了第一所莽人小学校，随后雷公打牛村和坪河中寨也相继办起了学校。这 3 所学校为一至四年级的初级校点（一师一校，隔年招生）。其

---

① 2004 年之前的数据摘自杨六金的著作《一个鲜为人知的族群——莽人的过去与现在》，2004 年之后的数据由金平县莽人综合扶贫办公室提供。

中，南科新寨小学从创办初至 1980 年 7 月，先后任教的教师有罗三、王乔有、陈小妹、白德明四人。1981 年停办。1982 年复办。任课教师为陈世金和连金。1987 年该校并入南科瑶族小学，任课教师为曹有昌。1988年 10 月南科因向新寨搬迁，该校的莽人学生并入联防小学。其中，大部分教师只有小学文化水平。雷公打牛村小学创办于 1971 年 10 月。至 1979年 6 月，教师先后有刀家凡、龙和平、普正德三人。1979—1984 年停办。1995 年复办，任课教师为罗继兴。坪河中寨小学创办于 1978 年 10 月，中途没有停办过。教师先后有陈世宏、王文华、沈建祥、杨有明、马文学五人。据 2007 年底统计，莽人所在地区共有 3 个小学校点（龙凤村、雷公打牛和坪河中寨），3 个校点为一至四年级的初级校点学校，均为一师一校，隔年招生。

从上述办学历程可见，莽人聚居地区开办现代学校教育只有四十几年的历史，其中读过师范的有 3 人。1993 年莽人适龄儿童入学率为 35%，巩固率为零。2000 年统计，四个寨子共有学龄儿童 132 人，在校生 64人，入学率 48.5%。在校生中，女生 29 人，占在校生人数的 45.3%。其中，坪河下寨全村都是文盲，是因为这个村里没有办过学校。1966 年村里派陈小明和陈忠为去猛拉会计培训班学习，两人学了一个多月就逃学回村了，其他村民没有进行过任何培训。到 2003 年底，这个村集体记工、分配任务还用刻木记事。截至 2007 年，莽人在职教师 3 人、退休教师 1人，在校学生 109 人（其中小学生 101 人，初中生 8 人），适龄儿童入学率 95.6%，16—60 岁文盲占 75.6%。据 2004 年统计，莽人的文盲数如表2 - 1：

表 2 - 1　　　　　　　2004 年莽人四个村寨文盲数统计表

项目 村名	总人数	15—30 岁文盲			备注
		文盲数	男	女	
南科新寨	187	63	30	33	
坪河中寨	176	39	18	21	
坪河下寨	90	34	19	15	全村文盲
雷公打牛村	201	53	26	27	

现代学校教育进入莽人地区的时间较晚，是在政府的扶持下才得以建立的。而学校教育创立之后，并未能达到预期的效果，常处于不稳定的状态，一方面是开办时间不稳定，时而停办又时而复办；另一方面是教育者与受教育者的不稳定，对学校教育的重视不够，厌学和辍学、师资难保等问题常困扰着学校教育的发展。加上学校教育与莽人社会生活的相互隔离，致使现代学校教育在莽人地区的发展受挫，继而是莽人整体性的现代教育失败，未能实现教育在认识现代社会引导方面的作用，难以在莽人的发展中发挥应有的功能。

（三）2008 年以后的莽人教育发展

随着政府对莽人生存与发展问题的高度重视，通过莽人综合扶贫项目的规划实施，完善了莽人学校的设施设备。同时金平县委、县政府专门针对莽人教育出台了《关于加强莽人教育事业发展的决定》和《关于加快莽人教育事业发展的决定》，加大对莽人中小学生的生活补助和助学力度。通过各种层面和渠道的优惠政策，为莽人学校教育的发展打下了基础。

政府通过优惠政策和措施为莽人学校教育提供了发展的基础和平台。扶贫项目包括对莽人实施整体搬迁，建立新的安置点，莽人学校也随之搬迁和合并。原雷公打牛寨的学生并入田房上寨，并新建田房上小学教学楼，命名为上田房中心校，建筑面积 555 平方米，还有相关配套设施，规划外新建上寨村小学教师和学生厨房，建筑面积 112 平方米；坪河中寨和坪河下寨搬迁至平和村后，建立新的平和村安置点小学教学楼，建筑面积 321 平方米；龙凤村就地改造，扩建南科中心小学，建筑面积 1016.22 平方米。除了综合扶贫中教育工程的规划和建设外，政府还为莽人学生和教师提供了优惠政策，县财政给予莽人小学生每人每年补助 1000 元、中学生每人每年补助 1800 元的生活费；小学毕业后免考到县直属中学（八一中学）读书；初中毕业后考取县内高中或职业学校的，每人每年给予 2000 元的助学金，考取县外高中或职业学校的，每人每年给予 3000 元的助学金；高中毕业后考取大学的，每人每年给予 5000 元的助学金。在莽人所在学校任教的教师，月工资每月增发 150 元，包括个人的艰苦生活补贴。

图2-1　迁居前的雷公打牛村小学及原教师

图2-2　迁居后新建的南科中心完小

在莽人学校的重新规划与合并建设之后，学校有了新的发展面貌。新建的上田房小学离牛场坪村约6公里，只设有一至四年级的四个教学班，五、六年级的学生在乌丫坪小学或金水河口岸小学读书。上田房小学有莽人、苗族、哈尼族三个民族的学生，2009年共有学生75人，其中莽人学生27人。共有教师4人，其中两位为代课教师，每个教师负责一个年级的所有课程教学。平和小学建在新安置点平和村内，招收一、二年级学生，隔年招生，三年级后到南科中心完小读书，学校全为莽人学生，教师也是莽人，是典型的一师一校的校点。平和村2009年在校学生61人，其中初中11人，小学50人。其中南科中心完小27人，平和小学21人，金平二小 2 人，八一中学 11 人。在职教师 1 人（龙树芬），月工资收入 2128 元，退休教师 1 人（陈四红），月退休生活补助 1936 元。2010 年共有学生数 65 人，其中平和村校共有学生 20 人。南科中心完小位于金水河镇联防村，离龙凤村只有 4 公里左右的距离，共有学生 279 人，有苗族、彝族、布朗族（莽人）、拉祜族、哈尼族 5 个民族。其中莽人有 97 人，共有六个年级，一年级 2 个班，其他年级均为一个班，无学前班。共有寄宿学生 179 人，其中莽人学生有 35 人，全部来自平和村。学校共有 9 名教师，其中 8 人有编制，有后勤人员 3 人。莽人中有 2 人为在职教师，分布在金水河中学和平和小学，退休教师 1 人。2007—2010 年莽人在校学生人数统计如表 2 - 2①：

表 2 - 2　　　　　　　　2007—2010 年莽人在校学生人数对照表

村名	年度		户数	人口	在校学生				
					合计	小学	初中	高中	中专
牛场坪	2007		43	195	30	29	1	0	0
	2008		43	201	33	28	5	0	0
	2009		43	209	42	35	7	0	0
	2010		43	210	63	62	1	0	0
平和村	2007		49	270	47	47	0	0	0
	2008		49	268	54	46	8	0	0
	2009		49	267	61	50	11	0	0
	2010		49	273	65	55	0	0	0
龙凤村	2007		76	368	30	29	1	0	0
	2008		76	374	42	34	8	0	0
	2009		78	396	57	46	11	0	0
	2010	合计	78	393	70	58	7	2	4
		莽人	39	205	47	37	5	2	4
		苗族	29	132	14	13	1	0	0
		彝族	10	46	9	8	1	0	0

---

① 以上数据由莽人综合扶贫办公室提供。

续表

村名	年度	户数	人口	在校学生				
				合计	小学	初中	高中	中专
合计（包括苗、彝族）	2007	168	833	107	105	2	0	0
	2008	168	843	129	108	21	0	0
	2009	170	872	160	131	29	0	0
	2010	170	867	198	175	8	0	0
莽人	2010	131	688	175	154	6	2	4

根据上述数据分析，未实施莽人综合扶贫项目到 2010 年扶贫项目实施完成，莽人在校人数发生了骤然变化。特别是初中阶段学生，2007 年只有 2 人，而随着 2008 年莽人综合扶贫项目的启动，政府加强了莽人教育事业的发展，并采取各种措施扶持与监督莽人学生入学。因此三个莽人村在校学生达到了 21 人。2009 年继续保持并上升到 29 人，但是随着综合扶贫工程整体完成，工作队陆续离开莽人村寨，未对莽人入学问题进行监督与管理时又再次出现了严重的辍学问题，到 2010 年底莽人在校学生只剩下 6 人。由此可见，莽人的教育是在政府的扶持与监管下才得以发展的，离开政府主导后其辍学率又陡然攀高，整个莽人的学校教育问题并未得到实质性的解决。通过 2004 年与 2010 年 15 岁以上文盲数的比较可以进一步说明，如表 2 - 3：

表 2 - 3　　　　2004 年与 2010 年莽人 15 岁以上文盲人数对照表

村名	年度	总人数	文盲数
原雷公打牛村牛场坪村	2004	201	53
	2010	210	89
原坪河中、下寨平和村	2004	266	73
	2010	273	87
原南科新寨龙凤村	2004	187	63
	2010	205	76

经过 2004 年与 2010 年两年的文盲数对照分析可见，在 6 年时间中莽人的文盲数并未减少，反而是增加，三个村寨的情况均是如此。从应然层面分析，在现代知识经济时代下，并随着莽人综合扶贫项目的实施，莽人所在学校基础建设不断优化和政府对学生优惠政策的扶持，其学生入学条件得以保障，但是从实然的层面可见，莽人的受教育人数并未大幅度增加，文盲数也并未减少。目前莽人教育最大的问题是辍学与失学现象非常严重，从教育自主选择权的角度看，莽人还未形成自主选择学校教育的动力，因而只能是在政府的监督下才能有所发展。

二　莽人教育发展的现状

教育作为一种社会实践活动无处不在，无时不在，自始至终伴随着并促进着人类社会的发展。① 因此，本研究依据广义上的教育概念，从莽人的学校教育与学校外教育两个层面展开莽人教育现状的调查。同时，笔者在调研中发现莽人村民、学生、教师、政府部门和文化学者等访谈对象都对现有教育有着鲜明的观念，并通过叙事研究的方法从莽人学生的回忆录中更细致深入地了解莽人的教育。因此，本研究在学校教育与学校外教育调查分析基础上，对莽人教育发展现状的态度和莽人受教育的个案进行了专门阐释。

（一）学校教育调查

通过莽人综合扶贫项目的实施，虽然在政府的优惠政策和规划扶持下，莽人的教育特别是学校教育实现了跨越式的发展。诸如莽人学校基础性设施设备得到了改善，贫困学生给予了特殊的资助与扶持，在校学生人数不断增多等。但是，莽人教育的发展仍然存在很多困境，除了一些少数民族教育、山区教育和农村教育共有的发展困境外，也有莽人自身的独特发展困境。从莽人学生不愿意在校（即厌学与辍学）的情况、在校的学习与生活的情况、辍学的原因以及对现有教育所持态度三个层面展开调查，分析莽人教育中显现出的现实困境。

---

① 张诗亚：《祭坛与讲坛：西南民族宗教教育比较研究》，云南教育出版社 1992 年版。

1. 学生辍学情况

辍学现象并非只属于莽人，当下整个学校教育体系中这种现象都较突出，特别是在少数民族地区、偏远山区和农村地区更加严重，但是目前莽人学生高辍学率的现实是不可小视的。就莽人学生辍学情况，笔者实地调查了莽人所在的中小学校，并访谈了主要负责莽人学生的教师，深入地了解莽人辍学现象的各个细节。

访谈对象一：男，金平县八一中学第七年级 104 班班主任。该班主任专门负责管理莽人学生所在的班级，就莽人学生辍学和厌学情况，2011年 9 月 6 日该班主任接受了笔者的访谈，他为笔者描述了莽人学生不断流失的详细过程和其间发生的典型故事：

我来讲述下这届初三的莽人学生是如何从初一入学报到的 23 人流失到现今的 6 人的。目前初三年级即 2009 年入学的这届莽人学生，政府当时送来的材料上报有 23 人，记得学校 8 月 16 日报到，17 日开始军训，截止军训结束陆续来报到的共有 21 人。教师节之后又来了 1 人，即为 22 人。还有 1 个不能来学校的学生据了解是龙凤村的，原因是生小孩了，所以实到校人数为 22 人。国庆长假结束后，直到 14 日一个龙凤村的学生才来，可 16 日又回去了，问其原因，说是爷爷去世了，按照莽人民族的风俗习惯，只要通知到了的就必须回家，如果在外上学或出门不回来的，以后回来就不让进家门。18 日我再次打听该同学的消息，说其爷爷早已经去世，是骗老师的。在此期间，家长、老师都不知这位同学的去向，10 月 25 日才得知这位同学与本村的一个苗族小伙子谈恋爱，骑摩托车在猛拉、那发到处玩。打电话给她家长，她家长也找不到她。终于在 10 月 31 日，再次由其父亲把她送上去学校的车上，可是这位同学并没有来学校，我打电话给她父亲，说没办法，找不到她了。所以，初一上学期结束时只有 21 人。初一下学期，又有 6 人没来学校，据了解主要原因是不想读书，或者在家干农活，或者外出打工（共 3 个），实际到校人数只有 15 人。初一下学期开学还没多久，记得 4 月 18 日过泼水节，刚好这天是由政府统一发放 180 元补助，有 3 个同学领钱后就走了。因此，初一结束后就只有 12 个莽人学生。初二上学期开学时又只有 11 个同学报到，初二下学期开学又只来了 9 个学生，初二结束后就只剩下 8 人。初三第一学期，即这个学期，来报到的就只有 6 人（3 个男生，3 个女生），又有 2 人没来。

特别要强调的是平和村，当时来的有 12 人，现在一个都没留下。究其原因，我觉得主要是在未迁居到平和村之前坪河下寨没有学校。

同时，由于平和村即原来的水龙岩村生活在一个孤立的地方，附近没有别的自然村，上一代人走出来的很少，连话都不爱讲。而辍学最少的是龙凤村，主要原因是他们离南科联防村较近，且与苗族、彝族杂居，到外面甚至县城的交通工具也较方便，同时村干部也经常出来与外界交往，在思想认识上要高些。

笔者于 2011 年国庆节后又再次电话访谈了该班主任，了解莽人学生的返校情况，该班主任谈道：

今年初一学生中莽人学生报到的有 8 人，其中女生有 7 人，男生 1 人，全部是龙凤村的学生，其他两个村的都没有学生来读初中。国庆节之后，莽人学生有 1 个未返校。向其他同村学生询问原因时，她们都不知道，这位未返校的学生也没来电话给我请假，我也无法联系上她或她的家长。初三年级这班的 6 个莽人学生全部按时返校，情况较好。

访谈对象二：女，29 岁，中专文化水平，平和村莽人（布朗族），平和小学教师，笔者向该老师访谈平和村学生的辍学情况，她谈道：

在本村村小学的学生没有辍学的，一般只有逃课的现象，因为学校就在村里，不存在因离学校距离远而带来的系列问题，也便于管理。在南科中心完小读书的平和村学生一共有 27 人，有 12 人都已经辍学在家，只有 15 人还在校；去金平县八一中学的原有 8 个学生，但目前已经全部逃学回家了；去金水河口岸小学读书的目前只有 1 个学生，其余 3 人有的外出打工，有的在家务农。

访谈对象三：男，大专文化水平，云南曲靖人（汉族），上田房小学教师，笔者向其了解在上田房小学上学的莽人学生的辍学情况：

> 2011 年秋季上田房共有学生 57 人，其中莽人学生有 12 人，二年级 3 人，三年级 9 人。由于我们这个片区适龄儿童的人数不够开设一个班，所以学校实行隔年招生，今年一年级没有招生。我这个学期所带的是二年级这个班，上个学年带的四年级，共有莽人 16 人，这 16 个莽人学生这学期去乌丫坪小学读五年级，目前还未有学生辍学。乌丫坪小学六年级没有莽人学生，因为安排牛场坪村莽人学生六年级在金水河口岸小学读，本来有 10 个学生（四年级时是我教的）去口岸小学，但没多久大部分都跑回来了，只剩下 1 个学生。据了解，这位学生因一个人去学校没有同行的莽人学生也不愿再去了。这个学期政府准备把从口岸小学辍学回来的学生全部转到乌丫坪小学继续读书。
>
> 莽人学生有缺席或逃课的现象，但是不会迟到，因为如有迟到他们就干脆不来学校了。经常缺席的有 2—3 人，每次我去找他们，家长都说来学校了，后来才得知他们在去学校的半路上就去老林了。我们每次去老林找他们，因为老林太大，老师才在山边叫一声，他们一听见就立马跑到山里去了，无法找到他们。

总之，从访谈中可以看出，莽人学生的辍学现象极其严重，以至于难以完成小学的学业，更无法保障初中阶段学业的完成。一方面从小学阶段的高辍学率来看，平和村学生在南科中心完小共 27 人，已辍学回家的就有 12 人，辍学率高达 44.4%。牛场坪村学生在金水河口岸小学共有 10 人，已有 9 人已经辍学，而仅剩的 1 人也即将退学；另一方面从初中阶段的入学率与辍学率可见，2009 年莽人小学毕业升入初中的学生有 23 人，但是 2 年后仅剩下 6 人，辍学率高达 73.9%。而由于莽人所在学校实行隔年招生，2010 年没有莽人学生升入初中。2011 年初一年级入校报到的莽人学生仅有 8 人，仅入学一个多月时间又有 1 位学生辍学。到目前为止，莽人学生上高中的仅有 2 名，上中专的仅有 4 名。整个九年义务教育都难以完成，就无法保障更高层次的受教育机会的获取。

2. 学生在校学习与生活的情况

由于学校教育进入莽人地区的时间比较短，莽人学生能否适应学校的学习与生活，直接关系到莽人学生的学业成就和受教育年限。特别是在寄宿制学校，由于新安置点距离学校较远，且为了莽人学生有更好的教育条件，就让莽人学生从小学高段（一般是从小学三年级）开始，离开本村寨的教学点分别集中到金水河镇、南科新寨等教学设施较好、教学质量较高的学校实行异地就学，初中学生全部集中到县城八一中学就读。由于莽人学生从小就离开父母、离开熟悉的生活环境、远离本民族的文化环境去异地寄宿学习，对他们来说这是一个挑战。就此笔者通过访谈调查了莽人所在学校的教师，了解莽人学生在校的学习与生活情况，分析莽人学生在学校教育中的适应性问题。

访谈对象一：男，41岁，金水河镇人，哈尼族，金平县八一中学第九年级班主任 Q 老师。就莽人在校的学习生活情况，他描述道：

> 一是在学习方面，特别是听课，莽人学生只喜欢忙着抄笔记，凡是老师在黑板上写的，他们都一点不漏的全部抄下来。学习上莽人女生较努力，但是学生的基础太差，语言文字与表达能力较欠缺，课本知识和教师授课的语言都不能很好的理解。老师想帮助他们，问他们学习生活的困难时，他们一句话都不回答，犹如对着大山说话一样，一点反应都没有，一点表情也没有。在课堂上老师询问也不回答问题，当时有些听不懂，下课也不会主动问老师，下次老师再来检查时，学过的知识都不知道了，汉字的认识能力较差，只要合上书就不认识了，休息的时候也不会看书。据我估计，今年这届初三的莽人学生能考上高中或中专估计只有1人。

> 就莽人的学习意识与能力而言，目前，初三有2个学生思想较活跃，比较聪明，L同学考试还排在班上第八名。而大部分同学心思不在学习上，心不在焉。老师在问他们未来的理想与想法时，他们闭口不说，或者说不知道。向他们讲述政府有意识的培养他们，只要读书政府就会支持时，他们也觉得事不关己。虽然莽人学生经常逃学，但是在考试时都不会排在班上的最后几名，证明莽人的学生的智商不低，只是不重视学习。还有就是基础较差，在小学时师资有问题，基

础不扎实，因此在初中跟不上，进而学习吃力，没有兴趣而厌学。

　　二是在学校生活方面，学生表现如下：一是女生逐渐有节约的意识，男生不会节约，把政府发放的补助金在最短时间内全部用完。老师问他们吃光后怎么办，回答说过几天政府又会发的。有些学生从来不从家里带一分钱来，全靠政府给予的补助。二是女生很勤快，模仿能力都很强，只要叫她们怎么做，她们都能很好地完成。三是女生也很讲卫生，甚至比其他女生都讲卫生，寝室收拾得整整齐齐的，被子也叠得很好，并且很有礼貌。而男生则不讲卫生，从被子发下来后，一直到现在都没洗过，平时也不叠被子，早上起来揣在床头，回来睡觉时还是如此。也不爱洗头、洗澡、剪指甲。四是莽人学生在与老师的关系上，都处理得很好，对人有礼貌。只有平和村的学生，当老师与他们谈话时，他们都不回答，问了几遍，就像问对面的山一样的安静，当问叫什么名字时，只回答名字那几个字，其他都不会多说，且说着说着就把头转向了一边，后面慢慢就走开了，与外界沟通上存在较大的问题。五是莽人学生在与同学的关系上，刚进校时，莽人学生喜欢独来独往，和其他民族的交往很少，其他族的同学还欺负他们。但是两年多以来已经发生了明显的变化，他们与其他同学都相处得很好，自卑心理也在逐渐减弱，逐渐融入了学校与班级的整体氛围之中。

访谈对象二：男，32 岁，中专文化水平，哈尼族，南科中心完小 Z 教师，就平和村莽人学生寄宿生活的情况讲述道：

　　平和村学生住校不适应，主要是因为：三年级就开始住校，他们年龄都很小，一般是 9 岁左右，晚上很想爸妈，就哭；不准时休息，在寝室打闹，不习惯学校的安排，觉得不自由；同时，寄宿的条件较差，学校住校生共有 179 人，其中莽人有 35 人，全部来自平和村。住得太拥挤，一间宿舍内要住二三十人，有些是两个人住一张小床；就餐的环境较差，没有供学生吃饭的食堂，学生每餐都是排队打饭，然后去宿舍和其他地方吃饭；洗浴的条件简陋，只有一个简单的浴室，拉一根皮管接冷水就可以冲洗，男女生都一样。因此，只要一放假，平和村的莽人学生就跑回家了，也不愿再来学校，需要在老师与政府部门的多次劝说下才愿意继续来学校，逃学现象非常普遍。

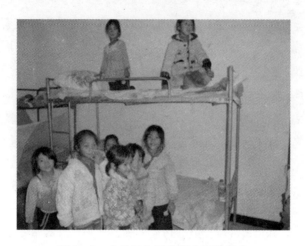

图 2 - 3 小学三年级的莽人寄宿学生

除了在访谈中教师反映莽人在校学习与生活上的诸多困难与不适应的现象外，笔者在学校的实地考察中也发现一个突出的问题，便是学校的作息时间安排得太紧凑，学业负担太重，莽人学生难以适应每天紧张的学习生活。南科中心完小的作息时间安排可见表 2 - 4：

表 2 - 4　　　　　　　　南科中心完小作息时间表

上午	
起床铃	6：30
早读预备铃	7：10
早读	7：20—7：50
升旗（星期一）	7：50
第一节	8：00—8：40
第二节	8：50—9：30
课间操	9：30—9：50
第三节	9：50—10：30
午休预备铃	11：50
午休	12：00—13：30
午休起床铃	13：30

续表

下午	
第一节	14：00—14：40
第二节	14：50—15：30
第三节	15：40—16：20
大扫除	16：20—17：00
晚饭	17：30
晚上	
晚自习预备铃	18：20
晚自习	18：30—19：30
晚睡预备铃	20：20
晚睡	20：30

　　学校教育与传统教育无论从教育环境还是教育方式上都是截然不同的，而莽人长期以来习惯并适应于传统的家庭教育与社区教育，融教育于生产生活及其文化因子中，使得在短时间内还未能适应学校教育，特别是寄宿制学校教育。在寄宿制学校内，首先，由于莽人学生在年龄很小的情况下就远离父母，与自己熟悉的生活环境与文化环境相隔离。其次，由于作息时间规定得非常严格，使莽人学生失去了传统教育中的灵活与轻松，继而使莽人学生难以适应学校的学习与生活。最后，由于莽人长期处于相对封闭的状态，很少与外界接触，在风俗习惯等文化方面有着鲜明的独特性。同时又缺乏与其他民族的交流与交往，使得其他民族也难以接受莽人的文化。因此，在学校中莽人不被理解，而在师生之间、同辈群体之间缺乏沟通，莽人学生难以融入学校教育的学习与生活之中。特别是平和村学生，从上面的调查可见，目前还没有一个学生能完成初中阶段的学习，纷纷逃学、辍学，即使在物质条件得以保障的情况下也不愿意主动完成九年义务教育。

　　总之，莽人教育发展中目前表征出来的最大困境是学生自主放弃受教育权，不愿意接受学校教育，失学、厌学与辍学现象十分严重，无法保障义务教育的完成，更难以保障接受更高层次的学校教育。

　　3. 态度调查

　　就莽人现有教育发展的态度而言，不同主体的观念根据所处的文化背景、家庭环境、社会环境以及个体特征的不同而各异，莽人作为一个特殊的群体也有着其特殊的困境以及背后特殊的原因。因此，笔者通过访谈莽人学生（A）、教师（B）、村民（C）、政府人员（D）和文化学者（E），依据不同主体、不同视角，对学生辍学情况以及对整个教育现状所持的观点展开调查，阐释莽人教育的困境及其出路。

（1）学生的观念

本研究主要根据实地调查与深度访谈中得知莽人学生的辍学现象十分严重，厌学、逃学、失学等现象制约着莽人教育的发展。据此，笔者希望能了解辍学的真正原因，因而从受教育者自身的角度对现有教育发展的态度进行了深度访谈，以期能破解莽人教育发展的现实困境。

编号 A1：女，18 岁，金平县八一中学第八年级，平和村。在 2010 年 6 月份接受笔者的访谈，得知她下学期不再去学校，就辍学的原因而言，她谈道：

> 我再也不想去学校读书了，因为读书很枯燥，学习的知识离自己的生活很远，对书本上的知识不感兴趣；学习成绩不好；不想待在学校，因为在班里自己的年龄最大，有心理负担；在学校受其他同学的欺负；觉得所在班级整体学习氛围差（笔者问如为其转班是否考虑上学时，她回答即使转班也不想再去学校）；学校离家太远，很想回家，要一个月才放一次假；在学校除了读书没什么别的活动，不好玩，球场上没有树，觉得不习惯；读书很累，还不如在家干农活、做家务，干活都没有读书累；回家没做作业的氛围；家长不支持上学，家长没有精力管我的学习；读书不是理想，我的理想是出去打工，只想出去玩，混日子都可以。

编号 A2：女，16 岁，金平县八一中学第八年级，龙凤村。该学生家共有 10 人，她准备读到高中毕业就放弃读书，原因是：

> 一是在学习中，对语文比较感兴趣，对数学最不感兴趣，由于基础较差，感觉学习很困难；二是由于基础差、听不懂课、成绩不好，越来越感觉不喜欢读书了；三是老师讲课不专一；四是课堂纪律不

好，学生上课讲话，老师管不了，学习气氛不好；家中有困难，要回家帮爸妈做家务、干农活；五是回家不愿意做作业，也没有学习的氛围；六是经常被其他民族的同学欺负，因为语言沟通有问题，产生误会；七是莽人遭到别的民族的歧视，因为莽人的生活习俗显得有些落后，特别是男生不讲卫生，更被其他同学瞧不起，不和我们一起玩；八是觉得读书无用。

编号 A3：男，18 岁，中专，所学专业为会计，第一年级，龙凤村。这是笔者所调研的莽人学生中少见的喜欢读书，对自己的未来有理想的一位学生，也是目前在校莽人中学历最高（4 个中专生、2 个高中生）的学生之一，在访谈莽人学生为何厌学和辍学现象严重时，他说：

一是社会环境很乱，莽人早恋的现象严重，特别是女生，和社会上的男生混在一起玩，10 多岁就开始谈恋爱，15—16 岁就嫁人或生小孩了，无心学习；二是莽人长期处于封闭的环境中，很少与外界接触，父辈们的眼光较短浅，不知道外界的世界，没什么理想，也不知道读书的重要性，对子女的教育抱着无所谓的态度；三是莽人觉得读书没有意思，读书不好玩，还不如去老林打鸟或干农活，不想读书；四是莽人学生没什么理想，对未来没什么打算和安排，得过且过，根本不会去想未来自己的发展；五是由于莽人有自己的语言，闭塞，很少有人会讲汉语，加上现在上课要求都用普通话，因此莽人学生在刚进校时听不懂老师的语言，听不懂课，严重影响学习，要经过几个月甚至是一个学期才能听懂普通话；六是莽人学生容易受欺负，在苗族等其他民族同学面前莽人显得很胆小和懦弱，其他族的同学也有点过分强势。因此，莽人学生不愿意去学校。

编号 A4：女，12 岁，南科中心完小四年级，平和村。打算读到小学毕业，不再想上初中，她说主要有以下原因：

在学校听不懂老师讲的话，老师也听不懂莽人学生说话，也不怎么认识汉字；我们村去年去金平县八一中学的有 7 人，现在都没读了，有3人外出打工，4人在家干农活，都说读书不好玩，所以我也不想去读初中了；读初中离家太远，去金平的车只到达南科，我们去南科赶车得走3个多小时，从南科坐车去金平还得5—6个小时；对课本上的知识不感兴趣；在学校苗族、哈尼族的同学说我们不讲卫生，瞧不起我们，还欺负我们，也不主动找我们玩，感觉在学校不好玩；爸妈叫我读完小学就不读了，家里没钱，要我回来干农活、做家务、照顾妹妹；自己也不想读书了，想跟着前面打工的人一起出去。

编号A5：女，14岁，南科中心完小四年级，平和村。该学生喜欢读书，还想考大学，但是她说也会放弃学习，因为：

我爸妈说家里没钱，读到六年级就不能再读了，要在家干活，所以我只能读到六年级；我一个星期最多只有10元的生活费，还不够买笔、书等学习用品，有时一个星期家长一分钱都不给；我们村离学校距离很远，要走3个多小时，上学放学走路很辛苦，又没有车，即使有些家长有摩托车也很少接送；放假或放学回家白天都要帮爸妈做家务、干农活，只能晚上抽时间做作业，在家没有学习的气氛；住校不是很习惯，其他民族的学生瞧不起莽人学生，特别是因为男生不会洗衣服，不爱卫生；在学校有同学欺负我们，我们莽人也不敢还手，实在没办法不能忍了只有告诉老师，所以感觉在学校没什么伙伴，不好玩。

编号A6：女，14岁，乌丫坪小学五年级，牛场坪村。该生没读完五年级就辍学回家了，她谈到不想读书的原因是：

我想在家陪妈妈，然后等到嫁人；如果有人带我出去，我也想出去打工，因为打工有钱，可以买手机；书本上的字不怎么认识，对书本上的知识不感兴趣；在家要帮妈妈做家务、干农活，没有时间做作业，没有学习的环境。家长不会强迫孩子去上学，是无所谓的态度，不去读书也不要求。

编号 A7：男，10 岁，上田房小学二年级，牛场坪村。该生经常旷课、逃学，早上按时上学，但是不去学校，于是教师和工作队经常到处找学生，家访时家长也不知孩子的去向，这种现象还较普遍。对此，笔者访谈了这位同学，他说道：

> 由于去上学的路较远，有时还没走到学校就迟到了，也就干脆不去学校了，在附近山上玩；我们寨子一起的同伴都觉得上课不好玩，跟不上，就商量着逃学去老林掏鸟蛋、打鸟了；我们上学要经过旁边苗族的寨子，苗族的同学拦在路上要打我们，还追到我们寨子来打，我们不敢去上学。

编号 A8：男，14 岁，金水河口岸小学，牛场坪村，去金水河口岸小学读书的学生一个普遍的现象就是去上学没多久就回家了，而且不愿意再去。笔者访谈的一个学生谈道：

> 我们寨子有 4 个五年级的都在口岸小学读书，有 3 人都不愿意再去了，这个学期完了我也不去了，因为没有伴我害怕；由于去学校路程太远了，上学很辛苦；在学校哈尼族、苗族的同学欺负我们，不和我们一起耍，打我们也不敢还手。

总之，从莽人学生对辍学现象的原因讲述可见，主要来自于教育内部结构因素、环境因素、受教育者自身因素和文化因素等方面。教育因素主要体现在教育理念，不能体现莽人生存发展需求，教育内容远离莽人的生产生活世界，体现的是主流文化与都市文化的价值体系。在教育方法上未能做到因材施教，根据莽人族群的特殊性进行有差异性的教育，教育方式趋同性严重，使莽人学生失去学习的兴趣。从环境因素看，主要体现在学校环境、家庭环境和社会环境方面，没有形成重视教育和促进教育发展的氛围，干扰学生的学习。在教育因素与环境因素的影响下，一方面认为读书是艰难的事情，另一方面与同辈群体之间交往的不畅使莽人学生自身主动选择放弃接受教育。归根到底，是由于莽人对现有教育特别是学校教育的不适应所引起的，而现有教育的不适应背后是对文化适应问题的反映，特别是以主流文化为价值取向的现代学校教育与传统文化为载体的传统教育有着本质的差别。因此，文化的不适应是莽人学生辍学的最核心原因。

（2）教师的观念

莽人所在地区教育发展态度的另一重要持有者便是教师，在以学校教育为主导的现代社会，学校教育已逐渐成为莽人教育的主要形式，教师便是教育发展重要的主体。因此，调查莽人所在学校的教师对现有教育发展的观念，是分析莽人教育发展问题的关键。

B1：男，24岁，高中文化水平，哈尼族，南科中心完小教师，任教科目语文。就莽人学生的学业情况，他认为：

> 一是莽人学生在低年级时没有打好基础，一年级听不懂老师的语言进而听不懂课，到二年级才能听懂一点。平和小学的学生是三年级才转到我们学校的，刚进校时大部分能听懂老师的语言，而要一个学期左右才能听懂课程，教师讲课一般是方言与普通话结合。在与同学的交流上，刚开始也不能听懂，不能相互沟通。二是从学业成绩看，只要莽人学生安心学习，成绩比其他民族的还要好些，有40%—50%的学生成绩较好。三是莽人学生比较胆怯和懦弱，其他民族的学生欺负莽人学生，打架他们不还手。有点胆小、害羞，不愿意与人交往，大部分不主动回答问题，不敢回答问题，老师追问时就是笑，多问几次还是不回答。只要放假，少部分学生就不按时来学校，一般要老师联系几次才回来。在南科中心完小读书的莽人学生，特别是平和村的学生，一般都是小学读完了就不再读书了，回家干活或出去打工是他们的选择。
>
> 我认为，目前教育中存在的困难主要有：一是师资力量薄弱。我们学校共有学生279人，其中莽人97人，教师只有9人，其中8人有编制，分科任教为语文、数学、品德、科学、劳动科技、体育、美术，至少缺师资3—4人；二是教学设施设备不够；三是教师的基础不扎实，教学不专心，经营副业；四是教材内容偏难，初中的内容在小学都有涉及。同时内容远离学生生活，语文、数学内容枯燥，我们目前采用的是人教版的教材，以城市生活内容为标准，农村学生只能靠想象。因此学生对书本上的知识不感兴趣，慢慢的对学习不感兴趣，不爱上课，学习成绩不好，害怕做作业，不喜欢来学校也就成了

一种很自然的现象。

B2：女，29岁，中专文化水平，平和村莽人（布朗族），平和小学
教师。她谈论平和村的学生厌学和弃学以及教育发展困境：

莽人学生厌学和辍学现象较普遍的原因主要是：对学习没有兴
趣，接受学校教育的动力不强；课本上的知识较单调，对于我们边缘
农村地区的学生来讲，书本上的知识显得很陌生和遥远；离学校的路
程较远，要一个星期或一个月才能回家一次；比较胆小，不敢和别的
族群交流，一般打架都不还手；家长不重视孩子的学习，放学回家家
长不监督学生做作业；放假后，背着弹弓就去老林打鸟，没有学习的
氛围；在八一中学的几个莽人学生，因为尿床感觉害羞而回家；莽人
学生长期处于封闭的状态，不愿意主动与老师和学生交流；当问他们
长大后的理想是什么时，他们大部分的回答是当教师，主要原因是他
们只见过教师这一职业，从未见过其他职业，所以只能这么回答。莽
人学生最普遍的现象是小学六年级读完后就不想再读书了。

目前平和小学为典型的"一师一校"特征，学校最大的困难是
没有学习的气氛和环境，学生普遍无心学习，加上师资有限，就我一
个教师，在管理上和教学上都受到限制，希望能多几个教师。

B3：男，45岁，中专文化水平，金平县人，苗族，金平县八一中学
第七年级班主任。就政府优惠政策与扶持措施对莽人教育的影响，他谈论
了自己的看法：

从对整个莽人的扶持性政策看，政府帮助他们把鸡、猪买好，但
是他们不会喂，即便牲畜生病或死亡，他们不管也不会医治，还对政
府部门说："你们还不来看你们的猪。"因此，要提高莽人发展的积
极性，就应该有奖有惩，针对不送小孩上学等情况就不发低保，以示
罚款。在学生教育的资助方面存在弊端，特别是莽人男生，发放的补
助全买东西吃，吃完为止，——即使没有生活费，且仍好吃懒做，他
们自己打电话向政府部门要。除了少数几人从家里带生活费外，几乎

都是靠国家政府给予的补助，有多少就用多少。同时，学生很少到食堂吃饭，喜欢到小卖部买东西吃，主要以吃方便面为主，食堂每顿饭最多3元，而方便面要4元，再加1瓶水、零食，一天的开支近18—20元。

目前莽人的教育一方面还是得依靠政府的支持，因为莽人人数少，可是受教育的主动性不强，要提高他们的素质，需要政府保障他们完成义务教育。同时通过保送的方式接受职业教育、高中教育等更高、更多形式的教育；另一方面是要促使莽人多与外界交往，向发展得好的民族学习。政府应帮助莽人走出去，了解外面的情况，更多接触外面的世界，才能改变莽人的思想，推动其自主发展。

通过莽人所在学校的教师对现有教育发展的态度可见，莽人教育发展现状仍不理想，未来的发展仍需要政府的持续扶持。主要体现在：一是莽人所在地区的学校教育本身的发展问题，教育教学设施设备、师资力量、教育理念与教育内容、学校布局等方面都存在着严重问题。特别是师资力量薄弱和教师积极性不高，教育理念与教育内容偏离族群发展的需要、家校间距离较远与寄宿制学校的弊端等问题，困扰着莽人教育的发展。二是莽人性格特征的影响因子，莽人语言的不通导致与教师、同学间沟通障碍，使莽人学生不能便利地学习和生活。加上莽人学生对学校教育的不适应，和莽人家长对学校教育的不重视，使莽人教育难以发展。三是莽人长期以来依赖政府生存发展，使莽人缺乏对学校教育的需求动力，而自身缺乏自主发展的意识与能力，又需要政府的长期扶持。

（3）莽人村民的观念

莽人村民是教育发展现状的又一重要调查对象，特别是在入户调查中对有学生的家长进行深入访谈，了解他们对现有教育发展所持的观念，能更系统、全面地反应莽人教育的发展状况，为分析其教育存在的问题提供重要线索。

C1：男，30岁，已婚，小学四年级文化水平，平和村，1个女儿。对于孩子的教育，处于放任的状态。就其平和村学生不愿意上学的原因，他谈论道：

一是家庭经济困难，不得不辍学。一女生在八一中学读书，后来因爸妈去世，大哥已经成家，没有能力照顾妹妹，没钱读书，只能去猛拉当洗碗工，自己打工养活自己；二是认为读书不能挣钱，只有打工才能挣钱；三是家长不支持，对教育不重视；四是家中子女较多，顾不上哪一个，大家都是平等对待。

C2：男，38 岁，已婚，文盲，牛场坪村，3 个子女，就莽人学生受教育的困难谈道：

莽人学生在学校遇到的主要困难是语言不通，要小学三年级才逐渐听得懂教师讲课，所以基础不好，成绩不好。女儿读到初一后逃学，今年 18 岁，已嫁到苗族寨子。大儿子读到六年级因成绩不好，现已回家种庄稼。小儿子读四年级，成绩不好，工作队把他送到金水河镇口岸小学，又跑回来，原因是没有伴，其他同学都跑回来了，要帮他找两个伴才去学校。工作队送去五六次都跑回来了。

C3：男，46 岁，已婚，小学五年级文化水平，龙凤村，原村民小组长，3 个子女，就莽人学生的厌学问题，他认为：

一方面是觉得读书无用，在家干农活才有用；另一方面是莽人学生在学校非常害羞，不敢在学校吃饭，吃饭时也不好意思去添饭，只能跑回家吃饭。

C4：男，45 岁，已婚，文盲，牛场坪村，3 个子女，就莽人学生的教育问题，他认为：

一是不重视教育，对子女上学与否持无所谓的态度；二是距离学校的路程较远，学生不愿意去学校，有些走到半路就回家了，或者上老林打鸟去了，希望能在本村建学校。

C5：男，27 岁，已婚，小学六年级文化水平，龙凤村，村民小组长，

1个女儿。他认为，目前莽人所在地区的教育比较失败，主要因为是：

　　一是辍学现象严重，即使采取逃学扣低保的方式也无法阻止学生辍学；二是对学校教育不感兴趣，认为读书不能挣钱，没有作用，加上家里钱不够用，学习成绩不好，想出去打工挣钱；三是家庭教育缺失，搬迁到新安置点后，由于田地还在老寨，家长大部分时间都住在老寨。方便干活，孩子因为要读书住在新寨，但是没有家长看管，即使生病也无法看管。有些家庭有小孩需看管的，家长还要命令在校的年龄稍长的子女回家照顾，或回家做家务。

图2-4　父母去老寨干活，留在安置点的孩子生病无人照管

图2-5　父母去老寨干活，留在安置点的孩子用米饭团充饥

从莽人村民对现有教育的观念可见，首先，最突出的是家长对学生的教育普遍存在不重视、不关心，处于放任自流的态度。大部分家长认为学校教育不能为莽人解决实际生存发展的问题，现有的学校教育是不适用的，因此"读书无用"的思想仍较严重；其次，认为是莽人学生自身对教育无兴趣，主要是由于语言沟通不畅、同教师与同学的相处不好，对教育无法实现直接效益而外出打工能带来收益等现实问题的影响，使莽人学生选择辍学，莽人对教育所持的观念直接决定着莽人教育的发展态势。

（4）政府人员的观念

在从政府部门的角度探讨目前莽人教育发展困境及其成因时，他们的观念和教师、莽人村民以及学生自身的观念是一致的。笔者就访谈政府人员的观念整理为以下三点：

一是因为莽人读书没有动力，不知道读书有什么作用。因为以前生活在老林之中，都没有读过书，不读书也能生活下去，读书也没有给他们带来多大的好处，还是过着和没读书的一样的生活，所以如果不狠抓就不能实现教育的第一步；二是家长对孩子的教育不重视。因此，需要从家长抓起，如果家长没有意识，小孩儿更无意识，小孩不知道读书的好处，相反觉得读书受约束、很累，还不如去山上打鸟、掏鸟窝过得开心。因此，他们去学校的中途就直接去山上、老林，逃学和厌学情况较普遍。教育是要提高他们的素质，但是这个基础和根本在家长，要让家长对教育有渴望的意识，要从生活细节去认识，去教育孩子要学习。依目前来看，至少还要两三年的时间去引导父辈。同时小孩的吃穿都要依赖父母，只有从父辈抓起，去感化父辈，因为只有从父辈说出来的话小孩才能真正的听进去。例如，父辈说不读书，怎么用农药、饲料、医药都不知道，由于不认识上面的字，什么配方、什么注意事项等都不认识；三是与外界接触、交往的机会太少，不了解外面难以改变思想。现在他们知晓外面的信息，了解外面的世界，主要是看电视，寨子里有几个年轻人会讲普通话了，问他们在哪里学的，他们说"从电视上学的"。由于他们生活在崇山峻岭之中，加之交通不便，他们与外界几乎隔绝，只有电视媒体是一个很好与外界接触的手段。

（5）文化学者的观念

就莽人教育发展的困境和莽人的教育需求的问题，笔者访谈了杨六金先生，他从莽人学生的上学条件与入学保障的角度提出了见解，并探讨了莽人发展的真正需求在于通过教育，提高莽人的素质，实现自主发展。他说：

> 个人认为，一方面是家校间距离较远，学生上学困难。现在教育处边境地区，因为一年级至三年级学生在自己村或附近村的小学上学，四年级至六年级在村委会附近上，家校之间的距离约20—30公里，四年级的一个小孩要走这么远，周末要回去，虽有"三补"政策，也难以保障学生入学。另一方面学生学习与生活的所需费用应得到充分的保障，否则无法安心学习。免费义务教育除了免学费、杂费外，应特别保障莽人学生的生活费，如无法持续保障就不能安心学习，而逃学回家。一些国家从学前教育一直到初中都免费，吃的穿的政府包干，让孩子安心学习。因此，针对莽人而言，应该在小孩到三岁后，父母不管，吃穿由政府负责。现在学生每个星期还要回去拿钱，拿生活费，就是一个问题。莽人发展的真正出路在于教育的投入，素质与智力的投入。

总而言之，通过莽人学生、教师、村民、政府部门和文化学者的多个角度对其教育发展的态度与观念调查发现，目前莽人教育的主要困境在于对学校教育的需求动力不强，辍学现象严重，是由多重因素所致。主要表现在以下三个方面：

一是就莽人自身主观因素而言，在学校教育中表现出跨文化综合征。产生了焦虑、孤独、失望、抑郁、想家等情绪。同时认为其他民族的学生歧视、瞧不起他们，对他们有偏见，使与其他民族同学之间的关系不融洽，难以融入整个学校学习与生活的环境之中，因而对学校乃至教育产生了厌恶心理；二是从文化距离而言，按照每种文化特征，文化都有或远或近的连续体。莽人的文化由于长期处于封闭状态下，很少与外界其他民族交流，因此，不仅是与主流文化相去甚远，与周围其他民族的文化也有大的差别。而文化的差距越大，适应就越困难。继而就表现出了上述学生所说的课本知识不感兴趣、书本离自己生活较远、学校的生活不习惯与同学关系处理得不好等现象；三是从时空关系而言，在莽人综合扶贫项目实施下，通过通达工程缩短了与外界交往的时间与空间，一方面是主流文化思想不断改变着莽人的生产生活乃至文化、思想，他们希望能出去打工挣钱换来更具现代化与主流文化标识的物品。因此，从某种意义上说促使了莽人厌学、辍学现象的发生。另一方面是环境的改变，学校普遍离莽人居住地较远，这是导致莽人学生辍学的重要原因，因距离远而设置寄宿制学校更加剧了莽人辍学人数的剧增。除了学校与新村寨的距离远之外，新旧村寨之间的距离也较远，使得家长一般只能住在老寨，无法回新安置点，对子女的教育无法监管。且有些家庭希望子女能回新安置点帮助料理家务，使学生被迫放弃上学。

（二）学校外教育调查

教育从广义上说包括了人类一切的教育实践活动，学校教育只是整个教育系统中重要的组成部分之一，学校外的教育对于人类的生存和发展也是至关重要的。本研究从教育与生产发展、教育与生活发展、教育与文化发展的角度，以及教育与莽人自主发展前景调查的层面，通过入户调查和深入访谈莽人村民、政府人员和文化学者，希望能全面考察莽人学校外的教育现状，剖析莽人对教育的需求，促使教育发展能更适切地满足莽人生存发展的需求。

1. 教育与生产发展

在政府实施的莽人综合扶贫项目（2008—2010 年）背景下，莽人在生产方面发生了骤变。莽人从迁居出密林以来，一直在政府的扶持下生存发展，而当政府扶持政策和措施停止时莽人就会出现"返贫现象"，并重新返回密林。2008 年以来实施的综合扶贫项目就是建立在莽人生存发展困境的基础上，政府再次大规模的投入资金、人力、物力，促使莽人生计方式的骤然变迁，生产技术的快速现代化。在这次扶贫中，莽人的生产方面得到了大幅提高，但是仍因生存环境变迁等原因使莽人存在生产发展的新困境。通过对各访谈主体调查莽人的生产发展现状以及发展态度，考察生产发展困境中哪些是教育引起的，教育又该如何促进莽人生产发展，从而为分析教育与生产发展之间的关系提供现实依据。

（1）莽人村民

笔者于 2010 年至 2011 年前后半年时间通过田野调查法入户调查三个

莽人村寨，对莽人进行了有针对性的访谈，通过不同维度来确定入户对象。主要入户调查对象包括村干部与一般群众，经济条件较好、中等、较差的家庭，青少年、中年、老年莽人，有子女上学与无子女上学的家庭。全面地了解他们对以迁居为核心的综合扶贫项目给莽人发展带来的影响以及所持的不同观念和态度，为进一步分析教育发展现状中存在的困境奠定基础。

入户调查1：男，31岁，已婚，文盲，平和村，村民小组长，2个子女。

就现有生产方面而言不太满意，由于迁居而出现了一些新的困难和问题。从生产发展总的情况看，水田现有3亩，被河水冲垮了，已经给工作队汇报过，目前还未彻底修好。现有的困难主要是：一是新安置点离田地太远，大部分田地都在老寨子。从新安置点到老寨不通公路，要走3个多小时；二是在新安置点周边没有多少莽人的土地，附近大部分是老板承办种植的杉木，如莽人的牛等牲畜进入杉木林后要被老板罚款，一次50元。

入户调查2：男，30岁，已婚，小学四年级文化水平，平和村，1个女儿（小学在读）。

就现有生产方面而言，表示基本满意。在工作队的指导下，主要学习了种植草果、香草，饲养猪和鸡，但是技术还不太熟练。主要的困难表现在：一是没有现代农耕技术，在肥料和农药使用上不懂科学技术；二是由于新安置点平和村比原居住地海拔高，气温低，5月份还较冷，不利于农作物的生长。

入户调查3：男，68岁，已婚，文盲，平和村，1个儿子。

现有的生产方面还存在较多困难：（1）工作队指导种植香草，养鸡、猪，但没钱买肥料和饲料；（2）家里没有耕牛，也没钱买锄头，加上已经年老，种田很困难；（3）儿子在外地打工，即不能帮家里干活，也不给家里寄钱；（4）由于水土流失严重，水渠滑坡堵塞，政府没有及时清理而堵塞渠道，水田断水、部分水田被淹没而无收成；（5）由于老林不允许放火开垦土地，田地面积不够；（6）老板租用土地用来栽种杉木，新安置点附近没有多少土地。

入户调查4：男，60岁，已婚，小学文化水平，牛场坪村，原村民小组长，曾参军，4个子女。

对迁居以及系列扶持措施表示非常满意。但是在生产中还存在一些需要解决的困难：（1）农业生产技术缺乏，草果香草科学种植不成功，需要有技术人员指导生产；（2）没有文化，因为不识字，看不懂农药、化肥的使用说明，导致用量不对，致使农作物死亡。（3）耕地需要扩大，需要有机械耕作；（4）莽人新居附近都是其他民族的土地，牲畜需要有放养的范围；（5）经济来源较单一，而且得不到保障。

图 2-6 政府指导莽人种植土豆

入户调查 5：男，24 岁，未婚，小学四年级文化水平，牛场坪村。

对政府提供的扶贫帮助比较满意。但是生产方面的新困难如下：一是由于新居离自己家的田地较远，至少要走 3—4 个小时，加上没有耕牛，因此老家好多地都荒了；二是家里就只有兄弟俩，哥哥 46 岁，还未结婚，又较懒散，不愿意劳动，家里粮食一般都不够吃；三是背运粮食也不方便，要从老寨附近的田地背到新安置点；四是不习惯外面打工的生活，不愿再出去打工。去年在政府的帮助下去东莞打工，因没文化，老板不愿要。同时受人欺负，只去了 7 个月就和同村其他人一起回来了。不想再去打工的原因是：一方面是在家里自由些，另一方面是在外面其他人不愿和我们在一起，不愿意和我们交朋友，我们没有伴，只有我们莽人本民族的才是伴；五是现在娶媳妇越来越困难，很多莽人女孩都嫁出去了，外面女孩不愿意嫁进来。

入户调查 6：男，28 岁，已婚，小学文化水平，牛场坪村，2 个女儿。

在生产方面，对政府的扶持表示基本满意，但是迁居后也有一些新的问题。一是由于文化水平不高，政府教的现代种植技术和养殖技术只能学到一点，不精通。二是新居附近都是苗族的土地，不能在附近种树，如占用苗族的地基就会被罚款。在附近放牛、养鸡不行，只能圈养。三是在新居后去趟老林打猎不方便，一般要去 4—5 天才能回来。四是新安置点离田地较远，要走 20 多公里，一般是从家里带吃的住在田棚，2—3 天才能回。

入户调查 7：男，27 岁，已婚，小学六年级文化水平，龙凤村，村民小组长，1 个女儿。

图 2-7：为方便生产搬回旧房

（黄色袋子装着鸡食，表示主人外出干活时间会较长，看见袋子的人帮忙取下喂鸡。）

从迁居后的生产方面而言表示比较满意。但还是存在一些亟待解决的困难：一是技术方面，由于学习的时间还较短，现代科学农业技术掌握得不好，目前的学习方式一是组长出去学了回来教，二是工作队指导；二是没有资金，买不起肥料、农药等生产物资；三是田地离新居较远，土地都在老寨附近，有些要走 4—5 个小时，而且都在上山；四是现在杂交水稻和以前的老品种不一样，杂交水稻种子很贵买不起多少，且自己不能育种，自己育的种种不出来，每年必须去买。同时也没有杂交水稻的栽种技术，收成不可观，而自己的老品种产量又低。

入户调查 8：男，46 岁，已婚，五年级文化水平，龙凤村，原村民小组长，3 个子女。

对生产方面表示基本满意，但是仍存在一些问题。第一，经济林木业未发展起来。政府鼓励我们种植经济林木，为我们发放了杉苗，三年多时间过去了，由于我们不懂科学培育方法导致杉木苗的成活率非常低。第二，田地离居住地较远。最近的田地有 1 个多小时的路程，最远的田地在海拔 2000 多米的山上，要走 3 个多小时，摩托车上不去，只能住在用芭蕉叶盖的田棚里，至少住 3—6 天才能回趟家，有时田里活紧得住上半个月时间。

入户调查 9：女，36 岁，已婚，文盲，龙凤村，3 个子女。

整体上来讲对政府实施的扶持政策表示不太满意。生产中还是存在一些困难：一是居住点离老寨较远，而田地大多在老寨，每次要走 3—4 个小时，开摩托车只能停在半路，因没路了，又不敢骑车去，因为把车停在山下有人偷电瓶；二是附近都是联防村的地，新安置点附近菜地面积较小，甚至有些家没菜园，而去老寨种菜又较远。

总之，在以迁居为轴心的综合扶贫项目实施下，莽人对现有的生产发展满意度不高，也从侧面反映出莽人在教育方面的需求。通过对莽人现有生产状况的满意度调查，发现莽人村民反映的一个共同的问题便是：一是缺乏现代农业技术，希望能得到科学的指导；二是希望能有提高文化、知识的机会；三是现有自主发展能力较弱，希望能有政府长时期的扶持。莽人迁居后，在生产方面存在着诸多的新问题和生产的不适应：一是缺乏现代科学技术，不能熟练地种植杂交水稻、养殖杂交鸡、猪；二是若政府不继续帮助莽人发展生产，诸如维护水渠、指导经济林木种植和科学养殖等，莽人不能很好的自主发展；三是田地大部分都在老寨附近，新安置点距离田地太远，走路甚至要 4—5 个小时，因而只能住在田棚，平和村现已有十几户人干脆搬回住在老寨；四是没有资金买种子、农药、化肥等农用产品，影响再生产；五是新安置点周围都是其他民族的土地或者私人老板承包的土地，使得莽人土地扩展受限制，且牲畜无地方放养。

（2）政府人员

自 20 世纪 50 年代以来，起初在莽莽密林中寻找莽人并为他们在林边合村定居开始，政府的优惠政策和扶持措施就一直伴随着莽人。2008 年开始实施的综合扶贫项目也是在中央政府和地方政府的高度重视下进行的，无论从政策制定还是执行，政府在整个扶贫过程中都起着主导性作用。通过访谈政府人员可以从政策制定者和执行者的角度去探讨莽人发展的现状以及后续的政策方向，对此笔者访谈了莽人综合扶贫办公室 L 主任。

笔者：请问综合扶贫项目实施以来莽人在生产方面发生了哪些变化？

L：以前在生产上采取刀耕火种的形式，砍伐森林，用竹棍等点窝种玉米，粮食基本不够吃，在没粮食时主要以野果、野菜充饥。过去莽人经历的是"定而不居"与"居而不定"的生活。几年前莽人还不会洗脸、理发等。政府为了改善莽人的生活习惯，为了就业、生活方便，决定对他们实施搬迁，便有了2008—2010年莽人综合扶贫项目之一的迁居与安居工程。政府工作队第一次进寨就带去了指甲刀、牙刷、梳子、洗衣粉等。首先，工作人员亲自给他们理发等，帮他们做好个人卫生；其次，工作队自己撒菜秧，分给每户，让他们互相比较谁的长得好些，同时让勤快的莽人帮几户，促进整个村子的共同进步；再次，除了种菜以外，还教他们种植杂交水稻的技术。另外，还教他们饲养家禽，如何科学喂猪、养鸡等，县里相关部门培训他们怎么用药、防病、配饲料；最后，督促他们自己生产生活，制定规章制度。如《村规民约》等，从个人、家庭、公共卫生各个方面进行了规定。当然，也有少数莽人比较反感，认为工作队是"一天吃多了撑着，没事干"，骂工作队，远离工作队等。但是工作队还是耐心的感化他们，莽人在吃、住、环境卫生等方面都发生了很大的变化。

图 2-8 莽人开始学习理发

劳务输出方面的变化：只要莽人愿意走出去，就是发展的一大进步，不然又只能按照老常规生活。目前，政府部门分任务解决和协调莽人的外出务工，主要做一些没有技术含量的工种，如洗碗、小工等。政府曾集体组织将莽人送出去，开始他们都不愿出去，当第一批回来讲外面的新鲜世界时，就有一些人也愿意出去了。但是，大部分人没几个月又回来了。原因之一是他们不适应外面的生活，二是由于劳动技能低、效率低，老板不愿意接收。当政府部门再向一些老板提出申请时，他们都婉言拒绝了。在广东打工的几个莽人，他们与老板的沟通有障碍，主要是他们不怎么会讲汉语，因此返乡了。

笔者：您认为在整个莽人综合扶贫项目实施过程中有哪些困难和问题？

L：整个莽人综合扶贫项目计划是在2008—2010年期间，由于综合扶贫规划的项目较多，共分解为12个项目，而实施时间又太短，如果工作队不长期驻扎下来，他们又会回到老寨子去。因为人的意识的改变不是一代和几代人就能形成的，是一个长期的过程，短时期内是改不过来的，首先要做的是激发莽人对知识的渴望。

总之，通过对政府人员的深度访谈可见，莽人的生产发展目前仍然是在政府主导下实现的，需要通过提高莽人的教育发展水平，培养莽人的自主发展意识。政府对莽人现状的看法和态度是相似的，认为政府对莽人的扶持现阶段主要是硬件建设，还需要进一步的后续管理。因为莽人现在虽然物质基础方面有所发展，但是现代科学技术欠缺、文化水平低、思想意识落后等仍然制约莽人发展，需要政府进一步重视莽人的自主发展意识与能力的培养。

（3）文化学者

针对莽人发展现状的态度调查，笔者除了选择扶持项目接受者——莽人，扶持项目制定者与实施者——政府部门作为访谈对象外，还选择了文化学者作为第三方访谈对象，认为文化学者是能站在客观立场，通过学者的视角审视现状以及存在的问题。据此，笔者重点访谈了首位莽人研究者也一直持续关注和研究莽人问题的杨六金先生（以下简称"Y"）。

笔者：政府针对莽人实施的系列扶持政策，特别是《金平县莽人2008—2010年发展总体规划》进行了综合扶贫项目，以推动莽人发展。据您分析，莽人还存在哪些发展中的困难？

Y：从政府部门的角度考虑，政府部门政策的制定与实施都是有着良好的初衷，政府扶持莽人建房、修路是希望莽人能紧跟其他民族的发展步伐，与其他民族平等的共同发展。但是还有很多未来发展中的问题值得深思：再过十年二十年或几十年，政府修建的这些房屋还在不在，莽人会不会有修复能力，还有分家以后该怎么办？新安置点由于附近为其他民族的土地，莽人新建房屋土地受限制，加上他们自己以后如果没能力盖政府修的这种房子，又只能盖起原来的房子。政府以后还会不会像现在一样管理和监督莽人发展，如果不管莽人，会不会不能自主发展甚至倒退，苦聪人（拉祜族）"155"扶贫工程就是很好的例证。如果没有修复能力，房屋就会慢慢破烂，如果政府不持续管理莽人，而莽人素质又不提高的情况下，以后仍然还会搬回老寨去，当然这只是我个人的猜测。

图 2-9 分家后在旁边盖起老寨一样的木房

目前莽人的发展是政府包干的形式，不仅是扶持政策制定与实施，而且很多事情都是由政府安排和管理。同时，现在的扶持是以物质为主，智力为辅，在智力上投入较少，我认为下一步应在智力上多投入。整体素质较低，自己发展的条件不成熟，只能靠外界的扶持，但是这不是长久的办法，外面不扶持莽人就无法自己发展。现在扶持工作还没结束，我认为后续工作多解决学生上学问题，坚持把教育发展做下去的话，莽人发展就会变好。

2. 教育与生活发展

在莽人综合扶贫项目实施之后，特别是迁居到新安置点，莽人在生活方面发生了骤然变化。从居住环境、生活习惯等各个方面都处于新的生活环境之中。在改善莽人生活条件的同时，也给莽人的生活带来了新的问题，致使莽人生活的不适应。分析莽人生活发展情况，可以得知莽人生活方面的发展需求，继而了解教育在生活方面需要如何应对。

（1）莽人村民

入户调查1：男，31岁，已婚，文盲，平和村，村民小组长，2个子女。

就现有的生活方面而言比较满意，但是还是有些待解决的问题。总体上新安置点的条件比老寨强，房子也是国家盖的，自己没有花一分钱就搬进来住了，要感谢党和政府。问题在于：一是粮食不够吃一年；二是房屋由于时间久后漏雨，房屋是国家修的我们只管住，我们自己也不知怎么维修，如果政府不能一直帮我们修补的话，就怕过几年房屋破旧后就不能住了；三是新寨烤火不冷，但是冬天很冷，我们不习惯。

入户调查2：男，30岁，已婚，小学四年级文化水平，平和村，1个女儿。

对迁居后的生活条件比较满意，电、水、交通等都较方便。但对居住环境不太满意，一是周围都是其他民族的土地和私人老板的杉木承包地，活动范围受限制；二是有些瓦破裂导致房屋漏雨，但是我们自己查不出来，也不知在哪里买这种新瓦，只能叫政府工作队帮忙；三是现在很难吃上肉，国家禁猎和林区保护后不能上山打猎，一年又只能杀一头猪，有时还没有猪，离集市远不能常去买，买来也放不了多久，很难像过去一样常有肉吃；四是新居附近没有山林，摘野菜的机会也少了，且新居附近菜园又小，吃菜还得去老寨摘。

入户调查3：男，68岁，已婚，文盲，平和村，1个儿子。

对现有的整个居住环境比较满意，但也仍存在一些问题和不适应的地方。一是粮食不够吃，经常就断粮了；二是经济困难，负担不起孙子上学的费用。儿子在外打工，但是在哪里打工不清楚，已经有一年左右没回家了，也没有给家里寄过钱。有两个孙子，其中一个11岁，在金水河口岸小学读五年级，每月要给孙子50元零用钱；三是新安置点烤火不方便，房屋内没有设火塘；四是背运柴火不方便，因为安置点附近没有莽人的山林，还得回老寨附近的山里背运；五是平和村经常停电；六是新安置点由于海拔较高，气候寒冷，牛圈集中修在山上，牛被冻死，或者因感染致病而死亡。

入户调查4：男，38岁，已婚，文盲，牛场坪村，3个子女。

在现有的生活方面，慢慢的居住习惯了，但也还存在些不适应的地方。生活条件较满意的是通电、通水、通公路，生活较方便。不适应的地方主要是：房屋漏雨但不会维修，屋檐太窄雨水容易进屋；新安置点附近没有莽人的山林，背运柴火不方便，要去老寨砍柴；新安置点烤火不方便，没有老寨房子里那样的火塘。在节日里，现在主要的活动是打牌、喝酒。

图2-10　莽人不习惯用灶台，自设火塘

入户调查5：男，46岁，已婚，五年级文化水平，龙凤村，原村民小组长，3个子女。

在生活方面对政府的扶持基本满意，主要出现了一些新问题：一是房屋漏雨较严重，政府使用的这种瓦，莽人没有见过，也不知去哪里买，如果政府不来维修，就只有再次搬回老林寨子去。二是政府为我们修建的灶台不实用，还是火塘好些，可新居没有火塘。也使用沼气做饭，但是大部分时间长了就用不了。做饭还是需要烧柴，但是莽人山林都在老寨附近老林，背运不方便。三是新建房屋内没有火塘，烤火不方便，所以有些老年人去年才从老寨搬迁过来。四是莽人和本村的苗族、彝族，以及附近的拉祜族的关系不是很好，因为周围大部分土地都是他们的，经常会因为土地边界问题起争执。

总之，莽人对迁居后的生活方面满意程度高于生产方面的满意程度。

从教育与生活发展的关系看，莽人仍然需要培养自主发展的意识和能力，才能应对现有生活中的诸多困难。同时，教育的发展需要满足莽人生活发展，针对莽人现有的生活困境要提高莽人的适应能力。目前在政府扶持下莽人的生活设施设备更加齐全，安居工程也使莽人的生活更方便。但也存在诸如房屋结构、居住方便度、饮食结构、婚姻结构、邻里关系等方面的问题，这些问题一方面是属于可控性问题，另一方面是属于新环境下的适应问题。

（2）政府部门

就莽人综合扶贫项目实施下莽人生活方面发生的变化情况，笔者访谈了莽人扶贫办公室的 L 主任和民族宗教事务局的 W 局长。

访谈对象一：莽人扶贫办公室的 L 主任

笔者：请问综合扶贫项目实施以来莽人在生活方面发生了哪些变化？

L：一是在生活习惯上的变化：过去小孩满月时，要用筷子沾酒抹在小孩的嘴唇上，表示驱邪。同时，莽人的男女老少都会喝酒，过去是用竹筒装酒，把竹管插在里面，你吸一口我吸一口，一个传一个。在政府工作队进村后，严禁用沾酒的方法为满月的小孩驱邪，就任命莽人村各村一位妇女主任，负责监督此类事情，并做好计划生育的宣传。目前，莽人计划生育政策仍按照国家对少数民族生育制度的规定来执行，提倡一胎，从政策宣传执行到现在，还没有超生的现象。

二是在婚姻结构方面的变化：莽人男孩目前为止还没有与其他族群的通婚。主要原因是外面的女孩不愿意嫁进来，外面的人认为莽人落后、封闭、好吃懒做、不讲卫生、没有文化不识字等，导致目前莽人男子只能与本寨子的女孩结婚，或者娶临近的越南莽人。综合扶贫项目实施了交通、通讯的通达工程，使莽人女子与外界接触的机会不断增多，她们愿意嫁出去，许多都嫁到了其他民族，甚至是广州、四川、重庆等地。这就导致了一个严重的近亲结婚的现象，因为寨子里的人本来就少，难免会近亲结婚。因而，莽人的族群特征目前还保存得很完好，从外貌、动作、说话等特征明显能识别出。同时，近亲结婚出现了诸如说话不伶俐、智障等问题。早孕早育现象也较突出：工作队去村里调研时，发现 21 岁的小伙子，已经是两个小孩的父亲。在村子里，15 岁左右就怀孕的女孩也不少。总之，目前莽人婚姻与生育出现了严重的问题，男女婚配方面的比例严重失调，男子的婚姻成了大难题，这不仅会影响到莽人的社会发展，还会影响到莽人族群的生存问题。

访谈对象二：金平县民族宗教事务局 W 局长

笔者：针对莽人的生活问题，您认为在开展莽人扶贫工作时遇到的最大困难是什么？

W：莽人传统的思想意识难以改变，对制度化的生活不适应。在莽人综合扶贫项目中感触最大的是一些莽人对工作队制定的规章制度和管理行为持抵触情绪，特别是对喝酒的约束和规定。莽人无论男女，嗜酒如命，一日三餐甚至喝到天亮都可以，严重影响他们正常的生产。同时，对身体健康也有较大影响，以前杨六金老师请医生帮莽人检查，60%—70%的妇女都有妇科病，除了个人卫生外，与饮酒有很大的关系。

总之，通过对政府部门的访谈可知，莽人在生活方面的变化如同生产方面一样，也是在政府扶持下完成的。这使得莽人无法体现自由发展、自主发展的意识与能力。政府的扶贫模式主要是通过派遣工作队驻村与他们同吃、同住、同劳动，宣传党的民族政策和现代化思想，直接参与并手把手的指导他们的生产生活，制定各项规章法令。在此过程中，正如政府工作人员所说，莽人也存在着一些不适应而致的抵触情绪，但是政府认为莽人现阶段还没有自主发展的能力，无法靠自己发展，因此需要政府的全面介入，在较长时期内需要政府的扶持、监督和管理。因此，自主发展意识与能力的培养是莽人教育的现实需求，只有自主发展能力培养的实现才能促进莽人的自由发展。

3. 教育与文化发展

随着莽人综合扶贫项目的实施，莽人的生存环境与生计方式发生了骤变，使孕育在其间的文化系统也随之发生了变迁。调查在新环境下传统文化的发展情况以及莽人的文化适应情况，是研究教育传承传统文化的重要素材和依据。据此，笔者在田野调查中除参与观察莽人文化变迁的表现形式外，还深度访谈了政府部门和文化学者，从不同的视野和角度考察莽人的文化变迁。

（1）政府部门

莽人的文化也是在政府扶持下发生着变迁，特别是政府委派的驻村工作队员更能切身见证莽人的文化变迁。因此，笔者深度访谈经历莽人扶贫政策实施全过程并驻村指导工作的莽人综合扶贫办公室 L 主任，更深入的了解莽人的文化变迁，反思教育在莽人文化变迁中的需求。就莽人传统文化变迁方面，他谈道：

> 莽人是跨境的一支小民族，长期以来生活在深山密林中，几乎与外界隔绝，因此外界对该民族冲击很小，"文化大革命"也未对其造成破坏。因此，传统的生产生活习俗等文化保持完整。但是随着迁居，环境的改变，生活水平的提高，很多东西都在消亡，传统文化也自然在逐渐消失，一方面是强制性改变，另一方面是莽人自己不愿意再继承，自身在慢慢地消亡。

（2）文化学者

在 2008 年政府实施莽人综合扶贫项目之前，只有杨六金先生对莽人进行过长达 16 年的跟踪实察研究，对莽人的文化进行了深入的调查。在 2008 年后由于政府的大量宣传，莽人逐渐被媒体推向全国，引起了一些媒界和学界的关注。就莽人的文化方面，笔者专访了杨六金先生（简称"Y"），对莽人文化有了深层的认识。

笔者：随着莽人迁居远离原有环境和与外界主流文化接触日益频繁的当下，您是如何看待莽人文化特征的变化？

Y：从人种、生活习性、风俗等方面看，克木人和莽人比较，在新中国成立后克木人在政府扶持下迁居到坝区，种的是热带植物，橡胶、香蕉，就文化而言基本与傣族文化差不多了。经济发展较快，房屋结构、衣着等和其他民族一样，只是还保存着自己的语言，个人认为再过一二十年完全融合后，就不存在克木人了。而莽人则是长期与外界隔绝，外地人很少去，现在外面的人虽去得多，但停留的时间短，不会对莽人生产生活造成多大影响。莽人现在共六百多人，语言还保存得非常完整，如果是其他民族人口这么少早就同化了。就是因为几乎与外界隔绝，保留着原始共产主义的思想，风俗习惯、宗教等保存相对完整。

但是现在随着现代化浪潮的冲击，主流文化的强大吸引力，使莽人的文化，不仅是物质文化，还有非物质文化都难以保存。前几天一新闻记者还采访我，希望探讨"莽人非物质文化应如何保存和传承"的问题。20

年前我采访了19位精通莽人传统艺术的村民，如原南科新寨的陈自新会唱山歌、情歌、祝酒歌，原雷公打牛寨的陈小大通晓莽人的祭祀、宗教等。到目前为止，受访者去世的近50%。这些人去世后莽人传统艺术文化就会逐渐消亡，因为现在的年轻莽人都没有去继承也不愿意继承。相比较而言，莽人语言保存得较完整，因为语言保存比较封闭。

迁居也加剧了文化的变迁。搬迁后和其他民族相邻交往更密切，交通方便，政府部门的人、做生意的人、研究与参观的人等进出莽人村寨更频繁，接触变多，传统文化就会消失得更快些。搬迁不仅是房屋结构的变化，而且传统的很多物品、风俗习惯等都放弃了，传统文化肯定会慢慢消失。莽人最忌讳在外面带绿的东西进屋，"禁绿"是莽人祖祖辈辈严守的，蔬菜只能包在衣服里从后门进去，而现在"绿"之类的东西就能带进屋，其他禁忌就可想而知。禁忌与宗教是一个民族的魂，一个民族的宗教都没有了，这个民族文化就快灭亡了。搬迁不仅是房屋的搬迁，更是一种民族文化的消灭。可是，没有政府的扶持，莽人又无法快速发展，因为即使让他们自己盖房子，他们也没有资金和能力，这是非常矛盾的。

笔者：依您看，莽人应该怎样保存和传承自己的传统文化？

Y：莽人的文化要传承，难度非常大。年轻的要么读书，要么外出打工，把传统的那套给丢了，没继承者了。本来莽人文化就相对较简单，等到精通莽人文化的老人逐渐去世后，加上年青一代的莽人正努力学习汉族或其他族文化，继而莽人文化就保存得很少甚至很难保存。同时，没有一个对本民族传统文化传承培养的学校，传统文化都是自愿地学，但是现在学的人没有了，知晓传统文化的老人去世后莽人文化就随之消亡了。

依我的观念，我们不应该整体搬迁，搬迁不是一个好办法，就在原地，就地扶持，就地提高生活质量，居住、服饰等在现在基础上提高一个层次。在原来基础上生活水平提高些，保留其原来的文化，然后做一个旅游景点，让外面的人进来了解他们，让其传统文化保存下来的同时生活水平也提高了。这样就有和其他民族相比的独特性了，个人认为这是一条很好的出路。

总之，从文化学者的角度分析，对莽人的发展现状所持的态度主要反映在其传统文化迅速消失的担心，认为除了现代化与主流文化冲击外，整体性搬迁加剧了文化生存环境的改变，加快了传统文化灭亡的速度。"禁绿"被打破，没有了自己的信仰、禁忌；节日活动也变得和汉族没什么区别。生育、婚嫁和丧葬等特殊的风俗文化失去了原有的生存环境，传统文化快速消失。文化在传承发展上的断代或是停滞其实质也是教育的问题，教育其中一个重要的功能便是文化的传承。因此，通过调查莽人文化的现实困境，就更清楚莽人教育需要发展什么，需要怎样发展，才能实现满足莽人生存发展需要的教育。

4. 教育与自主发展前景

就莽人的自主发展前景的态度、存在的困境等方面而言，笔者针对莽人村民、政府人员和文化学者进行了深度访谈。从不同的主体角度去探寻对莽人自主发展问题的不同观念，为教育促进莽人自主发展意识与能力培养提供真实和全面的依据。

（1）莽人村民

入户调查1：男，31岁，已婚，文盲，平和村，村民小组长，2个子女。

对莽人未来的发展持悲观态度，因为莽人缺乏自主发展的能力。关键是在自己生产生活出现问题时，不知道如何维权。由于没有文化，不知道该去哪个部门，找谁去解决困难和问题。

入户调查2：男，38岁，已婚，文盲，牛场坪村，3个子女。

在今后的发展方面，觉得莽人还是比不上哈尼族、苗族。主要原因是他们的田地比较平坦，租给老板栽种。而莽人的田地都在高山，种不出庄稼，不利于农作物生长。政府开垦的水田，栽种水稻，但是莽人没有熟练掌握科学种植水稻的方法。

入户调查3：男，28岁，已婚，小学文化水平，牛场坪村，2个女儿。

就莽人未来发展的看法而言：一是意识到了文化的重要性，希望能学习更多的现代技术和知识；二是希望能有更多的资金来发展生产，栽种更多的草果、香草、杉木等经济林木；三是如有机会也想出去打工，看看外面的世界，但是如没有人带出去的话，自己不敢出去。

（2）政府部门

访谈对象一：莽人综合扶贫办公室L主任

笔者：请问在《金平县莽人2008—2010年发展总体规划》实施结束

后，您认为主要还存在哪些问题需要后续解决？

L：对莽人的扶贫计划是分阶段实施的，第一阶段是硬件建设；第二阶段主要是继续抓硬件建设，引导思想素质的提高；第三阶段还未具体规定，估计不久将出台具体的规划，主要是抓生活水平和思想意识，思想意识是需要几代人才能彻底改变的。目前，政府部门对莽人村的硬件设施建设已基本达成，交通、水电、学校、卫生院、住房等工程已经完成。还应加强后续的管理和规划，目前还未明文规定，县级规划也还未出台。我觉得下一步主要应抓畜牧业发展，并鼓励科技人员队伍带领其发展。

另外，我认为，政府扶持莽人发展接下来的工作重心主要是后续管理。茶叶、杉木、草果等经济林木业的发展，需要政府长远的后续管理。让他们有饭吃、有钱用。如果不加强管理，3—5 年后又不如其他民族，甚至会倒退，回到原来的老林中生活。

笔者：依您看，如没有政府扶持莽人能否实现自主发展？

L：我觉得莽人应该会有个好的发展前景，但是至少还需要 5 年的时间，莽人才可能逐渐实现自主的发展。

笔者：您认为莽人如要自主发展还存在哪些困难？

L：一是莽人文化水平非常低，还缺乏现代科学的种植技术。在生活方面，种植粮食的科技含量较低，温饱存在问题，继而是发展问题。如果要发展经济的话，在高山地带，不适合香蕉、橡胶等经济作物的生长，只适合种些高山经济作物，如茶、草果、香草、药材等。而他们对适应山地生长的药材缺乏科学深入的了解，要依靠他们自身的培植，还有一个过程。

二是莽人在封闭环境中形成的性格特征难以适应市场经济与现代社会。莽人长期不与外界接触，不了解交易的行情。比如，第二次搬迁时，政府引导莽人种植草果，由于莽人粮食不够吃，一些小商贩就借机以 5 元一斤的草果价格换粮食给莽人，而当时市场价为 30 元每斤。莽人当时没有商品意识，对收购信息、价格等都不清楚。在买药材方面，他们不了解外面药材的行情，不知道药材的价格和市情，只能靠估价。而高山人民一般性格较纯朴、憨厚，往往远低于市场价出售，因而没有什么更好的收入，辛苦忙碌一年也不见成效。加上莽人在用钱方面没有计划，没有存储的意识。正因为莽人整体素质低，需要政府的引导，去制药厂了解，去了解适合在相应的高海拔种植什么样的药材，然后教他们种什么，怎么种，还要教他们怎么卖，通过什么渠道销售。莽人的发展不能一直依靠政府部门指导发展，还离不开教育，离不开自身素质的提高。

访谈对象二：金平县民族宗教事务局 W 局长

笔者：在 2008—2010 年综合扶贫项目实施结束之后，您觉得莽人今后应重点加强哪些方面的发展？

W：我认为，莽人今后的发展应从以下五个方面去突破：一是目前硬件设施基本完成，下一步应该抓好教育问题，因为辍学的重要原因是贫困；二是加大实用性科技的培养与培训；三是重视莽人产业的后续管理和配置，虽然现在 3 个莽人村都有杉木、草果、茶叶、猪、鸡等，但是还是缺乏技术和管理；四是要转变莽人的思想观念，在提高素质方面有待加强；五是莽人的人口数量和质量上有待提高。目前莽人共 688 人，许多女孩都嫁到外面附近其他民族村寨，甚至是重庆、四川等地都有，而莽人男子娶不到外面其他民族的姑娘，使莽人的族群繁衍存在问题。同时，莽人人口增长很缓慢，一个重要原因是近亲结婚，医生检查后认为因妇女个人卫生差妇科病较多，婴儿成活率低。因此，要改变落后生产生活，才能保障族群的生存。

笔者：依您看，莽人自主发展的前景如何？

W：在一段时期内，莽人的发展还是离不开政府的帮助和扶持。从 3 年综合扶贫项目实施结束后的这段时间可见，如果驻村工作队一个星期或者一个月不去村里的话，虽然比扶持前要好一些，但与工作队在的时候完全是两回事。没人管他们就放松了，仅靠村民干部监督起不了多大效果，龙凤村在干部监督方面稍微好些，平和村村长都已经出去打工了，村民也就变得和以前一样懒散。

要放手让莽人自主发展的话至少还要 5 年以上。产业培养、水稻高产量的培育，还要 3—5 年的时间才能逐步的发展。如果扶贫工程就此停止的话，莽人非但不能发展，还会倒退，甚至再次回到老林。

总之，就莽人的发展前景的态度而言，从莽人村民和政府部门的调查发现，政府在莽人的发展中起到了主导性的作用，莽人自身的发展能力还不够，仍需要政府较长一段时间的扶持。因此，政府认为，莽人如要实现自主发展还需要至少 5 年或更长的时间，即在短时期内莽人无法实现自主发展，仍需要政府的扶持与管理。同时，我还认为，如果政府不在

2008—2010 年综合扶贫项目实施后制定后续的管理方案和行动，莽人也许会"返贫"，甚至再次搬回老林去。

（3）文化学者 Y 先生

笔者：请问您觉得应如何才能实现莽人自主发展？

Y：我个人的建议是，要实现莽人独立自主的发展，必须要提高莽人的整体素质，要培养他们自主发展的意识。首先不要直接给他们钱，因为他们会拿去买酒喝。莽人的贫困不是资源贫困，更多的是素质贫困，素质培养起来后，他们的资源是很丰富的，老林有药材和木材等，但是丰富的资源他们目前还不会合理利用，关键是素质还未提高，不会充分的利用现代科技，依靠原始的方式肯定无法解决温饱问题，只有素质培养起来才会合理利用大量的资源。物资方面的扶持只能是短暂性的解决贫困，智力的扶持才是长久的内推动力，因此关键是要加强素质的培养和提高。要提高他们的素质，除了与外界多接触外，还要加强教育的投入、智力的投入。要特殊的对待这个民族，真正全面补偿、差别对待，不能"一刀切"。应把大部分资金投入到孩子的教育上。只有他们自己的素质提高，自主发展意识培养起来后，才可能知道怎么利用现有的资源去发展自己，怎样独立自主的发展。

笔者：您对莽人的发展前景有何看法？

Y：一个民族的自然发展历程是相当缓慢而漫长的，莽人长期以来生活在原始森林中，交通闭塞，几乎与外界隔绝，因而现代化的思想较落后。其实一个民族发展的快慢与智力没有区别，莽人的智力并不比其他民族低，据一些老师讲，在学校莽人学生并不笨，一个月不去上课，考试也不会排在最后几名。莽人能自主发展，只是还需要一段较长的时间，也许几十年或者上百年。总之，莽人会慢慢发展得越来越好的。

2008—2010 年莽人综合扶贫项目结束后，接下来的工作方向与后续管理关系着整个扶贫工程的成败和莽人的发展与否。如果扶贫项目实施结束驻村工作队撤走后，把莽人的管理交给村委会，这些基层组织是无能为力的。比如，今后如果莽人房屋的瓦破烂了，房子漏雨，而自己和村委会又无修复能力，到什么地方去住？同时，莽人的田地都在老家，他们也不会嫌弃房子好坏，就会慢慢搬迁回去。在平和村，去田地干活就得回老寨一半个月，住在自己田棚里或者是老家里。莽人和苦聪人一样，搬迁不是整个村子一起搬，今年你家搬，明年他家搬，都是陆陆续续的。同时他们也没有什么很重、很值钱的东西，搬家很简单，一个背小孩，一个赶猪，就可以搬迁回去，关键是田地、粮食都在田棚里或老家里。还有一种可能就是，附近的村民或者外面的商人看见莽人一般不在新安置点住，有可能会买莽人的房子，莽人也可能会卖掉自己的房子，因为他们好吃懒做的思想还是较严重。据统计，平和村现在还有 12 家在老家有房子。还有就是从舒适度的角度看，觉得木房好些，生活方便些，猪羊鸡都养在楼下，生小孩也方便些，他们还是愿意回去。从资金投入的方向看，如果多投入智力、素质、教育投资，应该会发生很大变化。如果只是物质上扶持的话，工作队一撤，三五年一过也许又是老样子。从是否坚持后续扶持看，如果政府不再坚持对莽人后续管理，去外面读书的学生生活费没有人来管，他们在校没生活费了就会回去。如果政府能持续扶持和管理莽人，再坚持5—10 年，或者 20 年，坚持加强莽人的教育发展，提高莽人的素质，把这些新一代的莽人培养起来，莽人自主发展就有希望了。

总之，从对文化学者的访谈可见，对莽人的发展前景比较忧虑，但从长远看，莽人会逐渐发展好的。他们认为能否在现有的基础上顺利实现自主发展主要取决于政府能否持续进行后续管理与扶持，能否提高莽人整体素质，培养其自主发展的能力。并认为应重点加强莽人的教育发展，着重加大智力的投入，提高莽人的整体素质。

（三）个案分析

就定耕定居后莽人的教育发展情况而言，笔者选择了两位莽人进行深入的个案分析，一位是目前为止仅有的学历最高（中专生）和参加工作的三位莽人之一的莽人陈××，现为金水河中学（现为小学部）的一名老师；另一位是八一中学在校的初三莽人学生，她们的共同点都在于求学过程的心酸与艰难，通过她们的案例可以看出莽人受教育的艰难历程，也可作为论证莽人现在受教育程度普遍较低的鲜活案例。以下是两位莽人求学经历的回忆录：

案例一：

本人叫陈××，生于 1981 年，我有个坎坷又曲折的童年，自懂事起就跟着父母日出而作，日落而息，一直到我工作以后，才得以轻松一点。

本人差不多 8 岁才读小学一年级，岁数是很大，不过当时在我们班上我算是岁数小的了。边读书边劳动，每天放学后背着背篓去砍柴，如果不砍就挨打。周末不读书也要跟着大人到地里干活，所以说，当年孩子同大人一样干活，大家是平等的。在本寨子读到四年级就离开村寨到中心完小读，当时我是第一个去中心完小读书的，因为路程很远，至少要走 5 个小时。到了学校，我必须住校，每餐吃饭都要交米才能打饭吃，菜可以自己到山上找野菜。刚去的时候还有点米交，后来家里供应不上米，就只能逃回家，老师多次到我家做工作，要求回学校读书，不然采取罚款等威胁的方法。可有什么办法，供不起又没钱。因为那时我在班上学习还算可以，后来老师都看到我家的情况，经过多次的反映，再三考虑，学校先免费打饭给我吃，再争取领导及社会人士的帮助，问题解决了，小学的学业圆满地结束了。

1997 年 9 月，该上中学了，又面临着一个大难题。父母又不会想着去找钱给我读书，那时上学需要交学费，东借西借凑到了学费，可是生活费呢？虽然没有钱，父母不送我读书，我自己却按时到校报到，刚开学的第一学期，学校组织军训，练了整整一个星期，身上的生活费已经吃光了，就跟老师请假回家。当时莽人也只有我一个人先到校读书，那时的车辆又少，上午放学后才走，往南科方向的车已经开走了，只能沿着公路走 70 多里路，走了一天一夜。路上哈尼族妇女见我都说我是鬼，我没在意那么多，清晨六点钟回到家，家里人不知道我已经回家了，睡下全身疼痛得不敢起身。休息一天又得返校，可是生活费一分没拿到，爸爸只弄了四个竹凳给我带去卖，因为脚痛，要走 4 个小时的路程才能到赶集的地方，只有请一起赶集的村民帮我抬，当时才卖到 8 元钱一个，车费 10 元一人，后来还是司机把我的竹凳买走的，算好车费，剩下的钱退给我。天啦！怎么办啊？学校又不像这些年来有生活补助费。后来经过多次的申请，老师也亲自到我家了解了情况，确实是太贫穷了，学校才考虑补助我 30 元每月。每月领着那点补助费过着有饭没菜的学生生活，多少次想放弃，可那远大的理想让我不能放弃，一定要走出大山的坚强毅力支撑着我，就这样艰难度过三年的中学生涯。

2000 年，由县民委、红河州民族师范学校作为"特招生"把我（除我之外，还有 2 名莽人学生）录取了。三年的生活费是由民委提供的，一个月 200 元，学校免费提供被子、使用计算机、免学费等。所以，家里不需要出钱，我也能安心地在学校学习生活。政府一个月发的生活费有时不够用，而又要等学期结束后才能回家，何况跟家里要钱也拿不出来，自己抱着先跟别人借钱，出来工作再还钱的想法，所以我读师范三年自己借的钱将近千元。2003 年毕业后，并不是一下就分配工作了，还在村子里代课一年，我代课也是经过教委协商后跟我们学校签订合同的。代课时，一个月 150 元的工资，但是这一年的时间我还是把账还清了。直到 2004 年 12 月，经过县委、县政府的批准，把我们 3 个莽人作"特殊的分配"。结果就把我分到金水河镇文化站工作。很感谢政府的关心和支持，也特别感谢杨六金老师在我的学习生涯一直给我的关心和帮助，出来工作了，也没能力为他做什么，只能在心里永远感激他。

2007 年 11 月，因为工作的需要，又把我调回教育事业战线来。我知道，教学是一项既快乐又枯燥的职业，老师日积月累盼着自己的学生有所进步。刚从事教育教学事业的前两年接触得最多的就是莽人学生，既教他们文化知识又要关照他们的日常生活，感觉自己力不从心，因为那些学生刚到这个学校时，汉语不熟悉，说的话别人不是很容易听懂，所以很怕跟其他民族的学生交流，都是靠我平时或上课慢慢教导和鼓励他们。包括学习方面，也花了很多精力去指导。莽人学生都是从高山下来的，学习方面多少要弱于其他的民族，自己也有这个体会。并且离家又有几十里路，生病了父母来不了，只能靠我带着他们看医生，掏钱买药给他们吃。有时月末放假，学生回家后不按时返校，打电话找家长追学生回校，甚至要亲自跑到学生家里找他们。经过多方面的努力，学生也意识到老师对他们的一番苦心，也知道了知识的重要性，学习和思想都有所进步。

在陈××老师回忆中，可以感知莽人学生求学经历的艰辛程度，也能求证莽人受教育程度低的背景与事实，更希望能见证在她之后的一批又一批的莽人学生求学经历的改变与幸福。在 600 多名莽人数百年的发展中，目前能走出大山参加工作的只有 3 人，这 3 人被看成是莽人的骄傲和榜样，更是一种奇迹。但是，他们的求学过程之艰辛应是相似的，笔者为了能更细致的去阐释与论证莽人通过现代教育成就自己的这条道路的曲折，访谈了曾经多次帮助这 3 位莽人的杨六金先生，他谈道：

> 陈××现为金水河中学教师，龙××现为平和村小学教师，刀××为金水河镇某部门公务员，他们在金水河中学读书时，我在金水河镇当镇长。他们在学校时没生活费，三天两头跑回家，我就出钱给他们买锅做饭，结果他们周末回家了，炊具在学校经常被别人偷。初中毕业考试他们的分数很低，我就给县委政府打报告申请他们再继续读书，后来经过州级和县级政府的审核，批准他们到红河州民族师范学校读书。当时，我去接他们读书时，他们没任何书和生活用品，也什么都没带，就一人提一个蛇皮口袋，穿一双拖鞋，我就给他们一人买了个箱子、蚊帐和被子，送他们去学校。进学校后，除民委为他们拨的经费外，学校的老师得知他们的情况后也把一些生活用品送给他们，在政府和教师的关心与帮助下，他们顺利的毕业了。毕业回去一年多他们都没有找到工作，我就给州府和县委政府打报告，请求能特批，为仅有 3 人能中专毕业的莽人予以特殊照顾，各级政府也十分关爱和关注莽人，就批准为他们安排工作。刚开始考虑他们都是师范学校毕业，就分配到学校，后来我觉得莽人应该有自己的政治代表，应该在政府部门有莽人的一席之地，能代表莽人有自己的话语权，而莽人参加公务员考试又考不上。因此，只能通过特殊照顾人口较少民族的相关政策，批准××进入了公务员队伍，从金水河镇镇长助理开始培养。希望他们能做出榜样，为莽人的发展贡献自己的力量，也希望他们能够带头示范，让莽人觉得受教育是有动力和希望的。

案例二：

笔者曾多次去八一中学调研，了解已在校的和刚进校的莽人学生的入学情况与学习状况。在调研这些莽人学生时，发现其他的学生对学习、生活和未来理想等都充满着无限的无助与迷惑，而有一个同学她渴望知识、期待继续读书的眼神与心情让笔者感触颇多也久久难忘，这也是笔者深度访谈她的主要原因所在。她在回忆中谈道：

我叫罗××，从小我就很爱读书，读书是我最大的理想。记得我很小的时候，每天都跟着哥哥他们去学校，我有两个哥哥都是在一个班读书，当时最感到惊讶的是我哥哥他们十四岁了才读小学一年级，甚至比我哥哥他们年龄还大的都有。当时真是太落后了，连普通的学校都没有，很多儿童都失去了一生中最美好的学习时光，没有文化知识，就变成一群文盲了。我们村子后来才建了一所学校，有三个房间，两间是教室，一间是老师住的寝室。教室里面非常简陋，教室不大，长6米，宽12.5米左右，教室里只有桌子，没有板凳，想上课就从家里搬凳子来，旗杆是用竹子做的。

学校里没有铃铛，老师是按时吹哨子以表示上下课的，老师的性格很严厉，只要有一个同学迟到都会挨打。虽然那时我很小，但每天早晨都陪着哥哥他们去上学，到教室我不能进去，就往很高的地方坐着看他们上课，不知不觉我就想到了一个问题：读书究竟是怎样的呢？每天坐在教室里看书真是太有趣了，应该比干活好多了。为什么以前爸妈他们没有老师呢？要是有的话，他们就不会像今天一样天天跟着牛犁田了。

我渴望读书，是因为我要成为村子里的老师，我要教很多很多的学生，将来让山区里的莽人走进新的社会里生活，让山区里更加美好。爸爸是一个民兵，我也要成为老师，这样我们家就幸福多了。

可是后来因为我们家出事了，爸爸又要参军，家里乱成一锅粥。爸爸参军后，留下了妈妈和我们四个孩子在家，妈妈一个人干活来养活我们四个孩子，是很不容易的，母爱就是这样的伟大，像那无边无际的大海一样宽阔。我爱我的妈妈，等我长大了，我一定会每天都陪伴妈妈，让我成为妈妈的一只手，虽然我干不了多少活。

那年我六岁了，姐姐也开始读一年级了，家里只有妈妈和我了，我不仅给妈妈许下承诺，而且我真的做到了，帮妈妈挑水、煮饭、喂鸡、喂猪。我们家有三头猪，我一次抬不动那么多，就分成几次，还每天都陪妈妈干活。有时家里没有事情干我就去帮外婆到森林里挖地，在森林里经常听到猴子和老虎的叫声，猴子的叫声非常凄凉，也很恐怖，我想逃跑，但是没有办法还得要挖地，外婆不断地安慰我。

第二年，我们村里的小朋友们都去上学了，可恨爸爸又不让我读书。我觉得干活太劳累了，还是读书比较好，小孩子有时候也很懒的，于是我也不去干活了，特别渴望能去上学。所以我就跟爸爸顶嘴："不让我读我偏要读！"这时爸爸哑口无言，爸爸好像看出了我的请求，开口答应了我，我一下发自内心地感激爸爸。

读书使我最难忘的一次就是在乌丫坪村读四年级的时候，遇到最大的困难就是我在学校生活时。饭都是从自己家里背米到学校交给食堂，从家到学校要走4—5个小时，其他民族的学生都是家长用摩托车送到学校的，我很羡慕人家，要是能有一辆摩托车那该有多好啊！我就不用每个星期都背米了。我们是跟着小路走，在回来的路上经常遇到危险，下雨的时候会出现滑坡、泥石流等危险，不下雨的时候，也会从路边的山上滚下一些石头。有一次一不小心有个同学就被石头扎到头了，流了很多血，伤口很深。最害怕的是有坏人绑架小孩去卖，还抢劫了。

我在学校吃得很简单，一天吃四角钱，不吃早点，一餐用两角钱。两角钱能买到什么呢？有可能现在对大多数学生来说那不算什么，可是对我而言无论是一角还是一分都是很重要的，一分钱都是父母辛辛苦苦用汗水挣回来的。我用两角钱去食堂买一些青菜汤泡饭吃就行了。家里一个星期只给我两元至五元钱而已，有的时候还一分都不给我。我不像别的孩子一样，不给足钱就闹着哭着要钱，不给就不去读书了，我一次都没有闹过，给就要，不给也无所谓，拿起书包还面带笑容返回学校，路边的叔叔阿姨看见都夸我是个乖孩子。曾经我也有过一次哭泣着跟爸爸要十块钱，因为我的鞋子破烂了，穿不成了。才十块钱而已，他们都不能给我，我很伤心，怕到学校被同学嘲笑。四年级上学期开始放假了，有个老板到我们村子里来收购叫三七的一种植物，我就去老林住了两天两夜，到处找三七来卖，后来共卖了80元，这时我要买鞋子的钱都有了，我下学期的生活费也够用了。在乌丫坪读书几年，我只用了130元。

现在我在金平县八一中学读初三，为节约钱，我放假几乎都不回家。有时要放一个星期左右，那么多天，谁都不想留在学校里，大家都回家了，学校里每一个角落都安安静静的，没有任何动静。我们村子里有两个男生和我一起在八一中学读书，他们都回家了，在家里等待女儿回家的爸妈非常失望，晚上，爸爸打电话给我："孩子，你真傻啊！放假了也不回家，老爸不知道你是有什么原因不回来，是什么原因你要给我们说啊！只要你说出来我们都会想办法帮你解决的，你知道我们有多担心你啊，孩子!"当时我听到爸爸这样说时，我都流泪了。我也很想念我的家人，但又能如何呢？虽然政府是一个月给我们 180 元的补助，但现在物价不断上涨，什么都贵，一个月的生活费至少也要用 350 元至 400 元，我真的是很想读书，但又没钱读书，我该怎么办呢？

总之，从两位的回忆看，莽人学生受教育的历程充满着艰辛。究其原因：一是由于莽人上学的路程较远，对于十几岁的小孩来说，这是上学的一大挑战，严重地阻碍了学生上学的积极性。在 2008 年之前，莽人的四个村寨只有三个教学点，而坪河下寨在 2004 年之前都没有办过校点，村里无一人上过学，是典型的文盲村。村与村之间相隔 5—6 个小时的路程，如果本寨没有校点，一个六七岁的小孩每天要走 5—6 个小时的山路去上学，因而很难保证不辍学。三年级以上一般就到中心校寄读，往返路程要走 10 多个小时，且在中心校寄读，小孩生活不能自理，加之家庭经济条件差，致使大部分莽人学生小学毕业后就不再继续升学；二是莽人经济落后、家庭贫困，对学校教育所需费用不能负担；三是莽人对现代学校教育没有足够的动力，也没有接受学校教育的意识和兴趣。这是导致莽人学生入学率低、巩固率低和辍学率高的主要原因所在。

从 20 世纪 60 年代政府组织莽人搬出原始森林定耕定居后，到 2008 年政府再度组织莽人异地搬迁之前，莽人的学校教育没有得到实质性的发展。一方面我们应该反思莽人的受教育意识和莽人所处的受教育环境。除了政府采取措施从外推力的角度促进莽人接受现代学校教育外，应该激起莽人对学校教育的重要性之渴望的内动力，才能真正促进莽人自主自愿的去接受教育；另一方面我们不得不反思现代学校教育在莽人乃至少数民族地区受挫的原因，需要深知莽人有什么样的教育需求，现代学校教育在面对如此特殊的群体时应该有何相应的教育方法和教学内容，而不能"一刀切"。总之，莽人已经习惯了在没有现代学校教育的环境下，利用传统的家庭教育和社会教育来自养这个族群。以传统生产生活为中心的文化在传统教育中都能够更好的继承和发展，整个族群也能按照自己的生活轨迹在自成一体的圈子里生存，这一切不需要学校教育的参与。基于此，在莽人地区乃至整个人口较少民族地区现代学校教育与传统教育不得不展开博弈，只有现代学校教育不断反思与完善自己，才能在这场博弈中取得最后的胜利。

三　莽人教育发展存在的问题

目前莽人的发展动力是以政府行为为主的外推力，在政府的扶持下从原始社会直接过渡到现代社会，实现了跨越式的发展。并通过生存环境变迁与生计方式改变等方式推行系列扶贫措施，解决莽人的生存发展问题。因此莽人现有的发展是外源而非自主发展，现有的教育未能为莽人的生存发展起到实质性的作用，其功能未得到应有的彰显。同时，随着外部环境的急剧变化，外来强势文化的冲击，以及迁居所致的文化变迁等使莽人面临着生存发展与文化保护之间的拉力。莽人极其脆弱的文化正在现代化发展中逐渐的削弱甚至是消失，这是莽人这个族群发展的本源性困境。而现有的教育在文化传承方面也未能发挥出应有的功能。传统与现代之间的张力，人的生存发展与文化保存、传承之间的撕裂，加上非内动力作用下的发展现状，已经使莽人面临着前所未有的困惑，教育该何为，何谓？首先得思考现有的教育存在的困境与问题。因此，通过莽人的教育发展目的与生存发展需求、教育发展内容与传统文化传承、教育发展主体与自主发展能力三个层面来探讨教育在莽人整个社会系统运行中的问题。如果教育不能满足人的发展需求，不能推动整个族群或民族的发展，就应该在剖析其教育困境的基础上对现有的教育进行改革和调适。

（一）现有教育目的与莽人生存发展需求相分离

当下困扰莽人的一个最大问题仍然是生存发展问题，虽然依靠政府的力量实施了大型的综合扶贫项目，使莽人暂时解决了温饱问题，但是莽人要实现更好的生存发展还需要相当长的一段时间。面对莽人生存发展的现实困境，作为社会系统重要组成部分的教育有责任促进莽人的生存发展。同时，在非内动力的政府扶持下的发展不可能是可持续的，莽人的实际生存发展需要教育的推动，教育发展的目的也应该满足莽人生存发展的实际需要。可是现有的教育同质化倾向严重，很少有针对莽人等人口较少民族的生存与发展的教育。因此，现有的教育也难以直接保障莽人的生存与发展以及发展权的实现，其教育目的与其实际生存发展需求相分离。

1. 物质性生存发展需求的教育理念之欠缺

就少数民族教育目的而言，应该分为少数民族一般教育和少数民族民族教育。少数民族的一般教育是指少数民族地区的教育应和主体民族地区教育一样，传播先进的文化知识和进行国民思想道德素质教育，教育的目的是缩小与主体民族之间的差距。而少数民族的民族教育是民族地区所特有的教育形式，是要继承和发展少数民族的优秀文化传统，保障国家的统一性和民族文化的多样性的有机结合，应担负起为民族地区和各少数民族培养各类人才、传播和弘扬优秀民族文化、促进经济、文化和社会全面发展的重任，其目的是要保持与主体民族间的差异，民族教育在保持和发展传统文化方面的功能是十分重要而又不可替代的。莽人所在的金平县苗族瑶族傣族自治县既是边疆教育的重地，又是民族教育的重阵。而莽人在2008 年归为布朗族后属于我国的人口较少民族，因此，莽人的教育需要彰显民族教育应有的教育目的和功能。但事实上，目前莽人教育的本土化理念较欠缺，不能满足他们现实的生产生活需要，特别是在基础教育中，莽人生存与发展的教育是较缺失的。

解放后嵌入莽人地区的现代学校教育，对于莽人而言是一种与本土文化相去甚远的异文化，很难接近和融入。莽人长期以来生活在森山密林中，教育形式都是以"言传身教"和"口耳相传"为主。1968 年后在政府的多次扶持与帮助下，才开始建立现代学校教育，坪河下寨直到 2008 年在政府的综合扶贫时迁居到平和村后才有学校，即便是有了学校，学校教育的发展也不容乐观。雷公打牛小学和南科新寨小学经历着开办与停办的曲折历程，除了学校资金困难外，主要还是由于生源和师资缺乏的问题。从受教育的情况看，据 2008 年统计，16—60 岁的文盲占 75.6%，而到 2011 年为止只有 2 名高中生，4 名中专生，14 名初中生（其中初三年级 6 名，初一年级 8 名，初二年级没有莽人学生）。通过莽人的高文盲率、高失学率和辍学率可以看出，现代学校教育在莽人所在地区收效甚微。

　　笔者在莽人地区的田野调查发现，就辍学与逃学的问题学生自身的看法一般是：对书本知识不感兴趣；书本上的知识离生活太远理解不了；读书不是理想，最大的希望是有人带着出去打工等。对于莽人学生而言，上学并不是一件快乐的事情，主要是因为书本知识、教育方式和学校管理方式与莽人的传统生活无法对接和融合，甚至是截然不同的。同时在访谈莽人所在学校的教师时反映：现在运用的都是人教版的教材，教材内容对于莽人所在地区的学生而言普遍偏难，同时语文、数学知识较枯燥，大部分莽人学生对读书没有兴趣。另外，莽人接受教育的动力也不强，家长对子女上学的问题持放任的态度。实际上，在莽人所在地区学生、教师和家长对学校教育都没有太大的主动参与和融入的积极性，没有为争取接受更高层次教育的动力，反而把学校教育看成是完成任务，教育的发展与莽人的生产生活、生存发展需求是不一致的。

　　同时，现代教育体制下学校教育的目的忽略了莽人当地社会发展的需求。在田野调查中发现莽人学生的愿望不是读书，而是打工。莽人村民认为目前的最大困难就是现代农业生产技术非常缺乏，不懂得现代农业的科学耕种，希望能教会他们农业科学技术，教会他们迁居后在现代社会中的生存发展本领。一位村民谈道："现在的生产和传统的大不一样，现在因为没有文化，不认识字，看不懂农药、化肥上的使用说明，结果用量不对导致草果、香草大面积的死亡。"随着政府对莽人实施的三次搬迁可见，环境变迁与文化变迁都是政府希望莽人远离传统的原始的生活，尽快融入现代化社会中。在跨越式的变迁之中，莽人因适应问题而导致生存发展存在可持续的问题，可是现行的教育却没办法满足莽人的发展需求。首先，我国现行的国家教育体制是全国通用的、统一的，是在一个模式下运行的，"一刀切"的现象突出。这就意味着对各民族与各地区"差异"的忽略，教育的同质性取代了教育的个性。特别是在义务教育阶段，《义务教育法》总则中规定："义务教育是由国家统一实施的所有适龄儿童、少年必须接受的教育，是国家必须予以保障的公益性事业。"同时也规定"教科书根据国家教育方针和课程标准编写"，"学校和教师需要按照确定的教育教学内容和课程设置开展教育教学活动，要保证达到国家规定的基本质量要求"。义务教育无论是在民族地区还是汉族地区，在城市还是在农村，在东部还是在西部，在边疆还是在内地都没有太大的区别；其次，"厌学"、"逃学"与"读书无用论"现象的背后是学校教育远离了莽人生产生活的需要，不能推动莽人最基本需求的实现，这是现有学校教育在莽人地区未能取得真正成功的主因。现代学校教育在价值取向上主要是以汉文化和城市文化为本位。在这种教育体制和教育价值取向下，莽人学生的特殊需求很难得到关照，莽人的社会发展需求很难在统一的教育体制下得以反应，导致学校教育与莽人当地社会发展相断裂。需要学校教育因地制宜的调整教育目的与理念，与莽人生存发展的实际结合起来。

2. 精神性生存发展需求的教育目的缺失

人的生存发展需求除了物质层面上实现生命体的繁衍与发展外，还需要有精神层面的生存发展，需要带着人的感性与有感情的活着。生存发展的质量不只是表现在物质方面，也表现在对精神世界的追求上，因民族而异。对诸如一些信仰佛教、伊斯兰教的人而言，他们对物质的追求远远小于对精神信仰的追求，看似贫穷的他们并不能说他们生活得不幸福。每个个体或民族对待生存发展的价值观是不一样的。因此，"在执行经济发展计划之前，假如没有先了解该民族的价值取向，那么计划的推行将受到很大的挫折"。① 莽人对生存发展的需求也有着自己的理解。笔者在访谈莽人不愿意出去打工时一村民谈道："第一是因为自己家里的地没人种植；第二是在家种植粮食只要够吃够喝就行，挣的钱够用就行；第三是在家自由，在外打工既不自由还没有朋友，即使给一万元也不愿出去。"事实也证明，政府为增加莽人的收入而动员莽人出去打工，在几番努力下送出去了 7 人，结果没到半年的时间几乎都返回家了。

莽人由于长期生活在几乎与世隔绝的一个独立的天地系统中，他们依靠原始森林丰富的动植物为生，没有竞争意识，习惯了集体劳动与生活，还没有储蓄的意识，平均主义与原始共产主义思想依然保留。因此，面对非内动力作用下的生存环境与生计方式的变迁，莽人很难以适应变迁后的生活。马林诺夫斯基认为："如果你把一个人抽离他的社会环境，你便先验性地剥夺了他寻找道德稳定和经济效率的动力，甚至剥夺了他对生命的兴趣，如果你在这种情形下用他完全不认识的道德、法律或经济标准去衡

---

① 王铭铭：《村落视野中的文化与权力》，生活·读书·新知三联书店 1997 年版。

量，你只能得出一个漫画人物。"① 莽人目前的生存发展便处于这种状态之下，生存环境与生计方式的骤变使他们失去原有的传统生产生活方式，而现有的现代生计方式又未掌握，即使外源性作用下给予了他们充足的资金与物资的扶持，他们仍生活得不自在、不幸福。而反映在教育中，是同样一个变迁模式，现代教育与传统教育在碰撞中难以融合，而现代教育发展的趋势是逐渐替代传统教育，这使得莽人学生因难以适应学校的环境而主动辍学、弃学。进而导致教育结果不公平与教育幸福感缺失，不能真正达到促使莽人生存发展需求的目的。主要表现在以下几方面：

首先，体现在教育公平与平等的受教育权方面。由于教育体制的一体化，以城市文化为本位的教育内容增加了莽人学生的学习难度，降低了他们的学习兴趣。同时在教学用语上，虽然国家规定在民族地区实行双语教育，实际上莽人所在学校仍然以普通话教学为主，一是缺乏双语教育的师资，学校由多个民族学生组成，不可能使用多民族语言教学；二是推广普通话是学校的要求；三是绝大部分教师不懂莽人的语言，无法与学生正常的沟通。因而，在教学内容和教学用语上使莽人学生处于弱势。长期以来很显然就会影响他们的学业成就，影响他们学习的兴趣和求学的动力。笔者在访谈时 75% 的学生认为："对上学不感兴趣，上学很累，不自由，不如在家干活、做家务；上课听不懂普通话，听不懂老师的语言，老师也听不懂莽人学生的语言，和同学之间交流也存在语言上的障碍。"还有小部分学生经常不想上学就逃回老寨附近的老林打鸟。

其次，体现在莽人自尊心与自信心的获得上。莽人长期以来生活在自己的封闭系统中，是以血缘关系组成的社区，平均主义与集体主义思想使他们没有阶层、地位与贫富的分层和分化，不存在自尊心和自信心获取的意识。但是当青少年一代接受学校教育之后，莽人学生和苗族、傣族、哈尼族等附近其他民族学生共处，在学校同辈群体之间莽人往往处于弱势地位，容易被其他族的同学欺负，因而增加了他们的自卑心理。64% 的莽人学生认为，厌学和辍学的原因是不愿在学校被其他民族学生欺负。他们谈道：在学校苗族、哈尼族等其他族的同学很霸道，瞧不起他们，喜欢欺负

---

① [英]马林诺夫斯基：《西太平洋的航海者》，梁永佳、李少明译，华夏出版社 2002年版。

他们；其他族的同学不愿意找莽人玩。还有一个打算辍学的牛场坪村的莽人学生说："本寨子共有4个五年级的同学去那发口岸小学，其中有3个已经不去学校了，下学期我也不再去学校。因为没有伴害怕，上学要经过上田房苗族寨子，苗族的学生喜欢打我们，经常在经过他们寨子时被拦在路上打，有时还追到我们寨子里打。"莽人学生的心理受到严重挫折，学校生活加重了他们的自卑感，而不是增加他们的幸福感。同时访谈其他民族同学时也证实了这一问题："莽人学生特别是男生不会洗衣服、不爱卫生，因此不喜欢和他们一块儿玩；莽人学生很胆小，打他们也不反抗，他们也不向老师报告，久而久之同学们就爱欺负他们。"莽人在学校与其他民族同辈群体相处的自卑感在本村寨同辈群体交往中从未有过，严重地影响莽人对自我和族群的认同感。

再次，体现在现代教育对生存发展机会的限制与约束上。现代教育在很大程度上限制了莽人学生立足当地，并利用知识改造生产生活，创造未来发展的机会。因为以城市文化为本位的教育一方面给莽人学生扩充了眼界和带来了美好的想象，另一方面也需要莽人学生不断的学习现代知识技能才能容身于现代城市之中。而现代学校教育的选择与筛选功能使一部分学生不能熟练的掌握以城市文化为核心的教育内容，在升学竞争中被迫中断受教育机会。另一部分学生则是在毕业就业中不能在城市激烈竞争中寻找到生存发展之道，而被迫返回当地。目前还没有莽人能通过学校教育跻身到城市生活并获得认同的。在返乡的学生中较突出的问题是：经过现代学校教育学习后反而与本村其他村民格格不入，他们既不懂得传统生产生活技术，也不会现代的生存方式，因此没办法很自然地融入原有的生存氛围和文化环境之中。进而出现了游手好闲、酗酒赌博、抢劫吸毒等社会问题，少年犯罪不断增多，这给莽人的生存发展带来的困惑，不是物资的贫困，而是精神的缺乏。

总之，现有的教育目的不仅是为莽人传授知识，获得生存发展的技能，满足物质层面的生存发展需求，而且还要保障莽人平等的受教育权，为莽人学生提供形式平等和实质平等的教育。同时应培养他们对自我和民族的自尊和自信意识，满足他们精神层面的生存发展需求。只有坚持"以人为本"的教育理念，培养健全人格的人，实现人的全面发展，满足不同主体发展需求的教育才是活的教育，才是成功的教育。

（二）教育的传统文化传承功能正在退化

莽人传统文化生存发展的危机主要表现在两个层面：一是莽人文化相对简单和极其脆弱，在强势的现代文化冲击下不堪一击；另一方面是文化传承的断层，特别是学校教育加剧了莽人传统文化的消失速度。现代化浪潮的冲击和全球化趋势的强大吸引力，使莽人不可能再回到原来独立封闭的自我生存的状态。加上在非内动力作用下的政府扶持，通过迁居与定居、水田耕种与现代农业等方式改变莽人，使从事传统行业的莽人遭受着巨大的冲击，在生产工具和生产方式、生产组织形式等方面都显现出了现代化的特征，他们迅速地失去了民族传统文化的根基，势必快速融入现代社会之中，而莽人这个族群的命运将是逐渐消失在世界民族之列。在此背景下，莽人的发展问题不仅仅是解决经济发展、生产生活质量提高的现实生存发展的问题，更重要的是其文化生存发展的问题。莽人作为生命体的个人仍会存在，但是作为族群的莽人则会随着文化消失而消亡。加速莽人传统文化的消亡不单是表现在其文化本身的相对简单和脆弱上，更核心的是现代学校教育促使文化主体间与代际的传承断层，加剧了莽人文化生存发展的危机。

1. 现有学校教育失去传承传统文化的机会和能力

学校教育的文化传承功能是极其有限的，教育的文化选择往往会受到主流文化价值取向的影响。针对学校教育的文化选择功能，阿普尔（Apple M.）曾认为："在整个可能获得的知识领域中，只是有限的部分被视为法定知识（Legitimate Knowledge）和'值得'传递给下一代的知识。"[①]在现代学校教育中，教育的文化选择以现代主流文化和都市文化为本位，加上我国现行教育仍以应试和升学为导向，致使文化的多样性在学校教育中难以彰显。面对莽人文化本身的脆弱性，如果不特别保护其传承者和传承环境就很容易催生他们的文化消亡。

首先，现有学校的课程设置使莽人文化失去了传承的机会和平台。到目前为止，莽人地区没有设置学前教育，莽人子女受教育的起点是从义务

---

① ［美］阿普尔：《国家权力和法定知识的政治学》，《华东师范大学学报》（教科版）1992年第 2 期。

教育开始的，而义务教育是国家法定的统一实施的教育，全国的教育教学从内容到方法都趋同。莽人所在地区的学校都是按照教育部颁布的《课程设计方案》进行统一的课程安排，并接受政府的监督和质量评定。在现有的基础教育中，并不能体现莽人地区的文化特征，更不能体现出传统民族文化传承的教育功能，通过下面的表2－5可见：

表2－5　　　　　　　　南科中心完小课程表（三年级）

节数 课程 星期	上午				下午			晚自习
	早读 7:30— 7:50	1 8:00— 8:40	2 8:50— 9:30	3 9:50— 10:30	4 14:00— 14:40	5 14:50— 15:30	6 15:40— 16:20	7 19:00— 20:00
星期一	语文	语文	语文	品德与社会	数学	数学	音乐	
星期二	数学	数学	数学	科学	语文	语文	美术	
星期三	语文	语文	语文	体育	数学	数学	科学	
星期四	数学	数学	数学	数学	语文	语文	美术	
星期五	语文	语文	语文	品德与社会	音乐	体育	班会	
星期六	休息							
星期日	休息							

杨××（班主任）任教科目：语文、体育、美术
高××任教科目：数学、音乐
赵××任教科目：品德与社会
郭××任教科目：科学

从南科中心完小三年级的课程表可见：早读时间学生只能在语文与数学课间轮换，一周共30次课，其中语文课共10节，数学课共9节，语文和数学占据整个课程比例的63.3%，其他的课程一周均只有两节。一是参照他们的考试科目，便能明显地看出现代学校教育的目的与价值取向。在南科中心完小，小学一二年级期末检测只考语文与数学，三至五年级要检测的科目除了语文和数学外，还有科学、品德与社会，但是仍然以语文和数学为主要。把重心都转移到重点考试科目的应对上，没有机会和能力去建设充分自由与灵活的校园文化，去学习和传承包括莽人文化在内的各民族的文化。二是从所设计的课程可见，连续三节课都安排语文或数学，这样容易导致教师授课与学生听课的疲劳感，加上教材内容远离自己的生活环境，是另外的一套文化系统，这也是莽人学生觉得学习枯燥、厌学的原因之一。三是课程安排的时

间上非常紧张，走读的学生每天早上六点多开始上学，一天的时间几乎都是在学校度过，放学后还需完成大量的课外作业，过重的学业负担使莽人学生无暇参加传统的生产生活劳动，继而逐渐远离以生计为载体的文化。四是由于师资力量薄弱，国家规定的课程都仅能勉强完成，更无法开设传统文化的相关课程。据 2010 年底统计，南科完小共有 279 名学生，教师仅有 9 人；上田房小学共有 75 名学生，仅有 4 位教师；平和小学更是一师一校的校点，招收一二年级学生共 20 人。虽然目前在政府的扶持下改善了莽人所在学校的硬件设施，但是没有改变传统文化在学校传承的现状。

其次，寄宿制学校导致"文化断层"现象加剧。寄宿制学校制度的建立有着美好的初衷，并在我国偏远、居住分散的民族地区和农村地区广泛推广，确实解决了学生上学远、上学难的问题，并提高了办学效益。但是也存在着诸多弊端，主要体现在两方面：一是孕育在传统生产生活与风俗习惯中的文化得不到传承；二是莽人自己的语言在学校失去了运用的环境，学生不再愿意甚至逐渐不会说本族的语言。继而隔断了民族传统文化的传承，促使"文化断层"现象加剧。"文化断裂"现象是社会转型时期不同文化之间的冲突所引起的文化时代性变化的反映。[①] 这种现象在莽人整体性迁居与并村，特别是寄宿制学校制度在莽人地区实施后显得尤为突出。由于莽人人口极少，目前只有 688 人，且居住在中越边境上距离学校较远，因此莽人学生多寄宿在学校。在平和村，由于村校点只有一二年级，从三年级开始必须去南科中心完小，加上没有交通工具，走路需 3—4 个小时，因此学生从三年级开始全部住读，一般为每周末回家。莽人学生初中阶段是在金平县八一中学就读，县城距离莽人所在的 3 个村寨约有 80 多公里，学生只能住读，一般为一个月甚至一个学期回家一次。使莽人学生长期脱离本民族的生活环境，远离家庭、社区以及传统的生活方式，接受着现代文化与都市文化。在寄宿制环境下成长的莽人学生对世代相传的技能和生活习惯变得陌生，大多不会传统的生产生活技能，他们向往城市的生活，也希望像其他民族青年一样去城市工作和从事现代性的职业，对本民族的文化认同也随之弱化。在学习和生活中学校都提倡说普通话，为了增进沟通和听懂课程，莽人学生逐渐不再愿意讲自己的语言，而语言的逐渐消失加速了其文化的消失。他们也不再愿意传承传统的

---

① 许苏民：《文化哲学》，上海人民出版社 1990 年版。

生存技能以及孕育的文化，"赖笼"艺术等文化都被年青一代看成是过时的、落后的。同时，由于莽人学生长期寄宿在学校，也没有机会在口耳相传、言传身教的传统教育中学习传统生产生活技能，去潜移默化的传承本族群的传统文化。

2. 现有的家庭教育与社区教育正在淡化传统文化的传承

莽人传统文化传承式微不仅体现在学校教育中，现在的家庭教育和社区教育的传统文化传承功能也在逐渐减弱。一直以来，特别是学校教育进入之前，莽人把家庭教育当成是最重要的教育形式，体现并渗透在生产生活的方方面面，包括劳动技能的训练、日常生活知识的习得、婚育知识的传授、伦理道德思想的培养、风俗习惯民族宗教的传承等，都可以在家庭的代际间潜移默化的传承。传统的社区教育则培养莽人集体劳动、共同分享、共同商议的意识。如分工合作集体狩猎、共同分享猎物，至今莽人的原始共产主义和平均主义思想仍有所保存。同时，莽人传统的节日活动虽然形式较单一，但是参与性较强，使莽人传统的艺术文化得以较完整的保留和传承。

但是，随着在非内动力作用下莽人的整体性迁居和并村，使莽人打破了原有的生活系统。加上在政府扶持下实施的公路、通信等工程，莽人与外界接触日益频繁，对现代文化及其价值观的强大向往也势不可当。以经济发展为准绳的价值观也浸染着莽人，特别是年青一代表现得尤为突出，他们把经济发展作为唯一的目标，认为传统的生计方式和文化都是落后的，甚至还打破诸多世代严守的禁忌，但是随着接受以经济发展为唯一的思想后，就希望大量的开发和利用大自然，而不再去思考人与自然的和谐共存，也就少了那份原初的敬畏之心。传统的艺术更是在新的环境下和价值观下逐步被抛弃和遗忘，代际间、同辈群体间不再传授传承的艺术文化，取而代之的是现代的电视、广播、手机、摩托车等给年轻人带来的乐趣。笔者访谈年近六旬的莽人陈自新（他是目前莽人中为数不多的能熟练吹奏"赖笼"并精通莽人艺术的人），他谈道：

> 我吹"赖笼"的本领是从父亲那里学会的，我年轻的时候，整个寨子的人常常聚在一起说唱、跳舞、吹"赖笼"。现在的生活和我们那时不一样了，年轻人喜欢打扑克、看电视、骑摩托车，他们可以

做的事情变多了，能聚在一起的时间也变少了，很少有人再愿意学吹"赖笼"这些过去的东西。

笔者脑海中还会浮现一个清晰的画面，在访谈结束时陈自新老人手握"赖笼"叹息，摇了摇头说："现在的年轻人基本都不会吹'赖笼'，也没人愿意来学，我也不知道传给谁，可惜了……"

作为年青一代的莽人，他们的思想观念确实与长辈存在着较大的差距，他们更倾向于认同主流文化，并愿意融入现代文化之中。作为一位80后的龙凤村村民小组长罗云翔谈道：

> 我父亲是一位出色的猎人，随着政府带领我们搬出深山之后，打猎的日子便成了历史，开始耕种水田，种植水稻为生，我们也不再需要他传授狩猎技巧。对于父亲而言心里难免有些失落和失望，但是还是希望我们要把日子过好。我的女儿今年已经三岁了，她最喜欢的是看电视里播放的动画片，尤其喜欢里面的"喜洋洋"，还会跟着电视说话和唱歌。我也要努力挣钱，让我的孩子过得更好，等她长大了，就能更好的融入现代社会了。

总之，莽人所在地区现有的学校教育、家庭教育与社区教育在传承传统文化方面的功能都在退化。代表着现代主流文化的学校教育在文化选择中未有机会和能力涉及人口较少的莽人的文化，迁居后的莽人家庭教育与社区教育也随着年青一代思想观念的改变而逐渐抛弃传承传统文化，主动地模仿和学习现代文化的一切表现形式。同时，莽人所在地区的学校与村寨之间也是相互孤立的，部分学校虽然建在村寨里，但是却是处于相对封闭的状态，学校的优质的现代文化资源与村寨丰富的传统文化素材得不到共享、互补，进而莽人所在地区的教育变得枯燥、干瘪、远离生活。受教育者失去学习的兴趣，教育者失去教学的动力，家长失去从教育中获得回报的信心。因此，一个地区的教育除了要完成国家规定的基本教育任务外，还要根据当地发展的实际需求，以当地的传统文化为立足点，加强乡土知识与文化的汲取，才能形成活的教育，有发展动力与前景的教育，受当地人欢迎并愿意主动积极接受的教育。

（三）现有教育缺乏对莽人自主发展意识与能力的培养

解放以来，莽人的发展历程一直都是建立在政府行为基础之上的，是在外推力作用下的外源性发展，久而久之促使他们形成了依赖心理，自主发展意识和能力亦逐渐弱化。自1958年政府动员莽人搬出原始森林在林边合村定居以来，通过不断的发放救济物资、建安居房、开垦田地等方式扶持莽人，莽人能快速地从原始社会直接过渡到现代社会，实现跨越式的发展。虽然政府所采取的各种优惠政策和扶持性措施都有着美好的初衷，但是往往不能达到预期的效果。因为莽人的生存发展问题并未得到实质性的解决，出现了"三次搬迁"的现象，与莽人相邻的苦聪人也有着同样的经历——"三进三出"的搬迁历史。除此之外，马来西亚、泰国等东南亚国家也有一些人口较少民族重新搬回原居住地的现象。这些民族在新的生存环境下难以生存，除了文化的无所适从和文化转型的不适应外，主体性的缺失也是不容置疑的因素，只有在内动力作用下的自主发展才能形成长效机制。可是，目前莽人最大的困惑就在于内源性发展的欠缺，对莽人自主发展意识与能力的培养也较缺失。

1. 缺乏对莽人发展的主体性与自主性意识的培养

首先，莽人的发展主要是以政府行为为主导的发展，莽人的主体性意识未得以彰显。自解放以来，莽人一直生活在政府的扶持与资助中，逐渐地政府行为开始主导着莽人的生活。虽然政府有责任和义务促进莽人的发展，促进各民族间的平等，但是政府部门如果不厘清角色定位的话，就容易形成代替发展、包办发展的问题，就会使受援民族发展的主体性意识被消磨。莽人的发展也一直是政府主导型的发展，从政府决定对莽人实施迁居开始，通过系列政策和扶贫项目，帮助莽人新建安置房、帮他们开田种地，给他们发放牲畜、生产生活用具。同时，为了能督促和指导莽人的发展，政府还会派工作队住进莽人村寨与他们同吃、同住、同劳动。帮助莽人制定和完善各项村规等村民自治规章，诸如牛场坪村的《牛场坪村村规民约》、《金平县金水河镇乌丫坪村委会牛场坪村综合管理办法》、《保证书》等，还有平和村、龙凤村都制定了类似的村规村约，按照政府的要求规范莽人的行为。这一系列的举措使莽人在发展中处于被动状态，不能积极主动的参与政策制定，体现不出他们发展的主体性地位。笔者在田野调查中一些村民反映道：

房子是国家修的，我只管搬进来住，出现屋顶漏雨的情况只能去叫工作队，不是我们自己盖的也不知怎么维修。如果政府不来维修，这个房子以后不能住了我又回到老林去。田坎被泥石流冲垮了，而工作队这几天回县城办事没人来修，稻田都快干了。水渠也由于下雨滑坡堵塞，如果政府再不来清理，堵塞渠道水田断水，今年估计就没有收成。工作队教我们种植草果、香草，学习饲养杂交猪和鸡等，我现在技术还不熟练，希望工作队能在村里多住几年。希望政府一直帮助我们，我们才能很好地发展下去。

其次，政府在对莽人的扶持中，主要侧重于对现有的种植技术和饲养技术进行培训，而未重视从自主发展的思想意识上进行教育。政府主要注重的是物资性的资助，是按照扶贫模式来促进莽人的发展。2008 年政府制定的综合性扶贫规划，概算总投资的 7758.56 万元（人均近 10 万元）主要用于基础设施建设，规划三年完成的工作于 2010 年 3 月全面完成。基本完成通路、通电、通水的工程，新建安居房、开垦水田，发放并推广种植杂交水稻、玉米、杉木、茶叶、草果，发放并扶持饲养杂交猪、鸡等，还统一配备木床、被褥、炊具等生活用品，发放电视机、电话和卫星接收器等通讯设备。在物质的配备上莽人基本解决了温饱问题，目前基本不存在生存的问题。但是"授之于鱼，不如授之于渔"，一些莽人自己也意识到："不能没有就给，这样莽人永远不能实现自己发展。"以前政府也采取过建房、开田，发放救济物资等扶贫措施，扶持莽人饲养牲畜，纠正莽人不良的生活习惯，但是当工作队撤走后，莽人的房子逐渐破烂却无力修补。因不懂现代农业技术而使田地荒芜，发放的救济粮食无法满足需要，而生产的粮食又不够吃，发放的种猪、种鸡要么被宰来吃了，要么因不会饲养死了；工作队离开后继续像以前一样的一日三餐都喝酒……结果证明并未真正改变莽人生存困境的现实，还出现了返贫与返回老林的现象。因此，政府更应重视智力投入，重视莽人自主发展的意识培养。

最后，在学校中学生学习的主动性意识也较弱，把学习看成是一项沉重的任务并选择逃避。莽人学生并未把受教育权作为一项重要的权利去争取和保障，而是选择主动放弃，更把受教育当成是一项义务去被迫的完成。莽人并未把学校教育看成是其成长的必然选择，因此出现一些不适应的情况时他们会很容易选择逃学、辍学。与此同时，根据《义务教育法》的规定，政府和学校都有义务和责任保障适龄儿童、少年接受义务教育的权利，于是在莽人地区学校教师和政府为了督促莽人学生上学，到处寻找学生并送回学校已经成为他们一项重要而艰巨的工作。笔者访谈的一位莽人所在学校的教师谈道：

> 初二上学期开学时来八一中学报到的只有 11 个同学，民族宗教事务局的工作人员把一个莽人学生已送到校门口了，但是无论工作人员怎么劝说甚至拽他都不肯进校。初二第二学期又只有 9 个学生，政府把辍学的学生送到学校，然后又跑了，寻找时，他们见着政府的车，就往山上跑，其中一个学生跑向山上，政府部门去追时，该同学已跑到一处悬崖边无路可逃，他对政府部门说："不读就是不读，再追过来就跳崖。"

政府除了亲自去寻找逃学的莽人学生外，还采取措施督促家长保障学生上学，对不送学生去学校的家长实施象征性的罚款或其他惩罚。莽人管理办公室的一位领导谈到他们的管理办法：

> 在管理方面，工作队、教师配合管理，如果学生不去学校，由教师直接通知工作队，工作队再去做家长的工作。如果是家长不送小孩上学，暂时扣掉一个月的低保，直到改正后才发放，看见别的家都可以领低保也自然会感觉有些丢脸，于是就送小孩去上学。再则，要求家长送小孩上学，否则罚打扫公共卫生，一次不去上学就打扫一个月，两次不去就打扫公共厕所两个月等方法，因此，莽人家长渐渐都愿意送小孩上学，逃学现象也有所减少。之所以要督促家长送子女上学，主要是因为莽人对读书没有动力，不知道读书的作用。因为以前生活在老林之中，以前都没有读过书，不读书也能生活下去，读书也没有给他们带来多大的好处，还是和没读书时一样的生活，所以如果不狠抓就不能实现教育的第一步。

目前，从某种意义上讲，政府采取促使学生受教育的方式还是一种强制性和暂时性的措施，还未能实现莽人自主、自愿的选择接受学校教育。因此，莽人自主发展意识的培养不仅是针对莽人成人在生产生活方面增强自主发展的意识，而且还要培养莽人的青少年一代在学校教育中学会生存之道，懂得自主发展的重要性，并让他们认识到教育促进自主发展方面的功能和作用，从而让他们自觉自愿学习并实现自主发展。

2. 缺乏对莽人自主发展能力的培养

包括莽人在内的人口较少民族发展问题上存在着一个尖锐的矛盾，那就是希望实现自主发展与自主发展动力不足之间的矛盾。长期以来，莽人被视为弱势群体和扶贫帮扶的对象在政府的扶持下生存发展，政府认为，莽人是一个没有自主发展能力的群体，需要政府的援助，因此久而久之莽人也养成了"等、靠、要"的思想，自主发展意识不断弱化，政府行为主导着莽人的发展，缺少对莽人自主发展能力的培养。因而就出现了在政府行为和外力作用下运用主流文化价值观来改造莽人的情况，以莽人之外的一种幸福观和发展标准为依据来评价并改变莽人，在文化骤变之中产生的诸多不适应，结果阻碍了莽人的发展。

首先，莽人还未熟练掌握现代农业和畜牧业的品种与技术，并缺乏种植与饲养能力，这些制约莽人自主发展能力的实现。一位村民反映道：

> 现在的稻谷种子和我们以前的不一样，现在是杂交水稻，技术也不一样，一方面是如果不用农药、化肥就种不出来，没好收成。还有就是由于我们没有文化，不识字，农药和化肥上的说明书看不懂，也不懂如何配备使用，结果用量不对而导致水稻大面积死亡。另一方面是现在杂交水稻种子不能育种，每年都要买，但是种子太贵又买不起多少；现在养的猪、鸡和我们以前的品种也不一样，都是杂交品种，饲养方法也不同，现在需要喂饲料，且不注射防疫针的话容易生病死亡，而因买不起饲料或不懂技术的就只能少饲养或不饲养。

通过政府在总结扶贫科学养殖存在的问题时，可以显现出莽人自主发展能力还不足，需要加强自主发展能力的培养。其问题表现在：一是莽人群众"等、靠、要"的思想和平均主义思想严重，整体文化素质较低，在实际养殖过程中，科学养殖技术接受能力差，很难推广。二是莽人贫困程度深，项目实施时间短，对科技推广、科技服务的深度和力度不够。养殖规模小，科学养殖产生的经济效益和扶贫效益不够明显。三是科学养殖项目的资金少，很难确保养殖的可持续发展。养殖过程中，购买浓缩饲料、兽药等资金短缺，饲喂的饲料单一，致使猪、鸡生长缓慢，抗病能力差。四是畜牧兽医技术的跟踪服务不到位。五是一部分莽人村民由于生活水平低，没有玉米或木薯，因此政府投放的鸡、猪没有喂过能量饲料（即玉米或木薯）。所以，政府部门人员总结得出："莽人村寨不适合大规模推广畜牧养殖项目。甚至有些养殖户没有饲养能力，把政府投放的猪、鸡都杀来吃了。从目前莽人的生产与生活水平来看，只适合养本地猪。"

在莽人迁居转产后，为了提高莽人生产与养殖的产量，大量引进杂交品种以及种植技术。但是莽人长期以来是运用祖辈世代相传的老品种和相适应的技术，这些品种与技术也是在长期的摸索和实验后总结出来的适应当地气候等自然环境的，只是在产量和成长周期上不及现代的杂交品种。因而在生计方式与骤然转产中，莽人还未能形成熟练的现代技术，加上受传统文化的影响，致使在现代社会背景下他们的自主发展能力显得较弱。

其次，学校教育中对学生自主能力培养方面也较欠缺。在现代学校教育的价值取向、教学内容和教学方法上未能与民族的实际需求衔接，体现的是现代文化和都市文化的理念，着力提升的是在现代社会特别是城市中生存的能力培养。现代学校教育的培养目的对于长期处于封闭状态的莽人而言是难以适应的，对于相对自给自足的简单而传统的农耕为生计的莽人而言是可有可无的。在现代学校教育中缺乏根据莽人所在地区的实际设计教育，地方性知识非常欠缺。同时又因世世代代他们都未接受过学校教育，但是他们都一样生存繁衍着，而在解放后短短的近 60 年的时间中他们还未能真正的接受学校教育，即使上过学的回来还是和未上过学的一样劳动和生活，让莽人感受不到学校教育带给他们的变化，未能给他们传授生存与发展的实际能力，因而对学校教育也就失去了激情与动力。一位莽人所在学校的教师谈到他对现有学校教育的看法：

现在学校的教育模式都是大致相同的，每所高校的培养模式也几乎是一样的，边缘山区、民族地区的学生好不容易考进了大学，就业也是大问题，在城市工作缺乏竞争优势，回本地工作没有合适岗位。所以在莽人这些人口较少、地缘偏僻的地方应有独特的边疆教育，并且能应多设置形式多样和灵活的中专职业教育，边疆的教育与其他地区的教育不一样。针对边疆教育的建议和意见，我觉得边疆教育单调，要有条件的话在义务教育阶段要开始培养学生生存意识、生存技能的一些课程，使他们不至于与生活实际脱轨。在师资配备上，莽人所在学校也存在问题，我们是一个教师上一个班的所有课程，每天都是一个教师的声音，学生也听烦了，老师累，学生更累。同时，教师很少能接触到外面的世界，不能上网，上课很少有新鲜感，书本上的知识比较枯燥。对于乡土知识我们教师不懂也没能力教，很多传统的生存技能莽人老百姓比我们熟练，他们不用教都会，如一般的人进老林会挨饿，但是莽人绝不会。

最后，莽人学生主动放弃了更多的受教育机会。因而不能系统的掌握现代社会的知识与技能，继而不能立足于现代社会之中获得自主发展的能力。在义务教育阶段，国家统一实施教育，就课程内容和学校类型方面学生没有太多的教育选择权，因此对于莽人而言这是一个文化适应的挑战，就在义务教育这个环境中，能顺利完成的仅占少数，大部分选择了辍学、逃学。同时，以升学考试为主的筛选方法更使莽人难以通过，能完成义务教育并通过升学考试去更高层次的学生更是凤毛麟角，对于莽人而言这是非常困难的事。通过 2011 年 9 月入学时在校生人数可以说明：

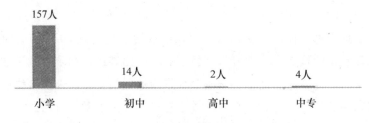

图 2-11　2011 年秋季学期莽人在校人数统计

从以上的图中可以看出莽人学生的失学现象非常严重，要通过升学来改变莽人的生存发展是非常困难的。在目前的教育体制下是要接受完全统一的义务教育之后才能有不同类别学校教育的选择权。即可以选择高中而去接受高等教育，也可以选择中专学习职业技术与技能，而这两种途径都可以实现莽人生活的改变，但是能完成义务教育再顺利考入高中或中专的莽人学生是非常稀少的，莽人总人数的 688 人中仅有 2 名高中生，4 名中专生。而这 2 名高中生和 4 名中专生全来自龙凤村。从经济收入来看，龙凤村也是莽人 3 个村中最好的，如图可见：

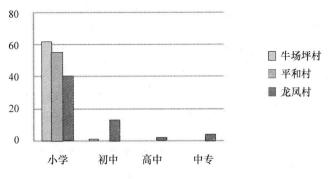

图 2 - 12　2011 年秋季莽人在校人数统计

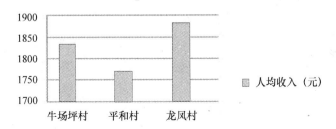

图 2 - 13　2010 年莽人人均收入情况统计

从上图可见，龙凤村不仅是受教育程度最高，而且也是经济发展水平最好的一个莽人村寨。龙凤村的受教育情况较好，不仅体现在是唯一有高中生和中专生的莽人村，而且在初中阶段也是学生数最多的。在八一中学初三年级共 6 个莽人学生，只有 1 位来自牛场坪村，其余 5 名都是龙凤村的，初二年级没有莽人学生，初一年级中 2011 年 9 月入学的 8 名（其中 7 名女生，1 名男生）全是来自龙凤村。再从图 2 - 13 中 2010 年 3 个村的人均收入可见龙凤村是最高的，从笔者了解的家庭条件和人口素质来看，龙凤村也是优于其他两个村，究其原因，八一中学的刘老师谈道：

> 平和村的受教育情况最差，初三年级这届在 2009 年刚入学报到时来的 12 个学生中，到现在一个也没有留下来。原因是平和村合并之前的坪河下寨没有学校，整个村子的人几乎都没接受过学校教育，现在这些学生的基础也很差，学习很吃力，又跟不上，就放弃了。同时，由于平和村地理位置相当偏僻，附近没有别的自然村，祖祖辈辈走出来的很少，很少和外界交流和来往，平和村的学生在校很少和别的同学讲话和交往，显得很孤独。而一个学生都没有走的是龙凤村，主要原因是他们离南科联防村较近，且与苗族、彝族杂居，和其他民族的交往较频繁，也能学习其他民族生存发展的长处。同时到外面其他村寨甚至去县城的交通工具也较方便，加上龙凤村村干部也经常出来与外界交往，在思想认识上要高些，就更容易接受现代社会发展新事物，自主发展能力也增强了，因而他们寨子的经济发展情况远好于其他两个村。

结合上面的分析可以得出莽人发展存在几对联动关系的问题，一是以前接受学校教育较少的，现在依然难以适应学校教育，学业成就和受教育程度较低；二是生存环境越闭塞的地方，受教育的程度就越低；三是受教育程度越高的村寨，经济发展水平也越高，其发展的速度也越快。

莽人受教育程度不仅在于他们的生存环境与学校文化环境有关，还与整个大的政策背景有着密切的关系。在 2008 年大规模的综合扶贫政策实施之前，莽人家庭贫困难以支撑学生上学的费用，同时毕业分配政策也未对莽人这类人口较少民族给予特殊的优惠政策，因此，要通过学校教育培养出一个莽人学生是非常艰难的。目前莽人仅有三位通过接受学校教育中专毕业后获得正式工作的，分别是：刀××，现在是金平县金水河镇镇政府的一名国家公务员；陈××，现在是金平县金水河中学的一名教师；龙××，如今是莽人所在的平和村的教师。

在人口数量极少的莽人地区，莽人更多是要适应现有的现代文化体系才能生存发展，而以现代文化为依托的生存发展意识与能力也是莽人必须要学习的。因为虽然应倡导政府和社会尊重莽人的生计方式和文化形式，使莽人能根据自己的文化自由自主的发展，但是在现代社会强大的动力和冲击力下，人口数量极少的莽人很难抵挡主流文化的冲击，同时莽人的社会系统已不再是封闭的、自成一体的、自我生存繁衍的体系，也已回不到搬迁前的生产生活状态，继而迫使莽人也不得不适应现有的现代文化，否则就难以更好的生存发展。因而在针对莽人之类的人口较少民族制定优惠政策和实施扶持措施时，不单是给予财力、物资的资助，更重要的是要培养他们自主发展的能力。只有培养他们生存之道和自主发展意识才能增强莽人的发展意识，让他们能自愿的主动的学习，而不是以一种被动的身份去参与，也只有加强莽人自主意识的培养，才能实现莽人独立自主的可持续发展。

第三章

生存与文化变迁方式对莽人
教育发展的影响因素

　　人口较少民族教育问题是一个关乎整个民族地区全局性发展的问题，它不仅可以直接开发人力资源、促进社会发展，而且还利用文化传承功能间接实现整个人口较少民族社会系统本土化发展。通过上述的现状及其问题分析可见，莽人现有的发展困境是在非内动力作用下生存环境与生计方式变迁而产生的连锁性新发展问题，是现实生存发展与文化生存发展间的张力及其困境。而现有的教育既未能反映出满足莽人生存发展需求的理念，也未实现对其传统文化的传承，进而没能促使莽人的自主发展乃至保障其发展权的实现。究其原因不仅是由于现有的外部环境、教育系统内部结构等因素所致，更深层和更核心的原因还是文化问题，是文化变迁与文化适应、文化选择与文化自觉的碰撞与磨合的问题。现有以主流文化和都市文化为本位的教育不能解决莽人的发展问题，需要立足于本族文化基础之上的教育才能使莽人实现有根基的自主发展。

一　表层:外部环境因素

　　长期以来，人类都坚持一种单纯地追求生产力提高和经济增长的发展模式，并把教育作为其途径，把人作为工具。因此针对莽人等较弱势的人口较少民族或族群一般都会通过扶贫方式来促进他们的发展，并强调教育的经济功能，可是事实证明，仅仅依靠外推力作用下的扶贫性扶持，并不能真正摆脱贫困，在外动力较弱或消失时会出现返贫现象，甚至出现返回原始森林求生存的现象。

（一）非内动力作用下的扶持使自主发展意识缺失

长期以来莽人是在政府的扶持下生产生活的，政府行为主导着莽人的发展，致使莽人自主发展意识受限，继而容易出现返贫和返迁的现象。在莽人地区政府进行了三次大规模的以迁居为轴心的扶持，政府通过扶贫政策的制定，并发放救济品资助莽人以解决其生存问题，还派遣工作队驻扎在莽人村寨指导并监督莽人以现代社会为基准的发展。

如何缩小民族之间发展差距使各民族共同发展是政府责任的必然选择，但是民族之间的特质决定了发展道路的多样性，如何能在维护民族之间差异性基础上促进各民族适应其特性的发展更是政府责任的核心决策。自解放后政府在莽莽密林中寻找到莽人以来到现在，政府的扶持一直伴随着莽人的发展，政府的每一次扶持都会利用大笔资金为莽人提供大量的物资性援助，用最短的时间让莽人从原始游耕游居过渡到现代化的定耕定居社会，让莽人在最短时间内解决温饱问题。从马斯洛需求层次理论看，处于原始生存状态的莽人的最高需求便是最基本的生理需求，即为能够满足最基本的吃、穿、住、用、行的需要，而这些基本需求政府都能在极短时间内为其实现。因而，莽人对共产党和政府充满了无限的感激。但是，一旦政府不再直接为莽人提供物资性援助，不再为其生产与生活提供直接性的扶持，莽人的生存状况也会在最短时间发生改变，不是往政府期望的正方向发展，而是走向了"返贫困"与再返密林的负方向发展。

莽人综合扶贫项目指挥部的一位负责人也谈道：

> 目前在莽人扶贫措施中最大的不足主要是由于政府进入时间太短，如果工作队不长期留下来，莽人又会回到老寨子去。因为人的意识不是一代和几代人就能形成的，是一个长期的过程，一时是改不过来的。政府首先要做的是要激励莽人对现代知识的渴望，通过教育提升莽人自主发展的能力。

探索莽人原有的生存环境与政府扶持后的生存状态，在这"居而不定、定而不居"的曲折变迁过程中，莽人并未能真正实现社会经济的发展。主要问题在于政府主导型的发展模式，按照改造贫穷落后民族的思维，使莽人缺乏参与意识和自主发展意识，主体性角色严重缺失。就此，云南省一位副省长指出：

> 在综合扶贫中，解决温饱不难，要保持温饱，并长期的发展下去就是难点。同时素质问题也是一大难点，因为人的素质和人的意识的形成是一个漫长的过程，一年的时间能使硬件建设完成，但是难以使莽人在短时期内适应新的环境。因此，政府后面的工作重心就应该落在素质的提高、思想意识的提高方面。

费孝通先生曾提出："在变迁过程中还要充分重视民间社会力量的角色，比'计划社会变迁'的角色远为重要。"[1] 由此可见，政府的主导型发展和整体搬迁的变迁模式虽然能快速地暂时改善民族的发展状况，或者这种模式促进了一部分人口较少民族摆脱原始生存状态逐步走向现代主流社会的发展趋势。但是，这一经验却不能真正促进莽人的发展，其核心原因是莽人的发展有其自然与历史背景的独特性，所以也应有其发展的独特方式。而政府的主导型扶持是基于政府认为莽人的发展是缺乏对现代发达地区发展模式的认识，只能由政府全面介入才能让莽人尽快走向现代主流社会的发展方向。而整体搬迁的发展模式是基于政府认为莽人原有的居住环境不能实现经济社会的发展，因此必须另择有利于发展的地方。

总之，政府认为莽人无力自主发展，只有依靠外推力的政府，莽人才能实现其真正的发展。可事实却并非如此。因此，一方面，如不加强自主发展意识与能力的培养，就容易出现前两次政府扶持后的症状，即"返贫现象"和返回原居住地生存发展的现象；另一方面，在靠政府主导型与整体搬迁模式收效甚微的背景下，必须从经济发展背后的深层次的文化背景等非经济因素去思考莽人需要什么样的发展？怎样才能释放其族群特有的内动力与原动力？怎样才能实现其真正自主的发展？

（二）生存环境与生计方式骤变对生存发展能力的挑战

在非内动力作用下整体搬迁为主的生存环境的骤然变迁，使莽人的生

---

[1]　王铭铭：《村落视野中的文化与权力》，生活·读书·新知三联书店1997年版。

存发展能力受到极大的挑战。莽人的迁居过程是远离原始森林的过程，莽人长期以来生活在莽莽密林之中，与森林依依相生，和自然融为一体。解放后，政府为了推进莽人社会经济的发展，使各民族共同进步和繁荣，曾三次把莽人从密林中搬迁到密林边，但是并未达到预期的发展效果，甚至曾返回密林中求生存。2008 年即最近一次的迁居就是建立在莽人生存与发展困境的基础上而进行的，这次搬迁的选址不再是密林边，而是远离密林另选新址。新安置点牛场坪村距原居住地雷公打牛寨相隔 20 公里左右，步行需两三个小时，由于不通公路，只有崎岖山路，摩托车行驶需 40 分钟左右。安置点主要考虑能拉近莽人与周围其他民族间的距离，能拥有较便利的交通，促进与外界交往的机会，于是选址在上田房村。该村主要是苗族为主的村寨，莽人并未散居于上田房已有的村落中，而是独立建立村寨——牛场坪村，该村距上田房村委会约 3 公里；新安置点平和村距老寨约 30 公里，步行需三四个小时，新址也是独立建村，与附近其他村寨相隔较远。同时，由于安置点附近已全是由荒山开垦的田地，因而周围没有森林覆盖，对于长期处于森林掩映下的莽人而言是一种挑战。笔者在调研时，一莽人初中学生讲述道：

> 过去我们所居住的地方呈现出生机勃勃的景象，山清水秀、鸟语花香，构成了人与自然和谐相处的良好关系，我爱我们过去的莽人村。

通过迁居等形式除了使莽人离开原有的生存环境，生计方式也发生了骤变。他们从游耕游居转向定耕定居，从刀耕火种到精细化水田耕种，"弃猎从耕"，生计方式从传统向现代的转化是跨越式的，对于世世代代业已形成的传统生产方式和生产技术的人口较少民族而言，要转化到新的现代化的生产方式与技术上来，是一个艰难的适应过程。《扶持人口较少民族发展规划（2011—2015 年）》指出："人口较少民族聚居区农业产业化程度低，二、三产业发展滞后，特色产业规模小，农民增收渠道狭窄。"特别是在全球化背景下要求生产应具有商品化、专业化和国际化，对于文化素质相对较低的莽人而言无疑是一个生存方式的挑战。必须要尽快适应新的生计方式，培养自主生存发展能力，否则就会在新的生计方式下降低或失去生存能力，威胁到莽人的生存与发展。

二 中层:教育系统内部结构因素

教育发展困境除了受外部环境因素的影响外,主要还是来源于教育系统内部结构的冲突,包括传统教育形式与现代教育形式的冲突,学校教育与学校外教育的碰撞,现代学校教育内部主体、内容与方式等要素间的矛盾。只有深入地从不同角度、各个层面剖析莽人教育系统内部结构的冲突,才能使教育系统拥有动力机制,促使莽人教育的发展,继而实现莽人整体性发展。

(一) 传统与现代两种教育文化的交流与碰撞

著名人类学家博厄斯(Franz Boas)以人类统计学的客观方法论证了人并非完全由遗传决定的,环境对人的教育有着极其重要的作用。教育是在一定环境中产生并发展的,其环境主要为自然因素与社会因素相互渗透交织,物质因素与精神因素相互融通的复合生态环境。教育的生态环境是对教育的产生、存在和发展起着制约和调控的多维与多元的系统,教育的发展离不开这个系统。[①] 教育的特征也由此系统生发,并随着该系统的变化而逐渐演变。

从莽人的生存环境可见其教育的生长过程。在我国解放前,莽人没有引入现代学校教育,加之莽人是有语言无文字的族群,因而教育方式主要是口耳相传。同时,由于莽人处于偏僻和外界隔绝的地区,其教育主要是通过家庭、村社群体和宗教组织等形式来进行。直到 20 世纪 50 年代末至 60 年代初期,现代学校教育才逐步进入莽人地区,自现代学校教育推行之日起,就作为民族地区主要的教育形式,并逐步取代民族教育的部分功能。但是现代学校教育在莽人地区的发展也并非十分顺利。笔者调研的莽人学生辍学率和失学率较高,且对学校教育缺乏自觉、自主意识和兴趣,这种现象在其他人口较少民族中也很普遍。

可见,在以学校教育为主要教育方式的当下,学校教育并非唯一的教育方式,传统教育仍然在莽人地区有着不可替代的地位,仍在莽人社会中发挥着重要的作用。传统教育与现代学校教育在莽人地区处于并存的状

---

① 林耀华:《民族学通论》,中央民族大学出版社 2003 年版。

态，体现出彼此博弈又相互交织的特点，并且这种状态还将长期存在着。

（二）教育主体独特性与教育同质化的交锋

莽人作为人口较少民族的组成部分，一个显著特点就是人口数量少。作为布朗族一个支系的莽人目前只有 688 人，处于相对封闭状态的各族群在自己的社会体系内生存繁衍，传承各自独有的文化，并有着本族群特有的语言、习俗等文化。

虽然莽人人口少，且有语言无文字，但是他们在相对集中的组织里依然能世代传承自己的文化。在现代文化冲击之前他们的文化都保存得很完整，是人类难得的活化石。主要是因为：一方面他们拥有着广泛、开放而又灵活的教育形式，生产生活的田间地里、火塘边，以及生育、婚礼、葬礼、祭祀、节日等仪式中都蕴含着丰富的教育，整个教育与人们的日常生产生活融为一体，充分彰显了教育即一切实践活动的本真；另一方面莽人的传统教育没有专职的教育者与受教育者，所有的人都有受教育的权利，不分年龄与性别，没有专门花钱、花时间接受教育的困扰。从人出生到成年，结婚生子再到与世辞别的每个阶段都孕育着教育，教育伴随着每时每刻的生产生活中，在潜移默化中将自然的人"化"为社会的人。一直以来，莽人都在这种自然状态下的教育中生存与发展着。

社会结构的变化不得不让封存已久的莽人被动或主动地接受现代文明，但是以传承现代文明为主的学校教育的发展却面临着莽人独特的族群特征的挑战。特别是在解放后，为了促进各民族的繁荣发展，其中在莽人地区大量开办现代化学校是一个重要的举措，现代学校教育的进入无疑是莽人教育历史上的一次重大变革。可莽人已经习惯了原有非系统化的、无计划和目的、无专职教师的分散的教育形式。对集中的、有计划和目的、有专职教师并对受教育者有一定限制性的系统的教育感到不适应。因而，学校教育在莽人地区遭遇了停办与重办往返交替的命运。学校教育也尝试适应这些地区人们独特的教育习惯，采取了分散与集中办学，单式教学与复式教学结合等形式的改革，都未取得理想效果。其主要原因在于莽人人数少，对集中办学和传承主流文化为核心的现代学校教育而言很难为莽人开设单独的教材、学校、课程与授课语言，只能是与其他附近的民族共处一所学校。特别是寄宿制学校盛行后，政府为解决民族地区独特而复杂的教育找到了一条出路，但这种集中办学在莽人地区却产生了诸多新问题：一是莽人聚居区较偏远，距离学校较远，导致学生上学不方便，进而导致一些学生特别是年龄较小的学生不愿去学校；二是莽人长期处于封闭的生存环境中，很少与外界接触，在学校中他们不善于或羞于同其他族的同学和教师交往，在同辈群体中显得性格较孤僻而不能体会学校生活的快乐，于是选择离开学校；三是在学校教育中，一般采用班级授课制，有严格的课堂授课时间、课堂行为规范以及学生行为准则，这些制度化的约束对莽人来说都是难以接受的。他们已经习惯了村寨中自由自在的生活方式和教育方式，在二者的比较与选择中，很多莽人学生选择辍学回家；四是莽人虽然在自成一体的社会系统内创造并传承自己独有的文化，但是其文化一般都较简单和脆弱，一旦有外界文化的碰撞便不堪一击。现在学校制度带着现代文明的理念在莽人地区传播着，特别是在与莽人赖以生存的传统环境相对较隔绝的寄宿制学校里，莽人学生的传统教育被割断，接受的是以现代生活为基础的现代教育。因而学生在现代教育中慢慢脱离传统文化，甚至从进化论的观念认为自己原有的文化是愚昧和落后的，开始在反思中鄙视自己的文化，这就导致莽人聚集其独特智慧的传统文化在现代文明面前不断式微甚至走向灭亡。

总之，莽人独特的个性、心理、文化、教育观念和传统教育方式，以及人口少而分散的现实，对现代学校教育的顺利实施是一大艰难的挑战。

（三）现代学校教育需求不强的现实性

一定的教育内容总是与一定的生计方式相匹配的，教育需求的层次决定了对教育需求的内容。莽人在相对封闭和流动性小的社会环境中，以刀耕火种、采集狩猎等较简单的生计方式来维系整个族群的生存与发展，并形成与此生计方式为轴心的社会组织。因而其中教育的核心便是有关此类生产生活技能的习得，同时与该族群的伦理道德、风俗习惯、宗教仪式、社会规范一道构成了其教育的重要内容。这些教育内容的习得往往不需要特设专门的教育机构，青少年通过生产生活中各种形式的潜移默化、耳濡目染便能掌握，并能及时运用到生产生活中。

从原始社会骤变到现代社会，超常规的跨越使莽人对现代学校教育的认识不深刻，对学校教育的需求仍然不强。当学校所学知识与实际生产生活格格不入，或者对个人和群体的未来发展没有帮助时，学校教育就变成了被动接受的任务了。这主要是因为：第一，莽人普遍从事的是较简单的生产与生活，不需要学校教育也能完成；第二，学校教育内容与当下的生产与生活是两个不同层面的形态，他们觉得学校教育的内容与他们实际生活脱轨，强烈的陌生感使学生们对学校教育保持着一定的距离。同时对现代教育的需求不强烈，只需要能满足他们所需要的生产技能、生活常识和风俗文化常识即可；第三，缺乏对现代学校教育的充分认识，其起点还是因为需求关系，但也与学校教育本身的缺陷有关，现代学校教育讲求科学的教学方法，以现代科学技术和文明思想为主体的教育内容。学校教育内容如按统一的标准设置，不满足独特受教育者的需求，必定会遭遇挫折，也会使受教育者形成既不能融入主流民族社会又不懂传统生产生活的尴尬境地。笔者在访谈莽人时一位家长谈道："我娃娃一去学校就开始变懒了，回家什么活都不干，读到初二出去打工，没两个月就回家了，现在在家田地的活都不愿干也不会干，整天东游西荡，读这么多书有什么用……"这种思想意识较普遍，"读书无用论"的思想在莽人地区尤其严重。笔者在莽人村寨调研时发现，家长每天都拿钱去买酒喝，也不愿给在学校读书的小孩几元生活费或零花钱，致使小孩辍学在家。可见，要让莽人对现代学校教育产生强烈的需求还需要较长的时间。

（四）生存发展为主的教育理念的缺失

教育理念是多元的，同时任何一种教育理念都是因地制宜的。因为它面临的教育环境、教育主体与教育内容都是复杂而多样的，只有满足教育主体需求的教育理念才能真正的实现教育的顺利发展，促进教育主体及其所依附的社会的长足发展，才能彰显教育本有的功能。作为教育主体的莽人，其文化、人口在社会变革中凸显的特殊性决定了其教育理念的独特性，文化与人口的特殊性表现在：莽人族群生命体的生存发展与文化生存发展都需要与之相适应的教育理念。首先，莽人人口危机威胁到族群生命体的生存发展。社会转型或变革导致莽人的人口危机，莽人曾一度出现人口负增长的现象，这需要利用多样的教育形式，以实现人口数量与质量的健康提升。每一次的社会变革都会使莽人面临着文化、规则的重新适应和更新，在这个艰难的适应过程中必然导致原有系统的失衡和破坏，因而人口自然增长便受到了极大的压制；其次，现代化浪潮冲击下莽人面临着文化生存发展危机，需要调整现有教育理念。费孝通先生曾感叹人口较少民族在全球化的浪潮中"根蒂不深"，主要是指这些民族或族群的传统文化普遍相对简单，经不起现代化和全球化浪潮的冲击，影响到人口较少民族的生存与发展，这也是教育应该着重关注的问题。莽人在生存与繁衍的历史长河中创造了独具特色的物质和精神文化，他们的语言、生产生活方式、习俗礼仪、宗教信仰、认知智慧、心理情感，乃至服饰、饮食、建筑、文学艺术、音乐舞蹈等都各具特色，是世界民族和人类文化不可缺失的重要组成部分。然而，有学者认为，在全球化浪潮中，在社会转型时期，以经济发展为核心的发展理念使莽人面临着社会压力与严峻的生态和生存危机，贫富差距的不断扩大，使较为落后的人口较少民族处于相对弱势，被沦为社会边缘和依附型群体。① 特别是政府的指导性变迁等系列的扶持政策实施以来，莽人实现了外源性的社会变革，迅速从游耕游居转变到定耕定居，"禁猎转产"等使传统生计方式发生转变，整体性迁居远离原来长期赖以生存的环境，导致了对新的生计方式与新环境的不适应，同时传统文化在发生着变化甚至丢失。目前很多人口较少民族的传统文化中断了自然演进的过程，面临着濒危或消亡。

趋同性的教育理念难以满足莽人生存发展的需求。在当下以现代学校教育为主导的形式下，传统的各种教育功能已经逐渐让渡给了现代学校教育。而目前莽人所在的人口较少民族地区的教育理念与其他地区的没什么实质区别，出现了"一刀切"的现象，都是以主流文化为标准的教育发展理念。因此不得不思考新形式下学校教育该如何定位自己的角色，传统的家庭教育、社会教育等其他形式的教育在当下又应该如何发挥应有的作用，这对人口较少民族而言是一种全新的教育理念。无论如何，当下人口较少民族地区必须要围绕改善其生存与发展状况为核心来确定教育理念，现代学校教育不能完全取代传统的各种教育形式，只有现代学校教育与传统教育形式相结合来制定教育理念，才能实现莽人乃至整个人口较少民族传统文化与现代文化的有机融合，促使其顺利地完成社会转型，保障其生

---

① 何群：《环境、文化与小民族的特有发展难题》，载何群《土著民族与小民族生存发展问题研究》，中央民族大学出版社 2006 年版。

存发展而不至于濒危乃至灭亡。

三　深层:文化因素

文化不仅通过制度、人口、教育等非经济因素对社会发展起作用,而且作为一种生存方式直接作用于整体社会发展。"一个社会的贫困虽然表现为经济和物质的匮乏,但这种贫困的背后却有着深刻的文化背景和根源,如果要从根本上消除贫困,就要从改变他的文化入手。"① 因为文化是在漫长的历史演变中一种稳定的生存方式和生存模式,是作为一种内在性和机理性的意识融入人类生活之中,只有作为整体的文化发展了,才能真正实现自然发展、社会发展与人的发展的和谐统一。文化在人类生存发展中的至关重要性,美国政治学者萨缪尔·亨廷顿(Samuel Huntington)认为全球化时代已到来的同时也意识到,"在现代这个时代里,基本的冲突根源主要不是经济的或意识形态的,而是文化上的"②。正因为在全球化时代背景下,主流文化和强势文化的冲击使一些文化相对脆弱和简单的民族或族群面临着文化变迁与文化适应的问题,同时面临着文化选择与文化自觉的困境,但是这些都是历史发展的必然,因为文化并不是一个已经完成的产品,而是一个过程。③ 在此背景下,唯有增强诸如莽人之类的民族或族群的文化适应能力和文化自觉意识,才能保障他们不至于走向文化消亡甚至民族消失的边缘,维持其原有文化特性的生存发展。

(一) 文化变迁与文化适应的碰撞与磨合

探索教育促进莽人发展的动力与途径的问题时,不能仅仅把目光局限在学校教育,乃至家庭教育与社区教育本身的局限性中去寻找原因。而是应把视野扩展到它们所赖以存在和发展的文化大背景中,扩展到社会发展、文化、教育之间在变化中的相互作用与相互影响,进行动态的、系统的剖析核心层原因。目前莽人主要是在非内动力作用下通过政府行为实现

---

① 李亦园:《人类的视野》,上海文艺出版社1996年版。
② [美] 塞缪尔·亨廷顿:《文明的冲突与世界秩序的重建》,新华出版社1998年版。
③ 联合国教科文组织:《世界文化报告——文化的多样性、冲突与多元共存 (2000)》,北京大学出版社2002年版。

的文化变迁，因而在这种外源性的文化变迁模式下的文化适应是一个复杂的问题，文化的难以适应进而会促使莽人承受着文化边缘化的危害。20世纪30年代由美国人类学家罗伯特·雷德菲尔德（Robert Redfield）等人共同发表了《文化适应研究备忘录》（*Memorandum for the Study of Accultu-ration*），将"文化适应"引入文化人类学研究领域并提出了"文化适应"的概念："当具有不同文化的各群体进行直接的、持续的接触之后，双方或一方原有文化模式因之而发生的变迁。"① 因此，文化变迁必然引起新的文化调适与文化适应，在自然调适与社会调适的双重调适中，无论谁或任何形式在双向调适中有失偏颇就会导致人类的灾难。同时不同民族或族群在文化调适中因生存环境的不同，和文化调适的主体与方式的不同，其进程、结果也会绝不相同的，会表征出文化适应能力、适应机会等问题。费孝通先生也曾谈到，诸如赫哲族这类人口较少民族只有从文化转型上求生路，要善于发挥原有文化的特长，才能求得民族的生存与发展。② 基于此，笔者通过分析文化变迁主体、方式与内容观照下的文化适应的能力、机会和程度，解析莽人文化变迁与文化适应之间的张力。

1. 文化变迁的主体决定文化适应的能力

在文化变迁中不同的主体有着各异的文化适应能力，因而分析文化变迁下的文化适应问题必先要透视其主体在文化变迁中的适应能力。莽人作为文化变迁的主体有其独特的族群特征、人口特征等，保存着浓厚的原始部落性格，在文化变迁中决定着其文化的适应能力，数量极少的莽人的人口问题在文化变迁中制约着其文化适应能力。

首先，莽人的族群性格特征在文化变迁中制约着其文化适应能力。一是莽人长期与深山密林为伴而习惯于大山的寂寞，长期的狩猎与采集生活使他们形成了沉默寡言的性格。同时很少与外界交流和接触，在面对陌生人或事物时会表现出本能的胆怯心理。生存环境、生计方式与生活方式决定了莽人的性格，性格的形成是一个漫长的过程，继而也很难在短时间内改变。解放前，莽人一直生活在中越边境哀牢山腹地的深山密林中，过着

---

① ［美］罗伯特·雷德菲尔德、R. 林顿、M. 赫尔科维茨：《文化适应研究备忘录》，载黄东平《七洲洋外》，中国友谊出版公司1986年版。

② 费孝通：《费孝通文集》（第16卷），群言出版社2004年版。

采集狩猎的游耕游居的生活，因而未形成聚居的社区，常年穿行在老林之中，有了与大自然相协调的语言体系、行为体系和性格特征。而在整体搬迁与并村之后，特别是 2008 年以来在中央高度重视下展开的莽人综合扶贫工程实施以来，莽人的新安置点远离深山密林，不再与大自然为伴而转向与附近村寨的其他民族交往，与进入莽人村寨的政府工作人员、媒体人士、商人、调研考察人员等社会各类人群的交往，加上交通与通信的畅通已使莽人的生存环境发生了彻底的改变，使莽人的村寨不能再还原到以前的安静状态，而莽人的性格却一时难以改变。笔者在田野调查期间发现，莽人其实并不喜欢外界来打扰他们的生活，当有陌生人穿行在他们寨子时他们会变得很不自在。笔者刚进村寨调研时和他们不熟悉，当笔者访谈时，一些村民就会选择避开或跑得远远的，一些村民会一直低着头不愿回答任何问题，有一些村民只回答"不知道"……总之，他们不会主动与陌生人交往。经过一段时间后，他们熟悉我并接纳了我，还把我当成他们的好朋友甚至是自己人，并愿意诉说他们的心声。可想而知，虽然生存环境可以骤变，但是人的性格改变是不能一蹴而就的，莽人与大山为伴形成的寡言与胆怯的性格在现代社会中使其难以适应，因而也制约着文化适应能力；二是莽人长期以来养成的欠缺积蓄意识的习惯，在现代社会中难以实现持续发展。由于莽人长期生活在原始密林之中，大自然给予了莽人丰富的资源，他们吃了上顿再接着找下顿的食物几乎不成问题，很少会出现有人因饥饿而死亡的现象。同时集体劳作与共同分享的原始共产思想和平均主义思想也使得莽人很难有积蓄，加上莽人的自然村落都是由同一家族或有姻亲关系的几户人家共同组成的，同一村寨都是亲友，互相帮助与集体协作促使他们养成了谁家有就到谁家去吃的习惯。虽然政府部门一直倡导改变这种风俗习惯，这种共产与平均主义思想也有所减少，但是并未能根除。因而下山定居后，粮食不够吃又只有离开定居点上山找食物，继而使定居难以巩固。

其次，是莽人的人口问题制约着其文化适应能力。人口数量较少的民族或族群在整个生存与发展的竞争中处于弱势地位，人口数量少使得群体力量单薄。同时在面对强势文化的冲击时也会因人口数量较少的问题致使对外来文化的抵御能力减弱，相应的文化适应能力也受到限制。就莽人这个群体而言，从人口数量上看莽人是一个人口极少的群体，且增幅不大。如图 3－1 所示：

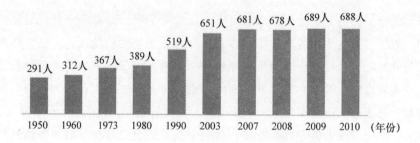

图 3 - 1　1950—2010 年莽人人口数量变化情况

60 年来由于莽人的人口基数较小，据 1950 年统计，仅有 291 人，到 2010 年人口总数只有 688 人，仅增长 397 人。就其人口增长缓慢的问题，原因主要有：一是因为莽人长期处于封闭状态，经济条件较差，致使抚养能力不强而导致婴幼儿死亡现象较普遍；二是几乎长期与外界隔绝，与其他民族通婚极少，族内通婚使人口增幅小；三是莽人未有科学生育知识和技术，医疗条件差也导致人口增长缓慢；四是莽人传统的生育习俗致使婴儿成活率较低。笔者在访谈莽人综合扶贫办公室的一位负责人时，他还谈到莽人曾经一度出现过负增长情况的原因：

　　主要原因是在划定国界时，把老林中生活在中国境内的莽人认定为中国人，由于他们地处深山老林，离金平县内的市场较远，道路不通，路途较远，而与越南边境的莽人离得较近，又是一个族群，因此，有些搬迁到了越南；其次，莽人不会讲汉话，处于封闭状态，不与外族通婚，近亲结婚使生育能力与生育质量受影响；再次，按照莽人的风俗，小孩生下来就用冷水洗澡，满月就用筷子沾酒在小孩舌头上以辟邪，乱用草药等，致使人口出现了负增长。

在人口质量方面，一是莽人的族内通婚使整体人口质量出现问题。历史证明，一些民族由于坚持族内通婚而使该民族越来越萎缩、衰落，最终消失在人类历史的长河之中。而生物科学也证实，与外族通婚有利于族群或种族发展的科学选择。随着与外界接触日益频繁，莽人女子嫁到附近其他村寨或外地的现象增多，莽人男子娶不到媳妇，使莽人男子的婚姻日益出现问题，莽人男女比例失调逐渐呈现人口发展危机。到目前为止，莽人男子还没有与其他民族的通婚，都是莽人内部通婚，极少数越南女子嫁给莽人，也都是边境上属于莽人一个族群的。而莽人女子随着与外界接触的不断加强，更多的女子都嫁到了其他民族，甚至是广州、四川、重庆等地，她们也愿意嫁出去。据 2011 年 6 月笔者统计，莽人女子嫁出去的情况为：牛场坪村嫁到外省的有 9 人，嫁到附近其他民族的有 15 人；平和村嫁到外地的有 17 人，嫁到附近的有 11 人；龙凤村嫁到外地的有 10 人，嫁到附近民族的有 17 人。而至今未有一个其他民族的女子嫁给莽人，据笔者了解，也没有女子愿意嫁给莽人。主要原因是他们认为莽人落后、封闭、好吃懒做、不讲卫生、没有文化、不识字等。导致目前莽人男子只能与本寨子的女孩结婚，或者娶临近越南的女子。这就导致了一个严重的近亲结婚的现象，本来莽人人口就少，难免会与自己的亲戚结下姻缘。因而，莽人的族群特征目前还保存得很完好，从外貌、行为、语言等举动很容易识别。但近亲结婚出现了诸如说话不伶俐、智障等近亲生育的问题。除了近亲结婚现象严重外，还因莽人女子大量外嫁，男子找不到媳妇，出现了性别失调的现象，致使莽人的人口生存发展存在危机；二是莽人早婚早孕现象严重。在莽人村子里，正在读小学的女学生，因早恋，15 岁左右就怀孕的也不少。笔者在调研时，访谈到一位读五年级的女学生时，她说自己不愿读书了，问其想干什么时，她回答想嫁人了。工作队去村里调研时，路边询问一位 21 岁的正在割草的小伙子，想叫其帮忙去找他父亲来谈话时，他说："不用找了，我就是父亲了，且是两个小孩的父亲。"早孕早育也是导致莽人人口质量不能提高的重要因素，只有提高莽人的整体素质和意识，才能使莽人有科学生育与养育的习惯，使其人口质量从源头上有所提升，也才能应对文化变迁，增强文化适应的能力，保障其生存发展与发展权的实现。

莽人人口质量的另一方面体现在莽人的整体文化素质较差，不能较好地适应现代知识经济时代，使其文化适应能力受到极大限制。由于长期以来莽人地区未有现代学校教育，都是在口耳相传的方式下通过传统教育进行传统文化的传承，在封闭的状态下生存与繁衍着。在非内动力的政府扶持下，莽人虽然由原始社会一步跨入现代社会，但生产力发展水平不可能随着社会形态的跨越发生飞跃。在没有强大外力推动的情况下，历史上形成的落后陈旧的生产方式、思想观念和陈规陋习根深蒂固。至今，"有肉大家吃、有酒大家喝、有饭大家饱、无饭大家饿"的原始平均主义思想在莽人生活中仍然较为普遍，大多数人自力更生意识不强，"等、靠、要"的思想较为突出，而且普遍喜好嗜酒，身体素质较差。由于教育文化落后，据 2008 年统计，莽人人口中 16—60 岁的文盲占 75.6%。688 位莽人中出来参加工作的只有 3 人，其文化结构均为中专。越是偏远和贫困的地区越缺乏接受学校教育的场所和机会，也阻碍着现代文化的传播和现代科学技术的发展，使其在现代社会中的生存发展能力受限制，继而是文化适应能力受到约束。

2. 文化变迁的方式影响文化适应的机会

莽人的文化变迁方式主要是外源性的以政府行为为主的变迁模式，因而使莽人的文化适应机会受到一定限制。从 20 世纪 50 年代末开始，政府一直通过扶贫方式为主的优惠政策和扶持措施解决莽人的生存和发展问题，而扶贫方式从某种意义上讲是一种指导变迁或计划变迁的模式。指导变迁，是个人或群体主动地或有目的地介入到另一个民族的技术、社会组织和思想习俗之中，也称为计划变迁。① 这种变迁模式体现的是一种外部机制对后进发展群体的人文关怀，这是在贫困地区、民族地区、农村地区较常见的一种扶贫模式，也是导致受援地区文化迅速发生变化的主要因素。

首先，单纯以扶贫救济为主的政府扶持方式，容易使莽人产生依赖心理，且使其主体性缺失，不利于莽人文化适应机会的获得和拥有。长期以来莽人都依靠莽莽密林中丰富的资源维持生计，过着采集狩猎、游耕游居的生活。随着政府把莽人迁出密林在林边定居后，莽人仍然以刀耕火种和粗放型耕作为主，因此，一直以来政府针对莽人实施的是扶贫政策和措施，主要是给予适当的生活救济。但是每次优惠政策和扶持措施都未能收到预期效果，未能彻底解决莽人的生存发展问题。其关键就是政府在莽人的生活上照顾得较多，对于自主发展能力的培养投入较少。因此，经常出现暂时性的脱贫，而在政府不再持续扶持的情况下就会回到原有的生活状态。久而久之，形成了依赖心理，"无吃无穿找政府"这是莽人的普遍想法，而政府的救济与扶持又往往能满足莽人的最低生活要求。因此在莽人自己不工作或不劳动情况下就能生存下去，使得他们养成了不劳而获的习惯，自主发展意识也日益消减。

其次，在政府行为主导的莽人发展历程中，莽人的主体性缺失对文化适

---

① 周卫、张铁道、刘文璞：《中国西部女童教育的困境与出路》，《青年研究》1994 年第 11 期。

应机会的获取造成了不利影响。一个民族的主体性地位在文化变迁中起着至
关重要的作用，在文化变迁的过程中，非内动力作用下的政府和其他外来主
体必须要尽可能的尊重和关注当地民族的实际需求和文化特征。并赋予受援
民族主体性，引导他们积极参与到政府变迁计划中来，培养他们自主参与和
自主发展的意识，而不仅仅是把他们视为变迁的对象，按照主流文化和其他
主体民族的标准来规划发展，这样往往会出现事倍功半的问题，不能与受援
民族的需求保持一致。通过莽人乃至与其比邻的苦聪人，还有国内外其他人
口较少民族在政府作用下实施的迁居等优惠政策和扶持措施可见，政府和其
他外来主体在该类民族地区的开发或发展计划往往并未能达到预期效果，甚
至是失败的。列维—斯特劳斯在他的著作《忧郁的热带》中分析人口较少民
族继续生存的客观问题时谈道："在他们与文明的接触过程中，原住民采取的
行为是只留下巴西的斧头、刀子、针和衣服。其他方面的实验全部都失败了。
替他们盖了房子，但是他们依然继续露天而宿。想使他们定居于村落里面，
结果他们继续迁徙不定。他们把政府发放的床剖开当柴烧，睡在地板上。政
府给他们送的整群乳牛都任其游荡，因为原住民觉得牛肉牛奶都令人作呕。"①
主要原因是外来主体是在外源性动力下完全按照自己的愿望和标准对受援民
族进行扶持，继而导致了当地民族主体性的缺失。在莽人定居与返回森林的
整个过程中，政府首先是通过跨越式发展使莽人从原始社会直接过渡到现代
社会，并使其定居林边，而后继续迁居远离密林。在迁居到新环境后政府考
虑到莽人不可能在短时间内适应新的生存环境，因而往往通过发放救济粮、
生产生活用具、家禽牲畜等方式满足莽人的吃、穿、住等基本的生存需求，
政府多采用不断的"输血式"救济来解决莽人生存发展问题。对政府行为主
导的扶贫模式，附近其他村民也认为："不能没有就扶持，不是只用物资和资
金就能解决莽人的发展问题。"同时红河学院研究莽人的一位学者针对政府的
扶贫政策也提出了自己的看法：

　　一是不应该直接性的提供资金、物资资助，而是应该发展产业，
因为直接性的资助，莽人觉得已经有钱了，可以不用做事就能生存下
去，既而产生了依赖心理；二是政策的制定与实施不能只是暂时性的

---

① ［法］克洛德·列维—斯特劳斯：《忧郁的热带》，王志明译，中国人民大学出版社2009年版。

和功利性的，应该寻找可行性、长久性的政策，才能有助于可持续的发展，如在当地集中形成产业，为年轻人提供技术培训，而后返回本地发展；三是如果只有暂时性的扶贫政策的推动，莽人地区不会有太大的发展前景，没有科学的管理和科学的技术，加上莽人文化的逐渐消亡，发展缺乏扎实的根基。

因此，在非内动力作用下的政府行为主导的扶持和救济使很大部分莽人失去了生产、生活的主动性，主体性的缺失使莽人变得非常懒散，在外界不能持续供给时就会出现返贫或重新上山的现象。在外源性的发展中，莽人虽然表面上实现了下山定耕定居的生计方式，但是他们的文化却无从适应，不仅仅是文化转型的不适应，而且更是主体性缺失而导致的文化适应机会的缺失。

3. 文化变迁的内容制约文化适应的程度

一个民族或族群的文化变迁会促使文化适应问题的产生，同时文化变迁的不同层面和所涵盖的内容也会制约着文化适应的程度。如是文化外围与表层的变迁则会使文化适应是更高层次的且易成功，如是触及文化内核与深层的变迁则会使文化适应，容易是表层化的且易失败。在文化适应的四种方式中，一般认为文化融合是最成功也是最理想的文化适应方式，而最无效的或最失败的是文化适应方式的边缘化。文化变迁多是源自于生存环境、生产技术、经济发展、人口结构、非物质文化、文化进程等方面，在人口较少民族地区对其生产生活质量的提升或是生计方式的变迁多是一种物质文化层面的文化变迁，不会粉碎整个民族或族群的文化系统且易促使文化融合。而在非内动力作用下骤然地对人口较少民族的生存环境的整体变迁、社会组织结构的变迁与重建、风俗禁忌废弃等方面的做法是对文化内核的彻底粉碎，是对原有文化从环境、载体与主体的彻底颠覆，这种文化适应容易使文化边缘化。同时，有学者认为，"社会结构的变迁如果和文化相冲突，其变迁速度将会非常缓慢"①。文化变迁本来就是一个渐变的过程，在外部社会转型的骤变之下容易导致文化适应的失败，也阻碍整个民族或族群的生存发展进程。

———————————

① ［美］戴维·波普诺：《社会学》（第十版），李强等译，中国人民大学出版社1999年版。

来自人口较少民族文化的成员，既不鼓励保留自己的文化准则，也不被接纳融入主流文化，就容易产生边缘化的文化适应，成为文化的边缘人。他们寄托在两个不同的群体中，但又不完全属于哪一方，处于一种文化群体的过渡阶段，像莽人目前就处于这一个阶段。而处于过渡群体的人则在文化适应过程中产生人格冲突与解体的迹象："处于过渡中的这些人，正如到处都有的那些迷路的人们一样，对于他们来说，传统文化的目标还是新的文化目标，对于他们而言都是没有意义的。"① 莽人长达半个多世纪都在政府扶持与帮助下欲过上幸福生活，解决生存发展问题，党和政府也付出了巨大的努力，但是收效甚微。除了莽人的发展主要依靠外源性动力的政府力量以外，主要是在扶贫过程中触到了莽人文化的内核，而文化转型不可能是一蹴而就的，它是一个渐变的过程。加上对文化内核的撞击就使得接受文化转型的滞后性更强，更不容易与暂时性、骤变性的扶持项目和外部环境的转变相协调，且促使其协调的整个适应过程是长期性的，很难在短时期内和谐的转换。另外，在文化转型与变迁的整个漫长的渐变过程中，政府在制定扶持政策等系列的文化变迁计划时，应充分考虑和尊重莽人的历史文化背景和文化特征，充分考虑他们的文化适应限度的问题，而不能针对人口较少民族采用"一刀切"的同一种变迁模式，也不能把其他民族的变迁模式复制给莽人，因为不根据民族或族群文化的实际而实施的单一变迁模式，是会面临极大风险的。这会影响莽人这样的小社会在整个大社会之中自由自在的生存发展，这也是导致莽人即使在政府的巨大投入之下也仍发展缓慢的症结所在。

（二）文化选择与文化自觉的外生至内生

在全球化和现代化进程中，无论是从西方文化与东方文化的视角，还是从强势文化与弱势文化的角度，或是从主流文化与边缘文化的层面审视，文化冲突都是不可避免的。而文化选择始终都是文化冲突的重要环节，并贯穿着文化冲突的始终，不仅决定着文化冲突的深度和广度，而且关系着文化主体未来的命运。在现代文化浪潮的冲击下，全球的人口较少民族正面临着劫难，他们的文化正在迅速消失，每天都有人口较少民族在

---

① ［美］克莱德·M. 伍兹：《文化变迁》，何瑞福译，河北人民出版社 1989 年版。

消亡。他们无论是被动选择还是主动选择都无法抵挡现代主流文化的强大吸引力，或者说在面临外界强势文化的侵入时，任何一个弱小的民族或族群都不得不被动地融入主流文化之中。人口较少民族传统文化迅速消亡的现象是全球性的、趋同性的，如任其扩大或发展下去，人类将面临的不仅是严重的社会问题，而且会导致人类种族或族群的多样性的式微或消失，对人类未来的发展是一种灾难。基于此，人口较少民族如何才能实现从外生性的被动文化选择转向内生性的主动文化选择，保住其发展之根，否则就不是真正意义上的发展，这是当今乃至未来人类应共同关注的问题。

而通过文化选择能够发生的条件看，包括民族主体要有文化自觉性、要有文化选择资源和本民族文化需要完善或转型这三个必备的条件。① 民族主体的文化自觉是文化选择得以实现的首要条件，因而人口较少民族如果没有文化自觉，就很难有主动的文化选择，其结果要么是全盘吸收外来文化，丧失其主体性，要么是极端的故步自封，落后于时代而淹没于世界民族之林。通过对莽人这一人口较少民族的典型案例进行分析，我们得知，莽人从迁居出林开始，一直都是在政府的扶持与帮助下度过的，是外源性动力下政府行为主导而实现的生存环境、生计方式、生活方式、社会组织及其文化系统的转变。因此莽人的文化选择是一种典型的被动文化选择，在这种扶持模式下莽人很难有自主参与发展的机会，也难以形成自由、自主发展的意识和能力。而自由、自主与平等却是文化自觉得以彰显的基础，只有拥有了文化自觉才有可能实现主动的文化选择，才能实现莽人等人口较少民族的真正意义上的发展。诺贝尔经济学奖获得者阿马蒂亚·森在《联合国 2000 年人类发展报告》中对人类发展问题作了精辟的阐述，认为人类发展的基本思想是普遍的人们生活富裕并享有更多自由，人类的发展应促进一切社会中个人的自由、幸福与尊严的实现。② 同时，阿马蒂亚·森在《以自由看待发展》（*Development as Freedom*）中也明确表明："实现人的自由既是发展的首要目标也是发展的主要方法，自由的、被赋权了的人才是发展的真正动力。"③ 因此，只有实现人的自由发

---

① 孙永建：《民族主体的坚守与高扬：中国社会现代化过程中的文化选择》，博士学位论文，吉林大学，2010 年。

② ［印］阿马蒂亚·森：《联合国 2000 年人类发展报告》，中国大百科出版社 2001 年版。

③ ［印］阿马蒂亚·森：《以自由看待发展》，中国人民大学出版社 2002 年版。

展才是人类发展的本真。剖析莽人现有的被动文化选择与主动文化选择，继而透视期间莽人自由、自主发展的态势，才能深刻解决他们文化自觉的问题，以提升其自主、自由生存发展的意识和能力。

1. 被动文化选择与文化自觉的迷失

当民族文化在受到外来的强势文化的冲击时做出的选择，或者是民族主体的独立性丧失在外界作用下做出的选择，都属于被动文化选择。由于长期以来莽人都是在政府优惠政策和扶持性措施之下跨越式发展的，在此过程中莽人由原始社会直接过渡到现代社会，由游耕游居直接转换到定耕定居，从生计方式到社会组织形式的骤然转变使莽人的文化系统也被迫发生了根本性的变化。"莽人乃至整个我国人口较少民族的现代化都是国家扶持下受援民族充满依赖性和不甘愿性的现代化。且政府认为能改善他们生活的安排都是从不同层面上招致抱怨的，政府重复投入、反复扶持'微型群体'却收效甚微。"[1] 主要是由于莽人的被动文化选择，同时莽人人口数量少、文化相对简单和极其脆弱，在从封闭系统中陡然间转型开放系统使莽人难以拥有文化自觉的意识，或者莽人还未来得及生成文化自觉意识时文化就被逐渐消亡了。同时，正因莽人的现代化是在国家扶持下、充满依赖性心理下形成的现代化，也使莽人为了单纯地追求最基本生存需要的满足而迷失了应有的文化自觉意识和能力。

首先，文化生存环境的被动选择。在20世纪50年代政府把莽人接出老林之前，莽人祖祖辈辈都一直生活在中越边境哀牢山腹地的深山密林之中，他们依靠着丰富的野生动植物资源生存繁衍，并形成了与大自然和谐相处的文化系统。他们独特的生计方式、生活方式都是在莽莽密林的生存环境下长期摸索而总结出的经验或模式，是与他们的生存相适应的，达到了天、地、人的和谐共生境界，这是莽人在与外界几乎隔绝的状态下得以生存下来的关键。但是封闭与隔绝状态不是永恒的，一方面随着生态环境的不断恶化，原始森林的过度开采而导致森林中野生动植物资源的锐减，威胁着莽人的生存；另一方面政府为了解决莽人的贫困问题，实现莽人的现代化，便决定对莽人实施整体性搬迁。起初是从原始密林中搬迁到林

---

[1]　谢元媛：《生态移民政策与地方政府实践：以敖鲁古雅鄂温克生态移民为例》，北京大学出版社2010年版。

边，未能解决莽人的生存发展问题，于是再次实施迁居，这次是搬迁到远离老林 30 公里左右的地方，分别建立了三个安置点。牛场坪村和平和村是只有莽人的独立村寨，其中牛场坪村紧邻着上田房的苗族村寨，而平和村离附近其他村寨都较远，相对处于孤立状态。龙凤村在 1997 年已经迁到现在的南科新寨，最近这次大规模的综合扶贫对该村进行了就地安置和重建，龙凤村的莽人是与苗族、彝族杂居的，在民族融合上优于其他两个村寨。但是他们的共同问题就在于整个新安置点完全脱离原来赖以生存的环境，整体性迁居使其传统的文化也失去了赖以生存的环境。虽然莽人在生存环境的骤变中还存在诸多的不适应和不理解，但是政府为他们投入大量财力、物力与人力而建设新房屋、安置新用具的行为也使莽人不得不选择，从内心还是对党和国家怀有感恩之情。但是这个被动选择的过程是艰难的，笔者在访谈中一位莽人综合扶贫办的工作人员讲道：

> 从 2008 年制定莽人综合扶贫项目规划开始，到 2009 年 9 月新安置点建成并可以入住为止，政府用了一年多的时间来劝说莽人搬迁。政府派遣工作队驻扎在莽人寨子里，采取了各种方式动员莽人搬迁，多次组织召开了动员大会，并让党员、村民组长等起带头作用。还去每户再三的劝说，一些年轻的莽人答应了迁居，但是一些年长的莽人无论如何也不愿意搬迁，有些是在其他莽人入住新居之后几个月才慢慢搬过来的。

笔者从曾参加莽人、苦聪人扶贫行动的金平县边防部队的一位连长那里了解到：

> 过去，我们官兵听说莽人的生活很艰苦、原始，并亲自去莽人寨子慰问和调查，确实发现他们生存环境非常艰难，房屋都是破难不堪的。于是部队曾组织给莽人在山下搭建房子，想让他们交通能便利些，以便更好地在山下务农或出去打工，可是他们根本不愿意离开森林。2006 年部队也给莽人送去了几十头猪仔和一批小鸡，希望他们能以此为基础不断发展养殖业，可是等两三个月后再去村寨反馈调查时，却发现这些猪、鸡都不见了。经询问才知道他们不会养殖杂交猪

和鸡，所以全部吃掉了。让莽人下山是不容易的，让莽人改变与深山密林相伴的传统生存方式更难。

再借用央视主办的"走基层　听民声"栏目针对莽人的系列报道之五——《新生活冲击莽人内心世界》①，我们也可以窥见一些问题：

> 虽然现在的日子好过多了，但是阿累还是忍不住怀念曾住过的茅草房，总是朝着以前居住过的寨子的方向眺望。如果不是因为要搬迁到新的安置点，如果不是旧村寨被拆掉，已经76岁的阿累甚至想回到过去那个破旧的"家"，再住些日子。记者访谈时阿累低语道："现在想回也回不去了。"阿累黝黑的脸庞、干涸的双眼、粗糙的双手记录着这位老人历经的苦难和沧桑，可见，在别人眼里的那些艰辛，却是她割舍不下的岁月。

莽人在整个迁居过程中促使生存环境发生了彻底改变，继而是整个原有的文化系统被打破，这也是莽人不愿搬迁和在新环境下难以适应的重要原因。在外生作用下莽人做出了被动的文化选择，他们虽然也希望能自由自在的生活，能按照自己的意愿去生存发展，但是他们没有能力去改变，面对外部力量他们失去了文化自觉的机会和能力，只能在已经变化了的环境中不断地努力去适应。

其次，文化形态的被动选择。莽人在非内动力作用下所发生的生计方式变迁、生活方式变迁和社会组织形式的转变都是文化形态转变的表现形式。在生计方式变迁所表露的方面，就一个民族或族群的生计方式而言，本身就是一种文化选择，只不过分为是主动的还是被动的转换和选择。过去莽人的生计方式主要是采集狩猎、刀耕火种，以依靠茂密的森林求生存，随着政府实施搬迁后，逐渐促使他们能依靠水田种植，过上定耕定居的生活。随着整个社会现代化步伐的加快，政府也希望莽人能彻底改变过去传统的生产方式，快速实现现代化的发展。在2008年开始的综合扶贫

---

① 汪金福、黄小希、伍晓阳：《新生活冲击莽人内心世界——走近莽人系列报道之五》，新华网（http：//news. xinhuanet. com/local/2011 - 09/08/c_ 122000950. htm），2011 年 9 月 8 日。

项目中，政府为莽人加大水田开垦的力度，想让莽人定耕种植水稻，三年工程期间政府为莽人实际完成坡改梯田和农田改造 1350 亩。推广杂交水稻 800 亩、杂交玉米 1900 亩。并扶持发展畜牧业，支持莽人经济产业的发展，政府投放猪、鸡等畜禽 2500 余只，种植茶叶 2043 亩、草果 1362 亩、杉木 2000 亩。[①] 政府针对莽人的发展理念是首先需要脱贫，而脱贫的方式便是通过现代农业技术的手段，把陡坡改成梯田，并利用杂交水稻、化肥、农药等方式增加粮食的产量。就这一方法而言，莽人以前从来没有杂交水稻的种植经验，对于杂交水稻的种植技术他们因未能掌握而促使收成并不理想。一村民说："杂交水稻需要用科学的办法施肥、除草，有时我们用量不对就导致了秧苗的大面积死亡，这和我们以前自己的品种种法不一样。"还有村民也谈道："我们以前都不用化肥、农药来种谷子、蔬菜，那农药喷在上面吃了不中毒吗？"莽人村民对政府为他们安排的生产方式让他们一时难以适应，其主要原因在于与他们原来的生产方式反差太大，即传统生产方式与现代生产方式的摩擦和碰撞，这里面潜藏的是隐性文化系统的改变，生计方式转变而蕴含的文化转变使莽人难以适应，也意味着在被动的文化选择中难以拥有文化自觉的空间和机会。

在生活方式变迁所彰显的文化方面，莽人以前的生活都是与大山密林融为一体的，充分利用大自然的丰富资源，简单而有序的生活着。在居住方面，莽人从洞居、树居的原始居住方式，逐渐演变到以树皮、芭蕉叶等为材料搭建的屋顶棚，后来在政府的扶持下逐渐盖起了干栏式楼房，20世纪 90 年代后少数人家还建起了土墙房和砖瓦房。在 2008 年这次综合扶贫中，政府统一为莽人盖上了一楼一底的砖混结构楼房，外界称其为"联排别墅"。房屋不论从外观还是质量上看都优于原有的，但是从结构上也有些让莽人不适应，如：没有设计火塘，取而代之的是土灶，而火塘是世世代代都陪伴着莽人的，不仅是他们生活的一部分，也是生命的一部分，火塘承载着莽人的众多文化因子。在新安置点，莽人还是在政府为其修建的厨房里紧挨着土灶的地方支起了火堆，以视为火塘，大家还是习惯性的围坐在火堆旁边，笔者发现土灶已被火堆的烟熏黑了也未使用过，他们不习惯用土灶，除了有几家在用沼气灶外，其他的都还是在火堆上做

---

① 以上数据由莽人综合扶贫办公室提供。

饭。同时，一村民反映道："现在房屋是水泥地板，生孩子时脏水没办法渗下去，流在一地很脏。我们以前是干栏式房子，楼下喂养牲畜，人住楼上，还是木板楼，所以脏水可以直接流下去。现在我们还是喜欢回老寨生孩子。"还有牲畜圈紧挨着房屋，天热时臭味很大，苍蝇特别多；新安置点离山林太远，柴火背运不方便；牛圈统一建在离房屋较远的山上，冬天牛容易冻死，等等。除了莽人村民们讲述的诸多不方便外，主要是围绕生活而孕育的文化随着生活方式的改变而消失了，诸如火塘文化、生育文化、婚礼与葬礼文化、节日文化等都已经改变了。因此，在生活方面所彰显的被动的文化选择使莽人与原有的文化被迫隔绝，逐渐远离自己熟悉的文化，出现了文化断层的心理现象，并在非内动力趋势下加上文化惯性使他们对骤然转变的生活方式适应速度非常缓慢，甚至有些是难以适应的。

在社会组织所体现的制度文化方面，20世纪50年代政府实施并村定居之前，莽人社会最基层的组织是"米"（"米"是由兄弟和姻亲所组成的生产、生活和通婚的集团），"米"也是莽人的家庭公社。"米"很小，少者只有三四家组成的一个居住点，多者有十几家，每个"米"的领袖是祭祀祖先的父亲和兄长。"米"的一切公共事务都是由各个氏族的兄长共同商议决定，协助各家解决生产生活及其他方面的困难，养成了共同商议、互相帮助的习惯。如有违反族规的就按习惯法处置，老人是习惯法的执行者，也充当公正的仲裁者。在政治制度上，莽人固有的社会组织是家庭公社，他们自己本身没有很强的政治疆域和政治意识。在社会交往方面，由于地缘偏僻，除了和附近的苗族、拉祜族、傣族交换些日用品外，几乎与外界隔绝。而随着政府实施的并村定居以及系列的扶持政策以来，莽人原有的社会组织系统被打破了，由自然形成的社会系统骤然转变到现有的社会系统。特别是2008年实施的综合扶贫项目，进一步瓦解了莽人传统的社会组织形式，不再是按照自然形成的"米"组织并确定居住点和维持生产生活的秩序，而是政府主导下外源性的再次迁居而形成的三个安置点。牛场坪村有43户210人，平和村共有49户273人，龙凤村共有78户396人，迁居进新安置点的入户方式不是按照血缘关系而定，而是政府把每栋房屋进行编号，莽人需要通过抽签方式决定入住。这种随机居住的形式使原有的居住形式彻底改变，因此围绕原有社会组织形式所孕育的社会组织文化也被迫中断。加上现在莽人不再是由父亲、兄长、德高望重的老人主持社会活动，而是把莽人安置点作为我国的行政村进行管理。政府帮助 3 个莽人村寨建立并健全了党支部、村民小组、治保、调解等基层政权组织和共青团、妇女、文艺团体等群团组织，为莽人群众实现自我管理、自我教育、自我发展奠定组织基础，提供组织保障。并制定村规民约等村民自治规章，促使莽人照章办事。莽人社会组织系统的骤然地人为转变，使以社会组织为轴心的文化难以延续，莽人切身感触的是社会组织系统转换带来的诸多不适应，还未从文化的内核中去萌生文化自觉意识，甚至当他们还没来得及萌发文化自觉意识时，一些传统文化都在外生作用下发生了骤变。

2. 主动文化选择与文化自觉的萌生

主动文化选择包括自觉地对本民族文化的选择和自觉地对外来文化的选择吸收。莽人虽然在整个文化变迁中始终是以政府为主导的外源动力下实现的，但是其中也蕴藏着莽人自身对文化的主动选择因素。在代表主流文化的政府的扶持下，加上现代化浪潮的强大动力，莽人也希望融入现代文化之中，自觉对自我文化进行选择。有学者通过从人类学家的工作方式和思维理念出发提出了原始部落的自主文化选择权，"人类学家不希望部落人关心自己经济和文化的发展问题，想真正把部落人作为民族博物馆中的标本保存下来，显然不能这样做。因为一个原始部落集团自愿接受一种新思想或新风俗，人类学家们的工作是指明方向和为加速这种变革提供建议"①。在现代化社会中，目前莽人的主动文化选择是模仿和吸收外来主流文化，并自觉抛弃或放弃本民族文化因子，这也加剧了莽人文化的消亡。但是，也有极少数莽人开始萌生文化自觉意识。而文化自觉是主动文化选择的前提，费孝通先生认为："文化自觉只是指生活在一定文化中的人对其文化有'自知之明'，明白它的来历，形成过程，所具的特色和它发展的趋向，不带任何'文化回归'的意思，不是要'复旧'，同时也不主张'全盘西化'或'全盘他化'……同时，文化自觉是一个艰巨的过程，首先要认识自己的文化，理解所接触到的多种文化，才有条件在这个已经在形成中的文化多元的世界里确立自己的位置……"② 除此之外，萨林斯觉得"文化自觉"的真实含义应是"不同的民族要求在世界文化秩序中得到自己的

---

① ［印］C. B. 特里帕西：《印度对部落地区的开发：总政策和某些具体政策及其执行情况》，王士录译，载何群《土著民族与小民族生存发展问题研究》，中央民族大学出版社 2006 年版。

② 费孝通：《反思·对话·文化自觉》，载潘乃谷、王铭铭《田野工作与文化自觉》，群言出版社 1998 年版。

空间"①。虽然莽人自身开始朦胧地意识到文化对其发展的重要性，但是还没有真正文化自觉的意识，也没有获得文化自主发展的空间，更未能意识到文化消亡对莽人整个族群所造成的毁灭性后果。

首先，表现在莽人主动选择对现代主流文化的学习和吸收方面。随着政府为莽人提供了与外界接触的机会和条件，诸如通过通达工程使交通、通信更便利，还通过派遣劳务的方式使莽人外出打工，并加强对莽人的宣传，使外界更多的了解莽人和研究莽人，总之通过各种途径加快莽人的现代化发展步伐。笔者初次去做田野调查时对莽人现代化进展的速度也感到惊讶，他们已经不是笔者印象中那个原始部落的形象。在莽人村寨里，由于政府为各户都给予了大量物资、资金的支持，他们生活水平飞速提升，因此基本生存问题在这个时期基本消除，莽人就有更多剩余资金去追求自己的喜好。特别是青少年莽人，除了具有莽人独有的体格特征外，几乎和汉族地区的年轻人一样。他们喜欢看电视，并且爱好的一些节目都是差不多的；他们喜欢摩托车、手机等标志着现代化特征的物品；随着外出打工见识更广，看见外面流行染发，他们也能接受并且非常喜欢。笔者在调研中了解到一个莽人青年出去打工染了头发，回寨子后使很多青少年莽人羡慕不已，一位女生还谈道："我最大的梦想就是有人能带我出去打工，打工挣钱我就可以染头发、买手机。"可见，这些标志着现代文化符号的物质乃至思想已经是莽人不断努力追求的方向。与此同时，在面对现代文化时他们本能的觉得自己文化是落后的，他们希望自己脱离原有的文化，且在现代化发展中也自觉的打破了一些世代遵从的禁忌文化。牛场坪村原村民小组长罗开文说："'禁绿'的禁忌风俗是世代遵从的，以前莽人都不会将树叶、蔬菜等带绿色的东西带进屋内，但是自从搬迁到新安置点后，人们不再保留这些习惯，现在都可以把绿叶直接拿到屋里。"这些禁忌的改变是随着人们价值观的改变而改变，认为这些都是属于陈规陋俗，在现代化社会中不应再继续传承。同时一些莽人世代积累的传统艺术乃至所有的物质文化、精神文化和制度文化都被莽人当成是阻碍现代经济发展的因子，自觉的抛弃原有的文化，希望能尽快融入现代文化中。

---

① 马歇尔·萨林斯：《甜蜜的悲哀》，王铭铭、胡宗泽译，生活·读书·新知三联书店 2000年版。

其次，表现在莽人在传统文化快速消失中逐渐萌生文化自觉意识，为本民族的自主文化选择和文化自强涌现了一线生机。英国已故的著名历史学家汤因比认为："'挑战'和'有效应战'是文明生长的基本条件，如果没有挑战文化将失去活力而枯萎；如果挑战太强而无应战的能力，文化也会毁灭。因此，只有'有效应战'，文化才能获得新生，蓬勃发展。"①在现代化以经济发展为衡量标准的社会中莽人显然是弱小的、边缘的，其文化也被打上了落后与愚昧的烙印，在现代化准绳下是需要改造的。因此，莽人的"有效应战"能力显得特别单薄，甚至根本无法拒绝强有力的外来文化。但是，借鉴历史与现实中的人口较少民族的生存状况，即文化消亡导致人口较少民族生存发展危机甚至是走向衰亡，这些前车之鉴是莽人必须警示的，一些学者对此高度关注并不断向莽人传授本民族文化重要性以提高他们的文化自觉意识。笔者采访杨六金先生时谈道：

> 莽人没有本民族文化习得与传承的学校教育，传统文化都是依靠自愿的学习方式。但是现在几乎没有人愿意学习，精通莽人传统文化的一些老年人去世后莽人的传统文化就自然的消失了。一个民族文化的消失，就意味着这个民族的消亡。一个民族宗教不存在，就意味着民族不存在。因此，我也常给莽人讲述他们本民族文化的重要性，希望他们自己能有文化自觉的意识和能力。

在青年一代莽人希望能融入现代社会的同时，也逐渐地意识到自己传统文化正在逐步消失的现实。并随着传统文化消失对莽人生存发展带来的困惑，莽人也逐渐意识到了传统文化的重要性，开始萌生了文化自觉意识，还有了希望保留其传统文化的想法。龙凤村村民小组长罗云翔还希望通过笔者向政府或社会提一个请求，实现一个愿望：

> 我有一个愿望，就是建立一个莽人的历史博物馆。迁至新居时，我们老寨的很多生产生活用具都没办法搬过来，老寨的房子也大部分被拆掉或垮塌了，里面的很多东西都没法保留下来，想想还是觉得挺

① ［英］汤因比：《历史研究》，曹未风译，上海人民出版社1986年版。

舍不得的，也很留念过去的那些东西。而我们民族又没有自己的文字，历史都是靠实物世世代代传承下来。如果现在还不及时做这个工作，不久我们莽人的文化就会彻底消失，我们莽人就不会再有自己的文化，也无法给子孙后代交代。如果政府或社会有心人士能帮我们建一个博物馆或者陈列室，我愿意集中精力从头开始全面收集莽人可传承的东西，为我们后人留个纪念，也为我们莽人做点事情。

在对传统文化的保存与传承方面看见了莽人文化自觉的一线希望外，莽人也在用自己的行动在做出自己本能需求的选择。诸如，有的莽人不适应迁居后生活而再次搬回原寨，他们热爱森林，视森林为家，他们即使需要发展经济也不愿以破坏森林家园为代价。一篇新闻报道谈道①：

> 莽人的歌舞很具特色，加上所在地的风景秀丽，因而有人建议在莽人所在区域开发为旅游区，不料遭到了莽人的强烈反对。他们非常担心因为修路、修建酒店宾馆等需要大面积的砍伐森林，如果仅仅是为了赚钱就打破他们宁静的生活环境，他们觉得不值得。他们还从电视上看见，生活在印度尼西亚原始森林腹地的皮南人，过去和他们一样是依靠采摘野果、捕鱼为生，可是后来因跨国集团的木材供应商的滥砍滥伐，让皮南人逐渐失去了美丽的家园。在莽人眼里，森林才是他们永远的家！

同时，莽人也意识到在强大的非内动力作用和主流文化的强势冲击之下，莽人自身难以抵挡本族文化迅速瓦解的趋势，但是他们内心仍寄存一份希望保持和守护与自我生命融于一体的一些文化精髓。莽人也并不是要求政府和外界不资助和扶持他们的开发与发展，而是希望外界能多考虑在扶贫开发时给他们带来的一些新生的麻烦与困境。同时，更希望在外界的扶持之余能多给他们一份自由发展的机会，能在庞大的社会中拥有一份自己的空间，并受到外界的尊重和认同。因为每一种文化都具有独特性和整

---

① 剧艳光：《云南密林中的"阿凡达部落"》，中国民族报（http://www.mzb.com.cn/html/report/239826-1.htm），2011年9月23日。

体性，其形成源于不同的创造主体和客观的不同时空条件。

　　总之，目前莽人乃至整个人口较少民族的发展理念普遍存在着以经济衡量文化优劣的偏见，其发展未能建立在本民族文化发展的根基之上。因而当他们的发展丧失文化之后，即便是物质条件得到现代化的质的飞跃，他们的满意程度也很难提高，甚至还会出现酗酒、吸毒、自杀或抱怨等社会问题。同时，在全球化与现代化趋势的强大引力下，现有的教育逐渐失去了传统文化传承的功能，继而未能实现促进莽人发展的作用。究其深层原因还是文化的问题，主要表现在：一方面是文化变迁与文化适应的碰撞与磨合，因为文化变迁的主体决定着文化适应的能力、文化变迁的方式影响着文化适应的机会，同时文化变迁的内容还制约文化适应的程度；另一方面隐含着文化选择与文化自觉的外生至内生，在外力推动下形成的被动文化选择使莽人失去了文化自觉的时间、空间，失去了自主选择意识培养的机会和能力。但是不论是理性自觉的，还是感性自发的，他们也无时无刻不在主动的选择文化，只是倾向于对现代文化的主动选择，同时也并未完全放弃心中坚守的那份与血液融于一体的文化精髓，文化自觉意识在萌生，文化自强能力也有培养的动力与基础。因此，文化在教育促进莽人发展中的重要性需彰显，教育不仅要尊重差异、尊重其他民族的文化传统，而且也要尊重并传承本民族的传统文化，离开传统文化的教育改革是行不通的。同时，教育有责任保障其民族文化传承，主流社会应该尊重莽人之类的处于弱势地位和边缘化的民族文化。人口较少民族地区的经济发展不能代替文化发展，教育促进莽人的发展也离不开传统文化的传承，否则就失去了以文化为根和以人为本的发展宗旨，不能实现真正意义上的发展以及发展权的保障。

第四章

人口较少民族生存、文化
与教育模式形成的国际比较

在现代化的话语体系和主流文化的社会浪潮中，人口较少民族的发展面临着两难困境，即传统与现代的问题，在发展过程中出现了既要传统又要现代化的复杂现象。人口较少民族的发展需要实现生存与文化的和谐共生，希望通过现代化改变生存状况，同时因面对文化极其脆弱的特质和许多人口较少民族文化正在走向消亡的危机，而需要保护其传统文化。可在已有的很多发展模式中，确实存在着把传统文化当成是发展的障碍物，把传统文化与现代化发展对立起来的现象。基于此，作为人口较少民族社会系统重要组成部分的教育，既要传承民族文化又要人和整个社会的生存和发展，教育该怎么办？什么样的教育可以促进生存与文化的和谐共生？一些国家对此的探索和实践已经给我们提供了宝贵的经验和启发，在这方面国际社会中有失败的案例，也有成功的典范。为此，我们通过失败与成功的案例对比吸取经验和教训，借用他山之石，通过教育解决人口较少民族生存发展与文化间和谐共生保护的问题。

一　前苏联和俄罗斯联邦时期
北方小民族的教育模式

选择前苏联北方小民族作为借鉴样本，是因为前苏联在针对北方小民族的政策上与我国有着诸多相似之处。而前苏联北方小民族的扶持性政策的失误在俄罗斯联邦时期得以有效的纠正，我们可以从前苏联时期小民族教育政策的失误中汲取经验教训，以前车之鉴指导我国制定并实施适切的人口较少民族教育政策，也可以从俄罗斯联邦时期的成功案例中获得有益借鉴，在两个时期的比较分析中促进我国人口较少民族的发展。

在欧俄北部地区、西伯利亚和远东地区生活着二三十个人口极少的民族，他们大多人口极少，生活在极北地区，生存环境极其恶劣，经济社会发展缓慢，多以渔猎和牧鹿为生，与外界交往甚少，几乎处于隔绝的状态，由于生产力水平和生活方式都有许多相似的地方，同时他们的语言文化、宗教信仰等都颇具特色，因此自 20 世纪 20 年代起苏联学者就把这些民族称为"北方小民族"。他们有爱斯基摩人、阿留申人、科里亚克人、楚科奇人、埃文基人、涅涅茨人、乌里奇人、楚瓦人、那乃人、埃文克人、萨米人等 25 个世居民族，共计近 20 万人。① 在十月革命前，这些北方小民族大部分都生活在父权氏族社会中，以猎兽、捕鱼和养鹿为主要生计方式，社会经济发展水平低下，并保存着以传统经济相联系的生活方式和风俗习惯。

俄国十月革命胜利后和紧接着的社会主义改造，前苏联政府对北方小民族在政治上实行民族平等的政策，在经济和文化上实行帮扶政策，以期达到促进北方小民族发展的目的。主要的举措是仅用几十年的时间就把北方小民族从落后的原始社会直接过渡到社会主义社会，由于超常规的跨越式发展，打断了北方小民族自然演进的过程。期间出现了一些政策失误，诸如强迫并村和迁移，1957 年 3 月前苏联政府通过了《关于进一步发展北方民族经济和文化的措施》，为响应把北方小民族与全国人民的平均水平拉齐的号召，决定把游牧生活方式强制转为定居，并在定居地区强行废弃小村庄，把居民迁移合并到大型村镇居住。这种强迫的迁移与定居，给小民族的发展造成了很大的伤害，给他们带来了诸多的不习惯，一方面，一些人离开了传统的生产方式而从事一些不熟悉的生产，有些人甚至变成无业游民，20 世纪 80 年代末，俄罗斯北方小民族中 15% 有劳动能力的人"赋闲在家"；② 另一方面，定居后小民族与大民族的混居和融合，族际通婚逐渐普遍，民族间交往密切，加速了民族同化。这种在主流社会推行的变迁计划和受主流社会现代化进程影响的文化变迁过程，中断了北方小民族文化的自然演进过程，出现了诸多不适应的问题。其不适应的现象诸

---

① 初祥：《十月革命与俄罗斯北方小民族的历史命运》，《西伯利亚研究》2008 年第 2 期。
② 初祥：《远东共和国的民族政策与北方小民族》，《西伯利亚研究》2008 年第 5 期。

如：一是由于一些人难以处理好传统与现代的关系，在思想上苦闷甚至消沉，于是出现酗酒、斗殴等现象，1970—1980 年前苏联北方小民族每两名死者中就有一名是由外伤（被杀或自杀）所致；每 10 万人中约有 70—90 起自杀事件，比全苏平均指标高 2—3 倍。① 二是 20 世纪 50 年代加快了北方小民族地区自然资源的开发速度，占用并污染了大片土地。环境的恶化导致当地小民族居民健康水平下降，至 20 世纪 80 年代末，北方小民族的死亡率比俄罗斯联邦平均死亡率高 1—2 倍，人均寿命比苏联全国人均寿命少 18 岁。② 前苏联北方小民族政策的出发点是好的，但是一些政策的失误也使小民族付出了沉重代价，大步跨越式的现代化发展不仅使生存环境和传统经济遭到破坏，而且使民族特征逐渐消失，北方小民族面临着民族性丧失的危机和民族生存的危险。

（一）寄宿制学校教育制度加剧北方小民族文化的消失

前苏联政府为了实现提高北方小民族文化素质的美好愿望，为他们开办各种学校，其中为了解决小民族居住分散的问题，建立寄宿制学校，这也一直是北方小民族地区最主要的学校教育形式，后来成为北方教育的唯一模式。20 世纪 20 年代，寄宿学校在西伯利亚北方地区就已出现，最初寄宿制的出现是为了解决游牧民子女因离学校距离远而上学难的问题，通常在较大的居民点建校舍，北方小民族儿童可以免费在那里居住和学习，除掉假期外，一年中至少有 9 个月在学校度过。20 世纪 60 年代大多数小民族已经定居，寄宿制教育体制不但没有减少反而不断强化，后来逐渐把寄宿制扩展到了幼儿园和托儿所，从儿童入学就脱离家庭，要经过 8—10 年的学校寄宿生活，平时只有星期日孩子才能和家人团聚，这也仅仅是离学校较近的孩子才能享受家人团聚的幸福。

1. 寄宿制学校教育导致民族特征的逐渐消失

政府为了减轻家庭的负担，把北方小民族儿童从小就交给国家抚养和教育。儿童在寄宿制学校要接受 8—10 年的教育，这一措施曾为提高游牧民子女入学率发挥重要作用，其初衷和愿望是良好的，却给北方人口较少

---

① 马君潞：《国际货币制度研究》，中国财政经济出版社 1995 年版。

② ［苏］З. П. 索科洛娃：《改革与北方小民族的命运》，《历史问题》1990 年第 1 期。

民族文化传承给予了致命的打击。寄宿制学校一般设在城镇或大型村里，学校往往都是至少两个以上民族混合在一起学习和生活。在寄宿制学校的小民族儿童，远离了自己的家庭和传统的生活方式，与主流民族间的交往日益频繁，在语言、文化认同方面逐渐被主流化。因此，在寄宿学校的小民族儿童逐渐不再说自己的语言，对自己民族传统的技能和生活方式也逐渐的陌生，继而使小民族的民族特征正在逐渐消失。

2. 寄宿制学校教育使民族文化的传承断代

北方小民族学生在寄宿制学校环境下长大后也不愿从事传统的渔猎业和养鹿业，从而传统生产方式与生产技能以及孕育的文化逐渐走向了消亡。在寄宿制学校接受的教育是以主流文化为主的教育，是现代化理念的教育，与小民族的传统相去甚远，小民族的学生也逐渐淡忘了自己的传统生计技能，甚至不感兴趣或是瞧不起传统的生产生活方式，他们在接受中、高等教育之后不再愿意回到民族地区工作，因而转向城镇就业。1970年乌利奇人的59.6%在城镇的工业、建筑、运输和通讯等部门工作，占有劳动能力的那乃人的40.3%。[①] 一方面小民族学生选择在城市生活，在语言、服饰、风俗礼仪等都向俄罗斯主流文化靠近，并主动的融入；另一方面增加了城镇就业压力，在就业竞争中未能找到工作的小民族学生回到家乡因不会传统技能而成了无业游民，出现了酗酒、打架、自杀等社会现象。基于此，小民族世代相传的口头文学、音乐、舞蹈，他们独具特色的岩画、服饰、木雕和骨雕艺术，独一无二的桦树皮器皿都将走向灭绝的境地。[②] 无论是物质文化还是精神文化，其传承者已变得凤毛麟角，他们对传统技术与艺术一无所知，对民族语言、传统文化逐渐淡漠，这种文化传承的断层是无法弥补的。

3. 寄宿制学校教育使家庭教育与社区教育失去功能并断绝代际传承

20 世纪 80 年代，据调查："在北方民族地区已开设了 37 个保育院，11 个接收孤儿和失去父母抚养的儿童寄宿学校。独身母亲的数量

---

① ［俄］В. П. 克里沃诺戈夫：《恩加纳桑人的现代民族文化过程》，《民族学评论》1999 年第 1 期。

② ［苏］В. В. 马尔希宁：《在民族文化相互作用中的北方民族》，《西伯利亚研究》1990 年第 2 期。

越来越多，在堪察加州已达 3400 人，在马加丹州有 4700 人。"① 在小民族地区由于从儿童时期就被寄宿在学校，实际上是把他们与家庭隔离，远离自己的父母和家庭，远离自己生活的社区，使许多世纪以来代际间的传统技能与文化的传承被断绝，使得历史上形成的口耳相传的家庭教育和耳濡目染的社区教育失去了应有的功能。从人的发展角度讲，这种措施是残酷的，是对人性的一种扭曲，因为儿童时期是形成健康人格的关键时期，需要有完整的来自家庭的关爱与教育。儿童期就实施寄宿制教育，有悖于人的发展规律，不利于人的健康发展，更不利于北方小民族的可持续发展。

（二）政府过度强调对国家主体民族语言的学习

共同的语言是民族认同和民族识别的重要标志之一，民族语言的逐渐退化和消亡是导致族群特征消失的重要因素。前苏联北方小民族语言的逐渐消失，一方面主要是强制性迁居，在前苏联实行的北方小民族扶持性政策中，通过强制性迁居使小民族与大民族杂居，在现代化生活背景下与其他民族的交往日益密切，逐渐形成了以俄罗斯文化为主的语言系统，而小民族自己的语言的使用范围逐渐缩小，只能局限在家庭内部和围绕传统生产与生活所组织的群体交往中使用；另一方面是寄宿制学校的普及，从寄宿制学校培养出来的学生从小就脱离家庭生活，没有接受过口耳相传的家庭教育，失去了正常的母语学习环境。同时学校教育全部运用俄语授课和交流，毕业后他们也几乎完全掌握了俄语，不再会用母语，也失去了母语使用的场域。

1. 过度强调学习俄语加速北方小民族语言的消失

苏联政府在 20 世纪 50—60 年代开始大力推行双语教育，是以主流的俄语和本民族语为核心的双语制。俄语是作为各民族相互交流和沟通的共同体语言，以促进民族的融合和团结，同时，这也是为了能提高北方小民族融入主流文化和加强与主流社会交往的机会，强调学习俄语的重要性。但是由于政府把学习俄语强调到不适当的程度，使得小民族的语言运用的环境不得不人为的被削弱，掌握和学习小民族语言的人数也在逐渐减少。

---

① 参见《北方大地》1988 年第 3 期，第 24 页。

在学校教育中，学校减少了教授小民族语言的课时，有些地区甚至在学习科目中取消了一些小民族的语言（诸如尼夫赫语、科里亚克语、谢尔库朴语、那乃语等），至于运用北方小民族语言授课更为罕见。1970年整个北方地区只有用涅涅茨语来讲课，但是只限于低年级，而作为学习科目的只有汉特语、曼西语、爱斯基摩语、埃文语、楚科奇语、鄂温克语。[①] 政府规定在校教师必须用俄语进行授课，不许学生在校运用本民族的语言，甚至要求在家父母都要用俄语与子女进行交流。诸多现象表明，政府过度强调北方小民族学习俄语，这种不适当的过度现象也为小民族的发展带来了不小的影响。因此，前苏联政府通过了系列教育扶持政策，除了寄宿制教育制度加速了北方小民族语言的消失外，还有就是加大学习俄语的压力。儿童从小就失去对本民族语言学习的机会，进而使他们对本民族的语言乃至整个民族文化感到陌生，结果小民族人群把本民族语言当成母语的越来越少。随着时间的推移，接受寄宿制学校教育的学生逐渐增多，更多的年轻人不愿意再学习本民族的语言，也根本不会本民族语言。

2. 过度强调对俄语的学习使传统文化的传承断裂

民族语言作为民族文化的重要组成部分，由于小民族语言逐渐被国家主体民族语言即俄语代替，小民族文化失去了传承者和传承的载体。特别是在现代化与城市化的强大发展趋势下，这些北方小民族语言的消亡已经逐渐变成事实，语言的变迁甚至灭亡是一个自然规律，是不可避免的。但是，语言变迁需要的是一种自然演进的过程，而不是人为的中断。前苏联政府对北方小民族实施的系列扶持性政策更多的是考虑到民族的融合，而没有关注小民族发展的特殊性，以及小民族语言以及文化对其民族整体发展的重要性。

（三）法律政策保障小民族教育的自由

在非内动力作用下，前苏联政府把北方小民族带进了现代化社会，政府虽然有着良好的初衷却使小民族为现代化付出了沉重的代价。在北方小民族的现代化过程中，国家政策的失误从某种意义上说是政府指导变迁的

---

① 初祥：《浅议苏联对北方小民族政策的失误》，《西伯利亚研究》2000年第2期。

失败，使得"好心办错事"。究其原因，主要还是政府在不了解当地文化模式的情况下以主流大民族的优越感包办、安排甚至代替小民族发展，小民族只能在失去主体性的情况下被迫顺从安排，甚至是强制性的发展，对小民族造成了严重的伤害。据此，政府也对发展小民族方面已采取的政策进行了反思，苏共中央 1989 年 9 月全会通过的苏共纲领——《党在当前条件下的民族政策》曾指出："苏共赞成舆论界对北方、西伯利亚和远东小民族状况的关切。对他们的居住区所进行的工业开发，是在没有考虑到他们的生活结构、社会和生态后果的情况下进行的。这些民族需要专门的国家保护和帮助。在文教工作方面也出现过失误。"① 继苏联政府对政策失误的反省后，俄罗斯联邦时期为维护北方小民族的文化、尊重小民族发展的意愿和保护其发展自由制定了大量的政策，还通过立法予以保障。特别是针对教育的发展，以及教育促进整个小民族的发展方面都提供了政策和法律保障。

1. 小民族经济社会发展整体立法的保障

苏联解体后，俄罗斯联邦政府对前苏联时期针对北方小民族的一些政策失误做了及时的回应。俄罗斯联邦采取了一系列保护北方小民族权利的政策法规，并遵守相关的国际法准则，为小民族的科学发展提供了法律保障。1992 年 4 月在俄罗斯联邦召开的第六次人民代表大会上把北方小民族的问题作为一个专项议程，讨论解决极北小民族地区的社会经济问题，并签发了《关于保护北方少数民族居住地区和经济活动地区的紧急措施》的命令。该命令指出一定要保障北方小民族的合法权益，要维护和发展小民族经营和管理的传统模式，保证发展中的生态平衡。1995 年 5 月俄罗斯联邦议会又通过了《关于俄罗斯北方、西伯利亚和远东本地少数民族经济、文化危机状态》的决议，强调必须积极采取措施，逐步落实民族自治政策。② 《俄罗斯联邦宪法》中规定保护每个人都享有使用本族语言和自由选择自己交际、教育、学习和创作语言的权利。1999 年《关于保障俄罗斯联邦土著小民族权利的联邦法》规定了土著民族保存与发展其

① 刘庚岑：《关于前苏联、俄罗斯联邦扶持其北方小民族的问题》，《世界民族》1997 年第 1 期。

② ［俄］В. П. 克里沃诺戈夫：《恩加纳桑人的现代民族文化过程》，《民族学评论》1999 年第 1 期。

民族语言、用其民族语言接收和传播信息和建立其民族媒体的权利。该法的制定为小民族确立了广泛的权利，是小民族在捍卫自己生存权与发展权向前迈进的重要一步。接着 2000 年还制定了《关于北方、西伯利亚和远东地区土著民族社区组织一般原则的联邦法》以及 2001 年《关于北方、西伯利亚和远东地区土著小民族传统上自然占用的地域的联邦法》。通过立法已意识到对北方小民族、土著人社群权利和土地权利上的维护，进一步规定享有在自愿的基础上组织自己的社区，自我决定经济、社会和文化发展，保护自己传统的环境、生计方式、生活方式和风俗习惯活动。对保障北方小民族教育与学习的自由权创造了法律条件，继而实现了北方小民族生存权与发展权实现的关键一步。

但是这些法律尚未对俄罗斯小民族以及土著人的生活产生预期的影响，主要是缺少地方立法，在地区实施也缺乏力度。虽然在前苏联时期就表明已成立了北方小民族的地方区域自治，选举了区域自治代表，但是在 2002 年的一次关于北方小民族与土著民族参与立法议会和选举地方政府机构的非正式讨论会上证实了这种代表机构实际并未成立。立法如果缺乏司法保障就会成为一个形式化的文本，改变不了北方小民族的生存与发展现状。因此，只有加大司法力度，才能真正实现法律的应有价值。

2. 小民族文化保护的教育立法与政策保障

为了改变前苏联时期对北方小民族实行的强迫性寄宿制和强制性学习俄语的政策取向，俄罗斯联邦时期的政府部门制定了《教育法》，着重强调尊重小民族的文化而开展教育。因此，在《教育法》中根据教育制度中可利用的资源，拥有小民族本民族的语言来接受基础教育的权利，使小民族以及土著民族在本有的历史环境中有权利保护和发展自己的文化。因此，实施教育应在没有歧视的情况下进行并为该目的积极采取措施，且应尊重个人和民族的风俗与宗教信仰，培养文化认同意识和文化自强意识。同时应培养所居住国家的民族价值观，形成多元一体的国家文化意识。

为了弥补在前苏联时期政府强迫北方小民族学习俄语的政策失误，俄罗斯联邦为其语言的学习实施了补救性政策。根据《欧洲区域性和少数人语言宪章》强调的跨文化主义和多元文化主义的价值理念，俄罗斯联邦对此的解释报告称："维护区域性和少数人语言的一个关键因素是其语言在教育中所彰显的作用。"据此，俄罗斯联邦国家通过在高校建立培训民族语言教师的部门来解决小民族语言保留与传承的问题。1998 年俄罗斯联邦教育部还制订了《改革学前教育、普通中学和人员培训制度思路》的原则框架，这是专门为北方土著小民族而制订的，为了北方小民族的教育目的而设立国家极地研究院，并由联邦国家权力机关提供支持。① 但是就北方小民族语言的高等教育如只限于教师培训，是不能解决整个小民族族群的全部需求的，需要以更加灵活的方式实现多渠道的小民族语言学习和应用。

二　美洲印第安人的教育模式

当今世界 200 多个主权国家，2000 多个大大小小的民族，除了少数几个国家是单一民族外，大多数都是由两个或两个以上的不同民族组成的多民族国家。纵观这些多民族国家的发展历程，大致都经历了从"同化"到"融合"再到"多元文化"的过程。在整个大的发展背景之下，教育的发展亦如此。人口较少民族教育的发展历程正是在这一轨迹中生长着，在其曲折的发展历程中或制约或推动着人口较少民族的发展，影响着人口较少民族生存权与发展权的实现。

（一）同化教育

无论是在美国还是加拿大，生活在美洲这片土地上的土著印第安人都有着心酸而曲折的生存与发展的历程，而他们的发展境遇的变化都是随着当地政府行为作用而变化的。诸如在美国，政府在改变"野蛮人"使之文明化的文明开化教育之后，又实施迁移政策强迫印第安人搬迁，同时建立土著保留地。使印第安人失去了自己的土地和家园，人口骤减。印第安人口从 16 世纪欧洲人刚刚抵达之时的 100 万人迅速减少至 1860 年的 34 万人，1890 年继续下降为 27 万，到 1910 年时只有不到 22

---

① ［英］亚历山大·莎夏吉：《俄罗斯联邦法律中的土著民族权利：以北方、西伯利亚和远东地区小民族为例》，廖敏文译，《西南民族大学学报》（人文社科版）2007 年第 9 期。

万人。① 对于印第安人而言，最致命的打击是政府利用教育来实施同化，通过政策与法规强迫印第安人实施同化教育，同时"惟英语教学"，使印第安文化处于严重的消亡危机之中，进而威胁到印第安人的生存与发展。

1. 强迫通过寄宿制学校的隔离方式实现同化

同化论者认为教育是将具有各传统文化背景的少数民族儿童融入主流民族之中的必然手段，通过学校教育的传承、选择和创造文化功能对少数民族文化进行筛选和改造。② "同化"教育的本质是通过学校教育的方式迫使受教育者习得白人的主流文化，通过学校的场域来限制印第安文化的传承。同时学校教育作为同化的最佳方式培养他们适应主流社会的生存方式、思维方式和价值取向，使其成为"美国人"。在 19 世纪 70 年代，政府通过土著保留地建设的方式实现对印第安人的控制，随之实施了强制同化的教育政策。20 世纪初逐渐式微，但是二战结束后，技术革命的飞速发展，社会对劳动者素质的要求越来越高，印第安人也必须要适应新的社会环境，才能拥有新的生存发展机会。因此，二战之后到 20 世纪 60 年代，政府又重新对印第安人实施了同化教育，政府为印第安人重新设置寄宿制学校，并非常重视对印第安人的职业培训和高等教育发展，促进了印第安人经济的发展，但是却使印第安文化再一次遭到严重打击。为了实现同化教育的目的，政府除了制定系列政策法规之外，还加强了对印第安人教育的管理，但其核心的强有力的手段还是通过政策制定与实施来实现政府的行为和影响。

政府认为教育是进行同化的最为有效的方式，因此增加投入，为印第安人修建学校，特别是寄宿制学校。寄宿制学校的设立是政府实施同化教育的强有力的手段，尤其是设置在保留地外的寄宿制学校，更能反映出政府通过隔离教育的方式使青少年一代完全地融入主流社会，成为"美国人"。保留地外的寄宿制学校设在距离保留地很远的地方，学生生活学习完全在学校内进行，都在学校的管理和控制中，即使是周末也

① ［日］富田虎男：《美国的"开拓精神"与印第安人的命运》，武尚清译，《民族译丛》1994 年第 3 期。

② 张有伦、肖军、张聪：《美国社会的悖论——民主、平等与性别、种族歧视》，中国社会科学出版社 1999 年版。

不能回家。政府认为这种教育模式是最有力的同化措施，因为可以与印第安人传统的社区、族群和父母隔离，继而才能更快放弃原有的生活习惯和传统风俗。相比较而言，在保留区内的寄宿制学校的文化隔离效果要差得多。因为印第安学生虽然只能在假期和个别节假日可以回家，但是父母可以来学校看望子女，并允许印第安学生说土著语言和保留传统的生活方式。无论如何，寄宿制学校制度都使学生脱离了原有的生存环境，在新环境下适应了新的主流文化。因为政府规定必须要保障6—16岁的印第安子女全部接受学校教育，如果家长拒绝送子女上学轻则被扣发补助金，重则被处以监禁。政府不仅强迫儿童入学，在入学后还强迫印第安学生按照学校制定的规章制度生活和学习，而学校的规章实质就是白人的生活标准和价值取向。诸如，在学校，男生必须剪掉长发，因为长发象征野蛮人的符号；必须要脱去传统服饰，换上学校统一的校服；学生的姓名也要更换，每个人一个英文名，不允许在学校内说印第安语，等等。如印第安学生一旦有违反，必将遭受责罚。对印第安学生从外在形象到内在价值信仰等文化上的洗礼，使青年一代的印第安人逐渐脱离了原有的文化环境而转向了主流文化之中，把土著印第安人的语言和传统文化推向了消亡的边缘。

2. 通过"惟英语教育"实现同化

语言是一个民族或族群文化传承的载体，尊重他族的语言使用权利就是尊重他族的文化传承的权利，但是长期以来印第安人的语言却得不到承认和尊重。伴随着政府将印第安人隔离于保留地之后，美国政府就从各个层面展开了强制同化政策。以《土地总分配法》为起点，使印第安人成为小农场主，试图从根本上改变印第安人传统的生计方式，促使印第安人的生产方式"主流化"和"现代化"。同时，政府也希望印第安人的语言和文化不断的主流化。实际上，从欧洲文明"单语至上"和"语言尊卑"观念到"惟英语教育"理念是美国语言政策的基本特征。特别是从南北战争结束后的"和平政策"至20世纪20年代末提出的"梅里亚姆报告"，政府针对印第安人实施的"惟英语教育"达到顶峰。这是与白人对印第安人的武力征服、迁移人口和教育同化相结合的。为了缓解移民矛盾的激化，促进管理和推动经济社会发展的实际需要，美国政府采取了移民学习英语的政策。

　　"惟英语教育"是印第安人同化政策的主要组成部分，既是语言政策，又是教育政策。BIA 在卡尔·舒尔茨在任期间先后颁布了《1880 年法令》、《1884 年法令》、《1887 年法令》、《1890 年法令》等法律条文，规定无论是政府学校还是教会学校，一律要用英语教学，学校不得使用印第安语，如有违反，不仅要受到惩罚而且要停止政府的拨款。特别是在印第安儿童所在的寄宿制学校，教师不允许教印第安语，印第安儿童不准讲印第安语，教师和学生一律只准说英语。在基础教育阶段的语言政策表现为："1919 年，全国五十个州所有公立学校和私立学校一律用英语授课。1923 年底，34 个州已经出台了语言限制法律，所辖区内所有公立小学和私立小学被要求全部用英语授课。"① 惟英语教育的政策使印第安人语言使用的自由权利遭到限制，政府希望通过抹掉印第安人的母语，消除他们种族的文化，让他们尽快融入美国主流社会，进而从根本上解决印第安人的问题。

　　惟英语教育从表层看是为了解决印第安人的生存与发展问题，是适应社会发展的需要，但是实际上是用学校教育达成同化的目的，对印第安人造成的伤害可想而知。一方面是受教育权的剥夺。在这种高压强迫同化的"英语唯一合法化"教育下，直接导致了印第安儿童学业成绩低下、辍学率和失学率高等系列问题，使印第安人的受教育权被剥夺。因为学生不适应惟英语教育的方式，家长也反对这种文化灭绝性的教育，为了逃避学校特别是强化政策更严格的寄宿制学校的招生，许多印第安家长带着孩子逃离部落，甚至整个部落迁移。而那些接受了寄宿制学校惟英语教育的印第安学生毕业后则陷入了既不被主流社会承认，又不适应原有部落的生活而被自己部落抛弃的两难境地。另一方面给印第安人的语言和文化的传承与发展造成了致命的打击，甚至濒临消亡。根据美国"国际暑期语言研究所" 1999 年和 2002 年所提供的资料和美洲土著语言研究会主席米歇尔·克劳斯博士 20 世纪 90 年代的调查资料显示：在美国境内，现存的印第安语有 154 或 155 种，其中语言使用人口为 361978 人，占美国印第安总人口的 14.6%（2000 年人口普查数据）。而其中语

---

　　① Colin Baker, Sylvia Prys Jones. *Encyclopedia of Bilingualism and Bilingual Education*, Philadelphia: Multilingual Matters Ltd. , 1998, p. 544.

言使用人口在一万以上的语言只有 8 种，一千至一万之间的有 28 种，一百至一千的只有 36 种，一百以下的仅 82 种。这 82 种语言的人口大部分都低于 20 人以下，20 人至 99 人之间的只有 31 种，20 人以下的却有 51 种。而这 51 种语言中，只有 10 人的有 16 种，5 人的有 7 种，2 人的有 2 种，1 人的有 7 种。克劳斯认为，自从欧洲人进入北美的 500 多年以来，印第安语言已有近一半左右消失了，到 2060 年，如果不采取非常措施或者出现奇迹，美国境内现存的 150 多种印第安语最多将只剩下 20 种。[1] 其实，小民族语言的消失的问题不仅是美国现象，这是一个世界性的问题，几乎每一天都有一种或几种语言在消失。虽然语言的消亡不是小民族文化危机的唯一形式，但是对小民族文化造成了传承的断代，使小民族语言与文化的多样性逐渐缺失，从本质上加速了小民族文化的消亡，不利于小民族的生存和发展。

随着印第安"惟英语教育"的矛盾日益凸显，迎来了从惟英语教育向双语教育的转变。1926 年由内政部长对印第安人的教育进行了调查，并提交了《梅里亚姆报告》，指出了印第安寄宿学校的弊端，否定了寄宿学校惟英语教育和白人文化的教育方针，推动了双语教育政策的建立。于是，1968 年美国出台了《双语教育法》政策，主要是满足语言是非英语的孩子的需求，这不仅使印第安人受益，也使所有非英语背景的儿童受益。其主要的做法是对第一语言不是英语的儿童或者英语没学好的少数民族儿童，在他们初等教育阶段不立即用英语教育，而是规定一个双语并用的过渡阶段，然后逐步进入自由运用两种语言的教育。1972 年，美国出台的《印第安教育法》再次强调向印第安人提供使用双语的教学计划。美国联邦教育部双语教育与少数民族语言事务司每年针对双语教育的划拨经费为 3.75 亿美元，其中专门针对印第安人教育项目的经费每年为 8000 万美元。[2] 然而双语教育在 20 世纪 80 年代以来也受到了一些阻力，美国的双语教育政策经历着曲折的历程，如表 4 - 1：[3]

---

[1]　蔡永良：《美国土著语言法案》，《读书》2002 年第 10 期。
[2]　张维平、马立武：《美国教育法研究》，中国法制出版社 2004 年版。
[3]　滕星、王铁志：《民族教育理论与政策研究》，民族出版社 2009 年版。

表 4 - 1 单语政策与双语政策的较量

	惟英语教育	双语教育
教育政策名称	英语语言修正案，1981 年	双语教育法，1968 年
	英语授权法案，1996 年	印第安教育法，1972 年
	227 提案，1997 年	印第安自治和教育援助法，1972 年
	203 提案，2000 年	部落学校援助法，1977 年
	英语习得法，2002 年	印第安基础教育法，1978 年
		美国土著语言法，1990 年

从不同时期对双语教育与土著语言的法律规定可见，在 20 世纪 80 年代美国的一些州已实施了英语为官方语言的政策，但有些州开始反对双语教育的提案。因为《双语教育法》的本质是主张一种过渡性的双语教育，但有些人认为已经超过了过渡性的范围。

（二）多元文化教育

为了解决印第安人问题，政府本打算通过同化政策去实现，结果证明同化教育模式是失败的，是不符合印第安人实际发展需要的。同化教育虽然使印第安儿童快速融入白人主流社会中，但是却不利于寄宿制学校内儿童的性格特征的形成和族群文化认同意识的培养，同时也对土著印第安人的语言乃至整个传统文化系统造成了难以恢复的破坏性影响。在加拿大，2008 年总理史蒂芬·哈珀（Stephen Harper）为在寄宿制学校的土著印第安儿童造成的伤害作出了正式的道歉，并对同化教育政策进行了深刻的反省。在 20 世纪 60 年代新一轮的同化教育招致民族矛盾急剧上升之后，加拿大政府为进一步解决印第安人问题，同时满足在多民族国度内各民族的不同需求，政府总理皮埃尔·埃利奥特·特鲁多（Pierre Elliott Trudeau）于 1971 年宣布实行"多元文化主义"政策。[1] 随着多元文化政策的实施，土著印第安人的权利逐渐得到越来越多的尊重和认可。加拿大作为一个多民族国家，也是较早实施多元文化政策的国度，其"马赛克式"的多元

① Miller, J. R. *Shingwauk's Vision: A History of Native Residential Schools*, Toronto: University of Toronto Press, 1996, pp. 138 - 142.

文化共存思想远近闻名，虽然强化"马赛克"效应仍存在诸如加剧"差别政治"和仅仅鼓励本民族认同等问题，但多元文化的理念却从整体上推动了加拿大多民族多文化的共存与发展。通过借鉴加拿大有关土著印第安人小民族多元文化教育的经验，对我国这个人口较少民族较多且较复杂的国度而言是不可多得的典型案例。

1. 印第安教育自治权的争取

随着多元文化政策的实施，土著印第安人对自己权利的争取意识也日益增强。他们意识到要加强本族群语言、文化的传承与发展，争取在政治、经济等各方面的平等地位，就必须优先发展教育。基于此，1972 年加拿大"全国印第安人兄弟会"（National Indian Brotherhood Association）率先提出要对印第安人的教育进行改革，并且提出了《印第安人管理印第安人教育》（Indian Control Indian Education）的报告。报告指出，印第安人有权管理自己部落的教育乃至全国印第安人的教育。同时认为，印第安儿童在社会中受歧视和强烈的自卑感与政府对印第安人实施的教育政策有着直接的关系。例如在学校的教材中，印第安儿童不能学习到自己民族的语言、历史、习俗与传统文化，了解不到印第安人为社会作出的贡献，不能正视和正面评价印第安人，因而使印第安儿童对自己民族产生了自卑感和挫折感，从而形成了性格上的自卑，无法从小树立起对民族的自尊心和自豪感，因而失去了民族认同意识和民族自强意识。据此，印第安人强烈要求重新编印教科书，把印第安人文化写入教材，删去歧视印第安人的内容，要求实现教育管理的自治。次年联邦政府接受了印第安人教育自治的提议，并从父母责任、教师责任、学校项目和学校设施四个方面去执行印第安人自治教育的政策。[1] 管理权移交后，印第安人重新编写教材，在初等教育中使用印第安语教学，学校董事会中有印第安人的位置。主要是希望能以此为起点，为印第安人自己的教育打下扎实的基础，建立独特的印第安人教育，实现印第安文化的重建和繁荣。

独特的印第安人教育是建立在印第安人独特的文化基础上的，以印第安人文化为标准确立教育模式和办学形式。具体而言，从教育者与受教育

---

① 陈·巴特尔、［美］Peter Englert：《守望·自觉·比较——少数民族及原住民教育研究》，中央民族大学出版社 2009 年版。

者、教学内容与教学方法等各个方面彰显印第安文化，并孕育着印第安文化。但是独特的印第安人教育并非封闭式的教育和单一的教育，它是把印第安人教育与主流文化教育相结合的多元文化教育，教育模式具有多样性，办学方式具有多元性。因此，印第安人的教育无论在教学内容还是方法上都很灵活，不仅在义务教育阶段为孩子创造了平等而适切的教育环境，也为进入更高层次的教育和学习提供了平等的机会和平台，促进了印第安人教育的发展。在历经了印第安教育从无学校教育到宗教教育，再到政府与教会联合分校制教育、合校制教育和省办学校教育，迎来了印第安人自治教育，实施印第安人教育自治后的 1975 年进入中学后教育阶段（高等教育）学校学习的印第安人仅有 800 多人，1984—1985 年，加拿大的印第安儿童中有 48.9% 在各省属学校就读，28.3% 在联邦学校就读，其余 22.8% 在部落管理的学校就读，而在 2000 年已达到了 3 万人。① 虽然印第安人获得了教育自主权与自治权，但他们丝毫没有排外的思想，主动进行本族与主流社会的交往和融合，并希望通过自治增强本民族的认同感和参与主流社会活动。其终极目的是希望印第安人在长期的不平等地位中能拥有平等权，得到社会的认可和尊重，在平等的基础上推动印第安人的生存与发展，保障其生存权与发展权的实现。

2. 印第安教育的文化保存计划

根据"马赛克"模式的加拿大多元文化教育政策，在境内任何族群都有权保存和发展本民族的文化，并对各民族的语言、宗教等传统文化都持宽容和尊重的态度。政府通过多元文化教育为各民族实施文化保存的援助计划，不仅向各民族文化群体提供支持，而且还通过非官方语言的教学和民族文化教育来保留和传承本民族文化。

长期以来，加拿大土著印第安语言长期得不到尊重和认可，对印第安儿童实施同化教育强迫学习英语。致使印第安语言使用的人数逐渐减少，进而加剧印第安文化传承的断代，甚至面临着一些传统文化的消亡，引起了印第安人的重视，要求本民族的儿童学习印第安语，保护印第安文化。同时多元文化政策规定："提高传统语言的地位"，同时还明确指出，"必须鼓励和保护所有加拿大的传统语言，承认多语言的文化和经济利益"。

---

① 姜彭：《加拿大文明》，中国社会科学出版社 2001 年版。

据此，加拿大政府还推出了遗产语言项目的政策，虽然政策规定国家的正式"官方语言"是英语和法语的双语政策，但是在文化上并不意味着英法系文化对印第安文化享有优势的待遇和地位，在"马赛克"模式的加拿大，任何族群、民族都是平等的，语言也是平等的。对语言平等地位的保存是印第安文化可以保留和传承的基础，多元文化主义政策的加拿大认为，任何族群都有权保留和发展本民族文化的权利，强调提供保持各民族文化的援助，给诸如土著印第安文化群体提供支持，促使他们通过非官方语言的教学和本民族文化的教育来保存他们的传统民族文化。

加拿大政府为了促进印第安人教育的发展，乃至整个族群的发展，就文化保存计划采取了几种不同的形式。为了实施文化保存计划，政府采取了各种专门的教育计划、项目和活动。诸如，在阿尔伯塔省对印第安人实行的师资培训计划。为了提高对印第安人的教育效果和效益，阿尔伯塔省把本土的师范教育课程与西北地区的师范教育课程相结合，加强对印第安师资的培训力度。同时，在一些有大量土著印第安人的温哥华学校中，开展文化丰富项目。其具体的实施方法是每天安排一个固定的时间，把印第安儿童从常规的班级中分离出来，让他们学习有关印第安文化遗产与传统的知识。随着部分教师一段时间的坚持后发现，班上的其他民族的儿童也产生了兴趣，于是采取了新的方法即整个班级每周安排一定的时间学习印第安文化。[1] 这个项目的实施使印第安儿童乃至整个学校少数民族儿童的自我评价水平明显提高，同时也使印第安文化在儿童阶段就得到了认知和传承，使印第安的发展寻找到了文化的根基，增强了印第安人的民族认同感和发展的自尊意识。但是，由于文化保存计划在印第安教育中缺乏经过专业训练的教师，学校重视程度的不一致，学习主流语言与文化课程任务的沉重，以及监督不力等问题，导致了文化保存计划的政策并未取得预期的效果，有待于进一步的完善和改进。

3. 印第安人教育自主能力的培养

任何一项政府政策如果缺乏政策受体的主动参与和受体本位的执行能力都是一个收效甚微甚至是失败的政策。即使是有着美好的初衷和愿望，

---

① 田景红：《加拿大多元文化教育：以印第安教育为例》，硕士学位论文，东北师范大学，2003 年。

如果仅依靠非内动力的推动，而不是政策受体内在的自治能力的发展，政策的执行都不可能是常态的，只能说是暂时性甚至是功利性的政策计划。因此，提高诸如土著印第安人之类的人口较少民族的自主发展能力尤为重要和紧迫。

在加拿大土著印第安人通过《印第安人管理印第安人教育》政策而快速实现了教育自治，但是其教育自治政策面临的首要困难是土著印第安人自身缺乏管理和自主负责教育的能力。在印第安人的发展历史中一直存在着缺乏自主发展与管理的机会，《印第安人管理印第安人教育》这一项政策也同样缺失参与政策设计与实现、参与相关教育计划的知识与技能培训的机会，甚至是缺失自主发展的自信心。因此，土著印第安人教育赋权自治的基本政策的执行并没能彻底的改变印第安人的教育境遇，也没能推动印第安人的发展。据此，加拿大"部长级国家教育工作小组"（Minister's National Working Group on Education）于 2002 年 12 月给印第安北方事务部的报告中指出："原住民教育正处于危机之中"，而土著印第安人的政策领导者和家长缺乏应对和缓解这一危机的能力。因此，要解决这一危机需要动员印第安群体以及所有的加拿大人，明确每个人的责任，投入充足的资金，把已确定的教育政策付诸实施，同时积极开发一套基于土著印第安人教育需要、符合教育理论的后续政策。虽然挽救土著印第安人教育的危机是整个加拿大人的义务和责任，但是这次的政策制定与执行更注重对印第安人本身能力的培养和加强，其关键也在于印第安人组织机构和社区以及家长内在的领导、组织和发展其教育能力的构建和提高。

为了能从实然层面提高印第安人内在的自主发展能力，政府便提出了教育基础设施的发展、土著印第安人的师资培训，以及家长和社区成员在教育上的自动参与，同时还提出在课程的设置和课程的创新上都需要发展自主能力。诸如 1996 年《皇家原住民委员会报告书》（Royal Commission on Aboriginal Peoples）为包括印第安人在内的原住民提供了教育政策的具体方向、详细案例以及原住民家长、家庭和社区成员怎样获得这种自主能力的建议。同时，加拿大联邦政府印第安北方事务部也积极响应，指出了系列促进印第安人自主发展能力提高方案。诸如《汇聚力量：加拿大原住民行动方案》规定了四个行动目标，其中除了重建政府关系和发展新的财务关系外，最重要和最突出的两个便是强化原住民管理能力和支持建立强而有力的社区、民族与经济。接着的《我们的孩子——神圣知识的守护者》强调：一是建议政府应提供资源增强家长、社区参与学校事务的能力，印第安人的长者应参与政策规划和实施的过程，并提供咨询功能。二是扩大教师培训课程，增加中等学校的原住民教师，增加在社区中的教师培训课程，并在所有的培训课程中加入土著印第安人的文化内容。三是对推动印第安教育的各个组织进行角色定位，实现政府与印第安人的积极合作，在学校中发展优质的土著印第安教育，设置具有文化关联性的课程与教学方法，从而建立一个完整的运行机制。还有《教育计划报告书》再次强化了土著印第安人的学校经营与管理能力、支持家长和社区参与学校活动、增进教师的教学效能，并协助土著印第安学生顺利地从学校走向职场。[①] 在实现土著印第安人教育能力的构建中，中学后的教育机构起到了重要的作用，诸如不列颠哥伦比亚大学教育学院在 1974 年就创立了有关原住民的师资教育课程（The Native Indian Teacher Education Program），为当地提供了一个有效且符合本土印第安原住民所需求的师资教育课程。另外，许多教育机构都制订了原住民教师教育计划，这对培养合格的土著印第安教师和管理人员起到了极其显著的作用。

三　澳大利亚土著人的教育模式

澳大利亚土著人传统上是过着狩猎和采集的生活，有着同其他国家的人口较少民族一样的传统生计方式。与其生存的天地系统紧密结合，完全依靠环境求得生存，过着与世隔绝的生活，其教育方式自然也是非正式的。现在据统计，澳大利亚共有土著人和托雷斯海峡岛民约 38 万，约占澳大利亚总人数的 2.3%，有着 300 多个传统土著语言群落，土著人和托雷斯海峡岛民都属于口传文化的民族。[②] 澳大利亚土著人问题一直是困扰着澳大利亚政府的重要问题之一。主要体现在教育的不平等问题上，在澳大利亚 31% 的成年人都受过高等教育，而土著人只占 11%。1997 年，非

---

① 滕志妍、李东材：《从赋权自治到能力建构：加拿大原住民教育政策的新路向》，《外国教育研究》2011 年第 4 期。

② 国家民族政法司：《中澳少数民族问题研讨会论文集》，中国社会出版社 2002 年版。

土著学生完成高等教育课程的比率是土著学生的两倍。[①] 据此，澳大利亚政府非常重视通过教育来解决土著人的生存与发展问题，因此高度关注与大力发展土著人教育，虽然仍存在一些困境，但是已经取得了显著的成效，值得我们去学习和借鉴。

（一）福利政策催生受教育水平降低

澳大利亚从 20 世纪 60 年代起就开始进行联邦教育体制改革，加大土著人的教育发展。但是仍存在部分土著人难以理解教育的力量，以及难以认识到教育能为他们和他们的家庭所起的作用。诸如在西澳大利亚北部东金伯利库努努拉地区的土著人，由于长期以来从事畜牧业，不需要课堂学习的参与。但是随着土著人从畜牧场被驱赶出来之后，政府就对这些土著人采取了特别的措施，于 20 世纪 70 年代为其建立土著居民社区安置点，让被驱逐的土著人住在一起。为了解决安置点土著人的生存问题而由政府出资实施了社区发展就业项目（也称 CDEP 项目）。该项目随着时间的推移逐渐走向崩溃，其主要原因是多年来土著人都依靠该项目计划生存，并没有学习和积累到实际的技能，而且有很多人并没有干活就能拿到工资，便促成了"坐着拿钱"的懒惰思想。这种依靠福利生活方式而运行的最严重的结果不是依赖思想意识的形成，而是对受教育需求的缺失。教育作为一项最基本的人权，是实现其生存权与发展权乃至其他人权的基本途径。教育的落后是导致人口较少民族地区贫困落后的重要因素，是阻碍人口较少民族发展的主要原因。

单一的经济发展优惠政策并非能真正解决一个民族或族群的贫困问题，反而可能会阻碍其整体性的可持续发展。澳大利亚库努努拉地区的土著人在福利政策的运行下，可以通过参加社区发展就业项目来获得收入，因而不需要接受教育便能解决生存问题。基于此，这也就成为土著年轻人认为的最简便的生活方式和最佳的出路选择，让他们找不到再回学校学习的理由。所以，自然而然的现象便是他们很早就辍学而加入了社区发展就业项目或福利计划。这种教育现象反馈到学校教育系统中，便使教师因可以预见这些土著学生的宿命而没有对他们赋予较高的希望，影响了教师的

---

① 滕星、王铁志：《民族教育理论与政策研究》，民族出版社 2009 年版。

教育积极性。教师无心教育、学生无心学习的现象使学校教育这个系统并未真正的运行起来，土著学生也并未融入这个系统中，因而只有最初步的受教育水平便离开了学校。可见，在这种福利政策背后暴露出了深层的隐患，生长于库努努拉地区的乌南组织的执行主席伊恩·特尔斯特谈道："由于很容易就能享受到福利，因而产生了依赖福利的文化，这是造成即使在赋予了高度自由的受教育权的今天仍然不愿意受教育的一个主要因素。40%的土著儿童只读到 9 年级，且仅有 20%的人继续读 11 年级或 12 年级。同时，在东金伯利，占了监狱中犯人总数的 80%，大多数犯罪都直接由低教育、过度酗酒和无业等造成的机能失调的生活方式所导致的。"① 久而久之，土著人自己不断地产生自卑心理，总是把自己看成是能力有限而无法自救的受害者，希望等待和依赖政府给予福利性的救济而获得生存。

（二）教育平等权的特别保护措施

教育平等从法理层面上体现为受教育权的平等，教育平等权的维护实质是保障教育公平的实现。罗尔斯认为："作为公平的正义"要求社会秩序的安置必须遵循两个最基本的原则，分别为第一原则即自由原则和第二原则即机会确实均等和差异原则，这是衡量一个社会是否公平正义的"底线原则"。② 就处于相对弱势地位的民族或群体而言，则更应强调差异原则，唯有社会弱势成员在可以获得最大利益的条件下，社会或经济上的一些不平等才可以被宽容。同时，在对于少数人采取特别保护措施时，有学者认为："依据运行的领域和宗旨，可以把特别保护措施分为优惠政策和特殊措施，以达到实质平等为目标的优惠政策是运用于社会的共同领域，而特别措施则是在社会的分离领域中维护和促进民族或族群的认同。"③ 澳大利亚南联邦政府为了发展土著人教育，实现教育公平而采取了系列的政策措施。诸如联邦政府教育培训部长戴维·坎普颁布了《发现民主：公民学与公民教育》，在关于"国家所面临最主要的教育挑战之

---

① 国家民委政法司：《"中澳少数民族地区消除贫困与人权事业发展研讨会"论文集》，中国农业科技技术出版社 2009 年版。

② ［美］约翰·罗尔斯：《正义论》，何怀宏等译，中国社会科学出版社 1998 年版。

③ 周勇：《少数人权利的法理》，社会科学文献出版社 2002 年版。

一仍然是土著人教育平等问题"的声明中强调：土著人与非土著人教育水平之间依然存在较大的差距，应确保土著学生受教育优先的战略和政策。除了政策的保障，还从法律上保障土著儿童受教育平等权利的实现。

1. 形式灵活的教育特殊措施

形式灵活是澳大利亚土著人教育的一个最大的特点，它不仅体现在入学形式上，还体现在教育教学方法上。同时也是建立在充分考虑到土著人教育需求的多样性和生存实际的复杂性基础之上的，通过实践证明是与土著人发展相适切的。

灵活多样的教育教学方式使土著学生复杂而多元的教育需求得以很大程度的满足。就入学条件而言，土著学生的入学条件是很宽泛的，只要愿意学习就会提供机会，诸如土著学生希望进入大学获得知识，便降低条件录取，基础较差的通过补习的形式进行弥补。在入学年龄上也不受限制，没有规定最低年龄和最高年龄，只要是愿意进入学校获取知识的，都加以准许。在课程设置方面，也是按照土著人的要求而开设的。在政府对土著人课程需求的调查中发现，土著人认为经济的发展才是他们民族发展的根本出路，因此就课程开设上以经营中小企业和管理乡镇的课程居多。根据土著人自己的学习要求而制定课程，不仅增加了土著学生的学习积极性，保障了土著学生的受教育权，还使土著学生参与意识和参与权得以彰显，提升了他们的民族自尊和民族认同感。在学习的形式上也是极其灵活的，土著人可以分段学习，在学习一段时间后，如希望回去工作和参与社会实践活动等，可以在返回社会一段时间后再回学校学习。在教育经费上，政府也给予土著学生特别是在大学阶段的学生很大的扶持，如无教育经费支付能力的可以申请政府贷款，毕业后有了经济收入再偿还。与此同时，澳大利亚政府还专门为土著人建立高等院校，诸如澳大利亚北部地区的贝切勒土著学院，学校只招收土著学生，学院虽然是高等教育的学校，但是它不仅提供高等教育，还设置了各种形式的免费培训，采取这种混合式的教育方法，为土著人的教育提供了十分灵活的形式。① 除此之外，澳大利亚联邦政府为了保障土著人教育灵活形式的巩固和完善，从土著人师资培训

---

① 魏晓燕、黎海波：《澳大利亚发展土著教育的特别措施》，《基础教育参考》2005 年第 11 期。

方面加强师资力量的建设，使双语教育更科学化和合理化，并实行了双文化教育的特殊教育计划，使土著人能享受现有的教育，并乐于在学校受教育。同时，为了从更深层面推动土著教育的灵活发展，还专门设立了土著人教育发展的研究机构，专门研究土著人教育的特点、需求以及随着时代发展而致的教育改革和创新，通过不同的形式和不同的层面实现教育形式的灵活，教育实质的平等。

此外，教学方式的灵活性方面值得进一步阐释的还有专门为土著儿童设立远程学校，满足边缘土著儿童接受教育的需求。澳大利亚教育工作者在吸取了世界各地远距离教育长处的基础上，建立了自己的远距离教育中心。其中之一坐落在悉尼，名为"Open Training and Education Net-Work"。远距离教育环境的现代化设施设备齐全，同时在远距离教育中的课程科目也齐全，结构灵活性强，没有学习顺序的限制，学生可以根据自己的学习掌握情况安排进度，课程内容汇报的形式也是多样化的。如悉尼的 VS-DEP 小学有函授生 150 名，其中大多数都是边缘地区、农牧区、海岛土著人等一些不便入学的人。这些学生入学时还是必须来学校注册，当教师见面后把教材、作业以及辅导材料邮递给学生本人或者是监护人。学生作业送老师批改以及教师的反馈信息都是通过邮寄的方式完成。为了保障教育的质量，函授的学生需定期参加国家规定的水平测试，同时学校对学生的学籍管理也非常严格，在各种渠道的监督与控制下，远程教育的效果较理想。① 通过远程教育，土著人学生的总体数量也有相当大的增长，大大地推动了澳大利亚土著人教育事业的发展。

2. 适切的教育优惠政策

在维护土著人教育平等权方面，澳大利亚政府采取的另外一个备受称赞的特别保护措施便是制定了系列适切的教育优惠政策。其适切性主要表现在随着土著人发展实际的变化而进行及时的政策完善，始终以满足土著人的发展需求而制定，是与土著人政治、经济和社会的发展一致的。在土著人教育优惠政策的价值取向上坚持多元文化主义的理念，并以维护民族的平等公平为核心，因而重视土著人与非土著人之间发展的差距。据此对土著人实施的系列教育优惠政策从实质上讲是为了对处于相对弱势的土著

---

① 滕星：《多元文化教育——全球多元文化社会的政策和实践》，民族出版社 2010 年版。

人给予补偿，这也正是罗尔斯差异原则的集中体现。同时，除了通过教育优惠政策体现平等公平的正义理念外，教育在整个社会系统中的重要性也使得澳大利亚政府需要通过政策保障促进教育的发展，继而解决土著人生存与发展的问题，实现多民族国家的和谐发展。有学者认为，"当今许多问题都与教育政治揉在一起。因为教育关系到失业青年问题的处理；关系到多元文化观念的转变；还牵涉到澳大利亚土著人的自觉权问题"①。此外，政府强调教育的重要性还体现在教育可以缓解土著人及其社区面临的一些社会问题，它是缓解就业压力和减少犯罪率的最重要的因素之一。就土著人自身而言，教育也是提高他们公平的社会参与度的动力，是增强他们自我尊重与民族认同的基石。主要表现在以下三方面：

一是补偿性教育政策。针对土著人教育实施补偿性政策是政府长期以来坚持并不断完善的主要政策手段，从澳大利亚教育体制改革推行的一个土著人教育政策便是资助性的政策。1969 年联邦政府针对土著居民的教育困境和不公平的现状，就推出了《土著研究资助计划》（The Aboriginal Study Assistance Scheme，ABSTUDY），其研究的目的主要是希望土著学生能充分利用学习机会，增加就业机会，以达到解决土著人教育困境乃至生存困境的问题。1990 年由教育、培训、就业和青年事务部（MCEETYA）出台了《土著教育战略性举措计划》（Indigenous Education Strategic Initiatives Program，IESIP），该计划的资金是由各州和地区专门为土著学生提供的，主要用于大学、职业教育及其培训机构，为远程教育学习的土著学生提供额外的在校支持。紧接着 1991 年内阁审批设立了《土著人教育直接资助计划》（the Indigenous Education Direct Assistance，IEDA），与《土著教育战略性举措计划》一道成为联邦政府针对土著教育的两项关键性政策。IEDA 由三个部分组成：土著学生资助和父母参与计划，主要是提高土著学生及其家长在学校教育中的参与机会和参与权的保障；土著学生辅导帮助计划，为从小学到大学的各级各类学生提供额外的学习辅导；土著人职业与教育引导计划，为受教育者的就业中的职业选择或进一步深入

---

① 马金森：《澳大利亚教育与公共政策》，严慧仙、洪淼译，浙江大学出版社 2007 年版。

学习提供指导与帮助。① 为了进一步提高土著人受教育水平，1998 年针对高校提出了《高等教育资助法案》，联邦政府设立专门的土著民资助金，以期提高土著人的高等教育入学率和促使学业水平的提高。自 1998 年起，该资助计划分别以 50% 的资金用于提高土著学生的参与率，35% 用于促进土著学生的学业水平进步，而 15% 用于土著学生的奖学金分配。② 进入21 世纪后，澳大利亚联邦政府于 2000 年又提出了《土著居民教育（目标援助）法案》，并于 2004 年进行修订。该法案主要是通过增加拨款的形式来支持和发展土著人的教育，规定逐年增加对学前教育、中小学教育、职业教育以及培训部门的拨款额度。同时还增加了资助对象，主要是对使用土著语言的学生学习英语加以资助，对共同致力于土著人教育的项目进行资助以及一些短期的特殊资助。

　　二是公平权利维护的教育政策。面对土著人教育不公平的问题日益显著，1976 年澳大利亚政府设立了土著教育委员会，专门辅助联邦教育部门来推进土著人的教育事业。在各级政府部门的努力下，联邦政府在1988 年颁布了《澳大利亚土著和托雷斯海峡岛民学习基本原理法案》。随后州、地区和联邦又联合为土著人做了一项极其重要的努力便是出台了《国家土著人和托雷斯海峡岛民教育政策》（NATSIEP），其目标是为了实现土著人在接受、参与以及完成各种形式教育中的完全平等。NATSIEP的目标被吸纳到了 1989 年的《土著居民教育法》（Aboriginal Education Act, 1989）之中，成了法律性的规定。同时在《土著居民教育法》中明确的界定了"土著居民"指澳大利亚境内的原住民即托雷斯海峡岛民。同年 10 月，联邦政府又出台了《国家土著居民与托雷斯海峡岛民教育政策》（National Aboriginal and Torres Strait Islander Education Policy，AEP），该政策强调土著人在制定教育决策中的参与权，平等的受教育权，参与教育的平等权以及平等的享受教育成果的权利，并以此四个目标为基本标准，来衡量土著人与非土著人之间的教育平等与公平。而后 1999 年各州以及联邦政府共同提出土著教育优先发展的政策，把土著教育列为最紧迫

---

① 王兆璟、陈婷婷：《澳大利亚土著人教育优惠政策：进程、动因及价值取向》，《当代教育与文化》2010 年第 6 期。

② 吴明海：《中外民族教育政策史纲》，中央民族大学出版社 2006 年版。

的国家优先发展事业。政府试图通过教育获得知识与技能来赋予土著人更多的权利。教育优先发展的具体政策措施表现为：（1）6—15 岁义务教育阶段的所有儿童必须上学，并是依法强制性的；（2）在经费投入上对土著儿童给予大幅度的倾斜和照顾，按照土著人教育发展与研究的项目和计划划拨专项经费；（3）州和联邦政府为土著学生提供各种资助；（4）利用现代传媒技术发展远程教育，保障边缘土著儿童受教育权的实现。① 为了实现土著人的公平与平等，澳大利亚各级政府通过制定法律法规以及采取政策措施，并不断的完善立法和加强政策的制定，使土著人的受教育权乃至社会平等权得以保障，是值得我们借鉴和学习的。

三是增强民族认同的教育政策。随着现代化与主流文化浪潮的冲击，一些人口较少民族的文化正面临着消亡的危机。同时也使他们被动或主动的融入主体民族之中，其民族特征随之逐渐消失，继而是人口较少民族的日益减少。著名的结构人类学家列维—斯特劳斯曾谈到，每一个文化都是与其他文化的交流来自养的。但它应当在交流中加以某些抵挡，如果缺失这种抵挡，那么它就很快不再有任何属于它自己的东西可以去交流了，就失去了自己的特性。因此，"保存不同的文化，提倡各个民族或族群自己的认同，是发展我们这个多元文化构成的星球的关键，其道理如同在生物界要保护物种的多样性一样"②。因此，面对人口较少民族正在不断地走向衰亡，我们有责任去保护其传统文化的根基，维护全球民族的多样性。在澳大利亚这个多民族国家内，历史上一段时间对诸如土著人等少数民族实施同化政策，使其民族文化遭到严重的破坏，甚至是种族灭绝。为了保护民族文化遗产，保护和尊重各民族而实施了系列政策措施，其中通过教育实现民族文化认同是一种切实有效的途径，因此澳大利亚政府通过教育优惠政策来保护与发展土著文化，实现土著人的民族认同。

为了彰显土著文化和提高土著教育核心竞争力方面的成果，于1999年通过了《关于 21 世纪学校教育国家目标的阿德莱德宣言》。该宣言不是为了简单地提高就业前景，而是把教育看成是基础性的社会交往能力与

---

① 杨祖湘：《澳大利亚民族教育——教育部赴澳民族教育考察团》，《中国民族教育》2000年第 1 期。

② 张诗亚：《强化民族认同：数码时代的文化选择》，现代教育出版社 2005 年版。

情感能力的培养。更重要的是该宣言有关国家目标明确指出，社会公正取决于所有学生对土著文化的学习，而且规定了在学校中进行土著研究的双重目的。以期望通过文化认同来增加土著学生的自尊心和自信心，同时也希望让更多的人来关注土著人和土著文化。同时，澳大利亚教育、就业和劳资关系部门（DEEWR）也致力于澳大利亚政府的目标——逐渐减少土著人的劣势地位，增加土著人在高等教育领域的成果。因而在高等教育中增加土著人的文化和知识，主要通过增加土著高等教育的入学率，鼓励更多的土著人参与到高等教育的政策发展中，给高等教育提高额外的资助以增加土著人的成果等途径。政府希望通过政策的保障支持土著文化的传承和发展，在多元一体的国度内，除了土著人自身要加强自我文化的重视与保存外，其他民族的人也应学习和了解土著文化以达到尊重和宽容甚至是共同发展的目的。

四　启示

"他山之石，可以攻玉"是比较研究的核心目的，本书尝试着从一些具有典型性的国家或地区的人口较少民族教育发展中寻找经验与启示。本书立足于教育促进人口较少民族生存发展，促进其生存与文化和谐共生的研究基础，借鉴前苏联与俄罗斯联邦时期北方小民族、美洲印第安人、澳大利亚土著人的教育发展经验，以期能为我国人口较少民族教育发展提供可行性的理论与实践的启示。

第一，过度强化寄宿制学校与主体民族语言学习加剧人口较少民族文化消失。

寄宿制学校教育不仅导致民族特征的逐渐消失，而且使民族文化的传承断代。在分析前苏联北方小民族政策时，美国学者伍兹认为："不重视小民族文化模式而由政府、政党主观意志决定，把文明强加于小民族社会，这是一种经验和教训的讨论。"[①] 寄宿制学校教育体制也是我国山区、农村地区普遍实行的一种教学形式，通过对前苏联小民族寄宿制学校教育对其小民族发展的影响分析，为我国人口较少民族教育扶持性政策提供经

---

① ［美］克莱德·M. 伍兹：《文化变迁》，何瑞福译，河北人民出版社 1989 年版。

验，使人口较少民族的发展更能反映其生存与发展的本质。

同时，根据前苏联政府对北方小民族语言政策实施的典型案例的分析，为我国双语教育政策的制定和运行提供了很好的经验和教训。可见，国家在制定政策或法规时应充分考虑小民族的特殊性，维护小民族使用母语和传承本民族文化的权利。同时应充分尊重扶持主体即小民族的意愿，而不能在非内动力的作用下人为地强制割断小民族语言乃至整个文化的发展轨迹，这是一种不尊重小民族生存权与发展权的表现。在多元文化理念为主的当今社会，应更多的关注少数人的权利，尊重他们的历史、语言、宗教以及生产生活方式等一切文化形式，以多元文化丰富人类社会，推进人类社会的进步和发展。

第二，建立满足人口较少民族生存发展需求的教育政策与法律保障体系。

在政府的非内动力作用下，人口较少民族超常规跨越式的从原始社会进入现代社会，在骤变中的不适应，使人口较少民族为进入现代化付出了沉重的代价。加上政府政策特别是教育政策的失误加剧了文化不适应和民族文化消亡，俄罗斯的北方小民族证明了这点。

前苏联北方小民族教育政策的诸多失误是俄罗斯联邦时期对其教育提出改革和立法保障的基础，也是为我们人口较少民族教育发展提供的有利借鉴。首先，应加强教育培养小民族的自主意识和自治能力，增强其自主发展机会的政策与法制的建设。因为俄罗斯北方小民族是被国家主体民族即俄罗斯民族拉入现代化进程中的，是一种被动的发展状态，且尚未成为发展的主角。这些小民族从原始社会直接过渡到现代社会，世代沿袭的传统生计方式在骤变之下难以适应变迁后的环境。为了快速推进小民族的发展而进入主流社会，改变小民族技术性较低的工作，在小民族地区的管理者和技术人员多是由俄罗斯人等外来民族的人。因此，长期以来，在政府的扶持下，小民族逐渐缺失自主发展意识和自治的能力。这些意识与能力的培养是教育的职责，需要确定教育在这方面的发展理念和价值取向，根据小民族发展的特性和实际而教育，实现教育促进小民族发展的终极目标；其次，小民族的教育政策与法律应以培养文化认同意识和增强文化传承的能力为价值取向，使本民族文化与主流文化和谐共生。北方小民族由于处于相对闭塞的生存环境中，远离人类社会发展的主流文化，与主流民族的现代化之间存在着巨大的差距。而他们进入现代化、融入主流文化是在自身社会经济发展并无现代化需求、现代主流文化观尚处于蒙昧状态的情况下迎来被动的现代化。迁居，使文化赖以生存的环境发生了巨变；普及寄宿制学校教育制度，使传统文化传承断代，加快融入主流文化的速度；强迫学习俄语，更促使以语言为纽带的民族文化快速消失。而在一个较之陌生的主流文化生存环境中，现代化的发展需要主体民族自始至终的帮助和扶持，一旦这些大民族减弱或撤退对小民族的扶持政策和行为，小民族将会停滞不前，甚至面临生存危机。虽然小民族在大民族的帮助下可以跨域式的进入现代化社会，不去重复大民族曾经走过的为追求现代社会而遭遇的艰难发展历程，但是小民族为进入现代化社会付出了沉重的代价。

因此，要真正实现北方小民族的可持续的生存发展，传承和重建本民族文化，需要建立与人口较少民族生存发展需求相吻合的教育政策和法律保障体系。只有通过适切的教育政策与法律价值取向的选择，特别是加强人口较少民族教育的立法建设，才能规范的、制度化的通过教育满足人口较少民族生存发展的需求，传承文化继而实现其特色发展之道。

第三，确立以自主发展和文化保存为核心的人口较少民族教育发展选择。

从美洲印第安人的教育发展历程可见，印第安人的教育经历了同化教育模式到多元文化教育模式的转变。这一转变是在同化教育模式失败的实践经验中总结形成的，选择多元文化教育模式符合时代的适切的选择。同时，多元文化教育模式是当下教育发展的主要发展趋势，是适应现实发展需求的必然选择。

首先，实践证明同化教育政策并未能促进土著印第安人的生存与发展以及发展权的实现。反而对印第安人造成了文化消亡和族群认同等方面的伤害，迎来了日渐增多的反对之声。一方面寄宿制学校逐渐走向衰弱，主要是因为保留地中的印第安青年一代面临着一个极其残酷的现实，学生在寄宿制学校生活而长期脱离传统的部落生活，同时在学校学习的知识技能与传统的生计方式格格不入。当印第安学生在主流社会中无法就业而返回保留地时，却发现已无法融入部落之中，在学校学的知识无用武之地，除了自我文化的不适应外，还要承受族人的讥讽排斥和家长的埋怨责备。因而，印第安人不愿意再送子女去学校，印第安孩子也不愿再去学校，即使政府强迫他们去学校，一些孩子也设法逃回家，寄宿制学校不再能得到家长的支持和学生的合作。另一方面"惟英语教育"使印第安语言最终消亡，进而导致印第安文化传承的断层与断代。同化教育强迫印第安人抛弃传统的生计方式和文化习俗，学习白人的主流文化和价值取向，力图使印第安人尽快融入主流社会之中，对印第安文化造成了毁灭性的打击，同时使印第安人的生存与发展面临着新的困境和危机。

其次，以自主发展意识的培养与传统文化的保存为核心的多元文化教育模式是印第安人教育发展的适切选择。要推动土著印第安人乃至整个小民族教育的发展，进而提升小民族的生存与发展能力，就应从根本上培养他们在教育发展中的主动参与、自主决策以及管理和领导的能力。一方面，家庭教育与社区教育的参与是自主能力培养的有效途径。通过加拿大土著印第安教育自主能力的培养可见，各项政策都非常重视土著印第安人家庭与社区在教育中的参与作用，强调家庭与社区在教育发展中的潜在力量。20 世纪 90 年代，加拿大就在土著印第安人所在地区建立了几所部落社区大学，这也是加拿大多元文化主义向更深层次迈进的标志。① 学校也有意识的注意与家庭和社区的沟通、合作，使学校教育与家庭和社区联系起来并向家庭和社区延伸；另一方面，传统文化的保存需要依据本土化的传授者与接受者、传承的资源和传承环境。家长和其所在的社区群众是本土文化育人的主要承担者。同时通过对具有印第安人传统文化知识结构的本土师资的培训，通过具有民族文化背景的教育者去衔接学校、家庭和社区的力量，从而达到"三教合一"的合力。家长和其所在的社区是本土文化的源泉，也是本土文化作为基础的本土课程的重要资源。此外，只有家庭和社区才是文化生存与繁衍的根据地，学校教育的发展如要脱离家庭和社区就犹如鱼儿离开了水，失去了赖以生存的环境。

总之，通过强迫寄宿的隔离教育方式和"惟主体民族语言教育"的同化教育模式，经过实践证明，印第安人面临着生存发展的危机，而且对其文化造成了毁灭性的打击。因此，在失败经验的基础上，印第安人逐渐争取教育自治权、实施文化保存计划和加强自主能力的培养，在多元文化

---

① 陈云生：《超越时空——加拿大多元文化主义》，河北人民出版社 2000 年版。

教育模式下印第安人唤起了自主参与意识并且积极地自主发展。对人口较少民族教育发展方面的政府政策制定与实施来说，无疑是值得借鉴的重要启示。期望印第安人之类的人口较少民族自身内部力量得以焕发，积极参与和决策的合力能够使其发展找到根基，促使自我决策能力的可持续发展，进而实现以内动力为核心的自主发展。

第四，确定合理的人口较少民族教育政策价值取向。

通过对澳大利亚土著人教育发展历程的分析可见，澳大利亚政府非常重视教育在促进土著人生存发展方面的作用，并制定实施大量政策保障土著人教育的发展。但是，教育政策价值取向的定位直接关系到土著人教育发展的成败，这对于人口较少民族教育政策的制定有着极其重要的警示与借鉴意义。

首先，仅依靠优惠政策无法真正促进土著人乃至整个人口较少民族的生存发展。澳大利亚政府曾经对土著人采取优厚的福利政策，不但没有实现教育的应有功能，反而催生了土著人受教育水平的降低，使土著人形成了强烈的依赖心理。因此，政府需要认真的看待对人口较少民族所实施的简单的福利政策。深层次的剖析其利弊，因为较丰厚而又太简单的福利容易破坏人们从福利系统中独立出来的能力。政府应该从促进人口较少民族的可持续发展理念出发，减少甚至停止一些有工作岗位的地区和有工作能力的人所提供的直接福利收入支持。同时，对那些希望通过教育、就业来改变生存模式的人给予大力的支持，并帮助那些有能力的人独立出福利系统，进而形成主动独立发展的思想和依赖内动力自主发展的能力。

其次，就人口较少民族而言，以教育平等与公平权的维护为基础，采取特殊的保护措施和适切的教育优惠政策。一方面是需要采取形式灵活的特殊教育措施，保障其教育平等权的实现。澳大利亚政府以灵活的形式来应对土著人教育问题的复杂性，希望通过各种各样的形式来达到土著人教育平等，实现土著人教育发展的目的。由于土著人长期以来对专业化的学校教育的需求不强烈，受教育程度低，因而在现代化的社会浪潮中往往处于发展的弱势，进而在恶性循环中导致土著人生存与发展出现困境，他们的平等与公平的权利无法得以彰显。基于此，政府对土著人乃至整个人口较少民族的教育都相当的重视，希望通过教育优先发展来带动整个民族的发展，因此在教育的方法上以尽量灵活的形式来保障尽可能多的人能接受教育，保障受教育权的实现，继而是保障社会公平的实现，土著人以及整个人口较少民族的生存权与发展权的基本人权保障的获得；另一方面，以公平与正义理念为核心，通过补偿、公平权利维护和增强民族认同的教育政策价值取向的确定，以最终实现适切的教育优惠政策。在多元文化的时代背景下，政府在针对诸如土著人之类的人口较少民族这个特殊群体而制定政策时，其政策的价值定位都是围绕多元文化思想而展开的，是依据人之所以为人的本质的平等与公平的人权理念而阐释的。众多教育优惠政策为了缩小民族之间的差距和保持民族之间的差异，给学生提供充分的文化选择的权利和机会，培养学生跨文化的适应能力，消除对亚文化和人口较少民族的歧视，以期实现来自不同人种、民族、社会集团的学生能享受教育平等的目的。而如同教育平等有着形式平等与实质平等一样，一些教育政策的制定都有着美好的初衷，但是因政策的制定未能与实际需求相吻合，或者是在执行过程中的应对能力和监督能力欠缺等各方面的因素，导致政策的实施效果并未能达到预期的目的。

因此，什么样的教育政策才是最有效的是值得我们深思的。需要从教育政策价值分析的基点出发，在政策的目标、制定、实施过程与结果各个环节加以控制，才能真正实现教育政策的价值，促进人口较少民族教育的发展，进而彰显社会的公正与公平，以及生存与文化的和谐共生，继而保障人口较少民族生存权与发展权的实现。

第五章

教育促进人口较少民族生存与文化共生的政策建议

在经济全球化和现代化浪潮的冲击下，一些以传统生计方式为主且文化相对简单的人口较少民族面临着自然演进的中断，文化骤然的变迁，进而导致其生存发展问题的日益凸显。面对传统与现代的交融与激荡，人口较少民族在发展中遇到了诸多难以抉择的两难问题：民族的生存发展与民族的同化消亡、民族现代化发展与民族传统文化的消失、外源性政府扶持的强化与内源性自主发展能力弱化之间的多重矛盾。其矛盾的核心并非经济发展的制约，而是传统文化与现代文化的碰撞，严重地影响着人口较少民族这个特殊群体的发展。诸如分布在亚洲、美洲、非洲和大洋洲等世界各地的常被称为"原始人"、"土著人"、"部落民"、"原住民"、"小民族"等的部分族群或民族，他们都属于人口较少民族，正在现代化的浪潮中经历着生存发展问题的考验，且每年都有一些人口较少民族在无声地消失，它不单是指生命个体的消失，更是指以族群为载体的文化基因的消失，已引起了世人的高度关注。基于此，作为促进族群生存发展途径的教育，该如何应对以及该如何做出理性的选择是值得深思的。笔者尝试着从教育政策的角度探讨人口较少民族的教育目的选择、教育方式选择和教育内容选择，以此实现人口较少民族的生存发展，维护人口较少民族发展权的实现。

一 教育政策理论的选择

人口较少民族因其人口数量相对较少、传统文化相对简单以及生存环境极其脆弱等固有的内在特征，因而在现代化发展背景下，人口较少民族显现出了社会发育程度低、生产生活相对原始落后等问题。据此，政府制定了改善人口较少民族生存与发展的系列扶持性政策。非内动力的大量扶持性政策跨越式的推进了人口较少民族的发展，但同时也出现了因转换跨度太大而引起的适应能力与适应机会等系列问题，诸如生计方式的转变对生存与发展能力的挑战，主动与被动的文化转型造成文化断层与文化适应问题等人口较少民族发展的现实困境。这些现象背后深层的问题是教育问题，是人口较少民族的教育未能与现代化为衡量标准的发展相适应，同时其教育未能实现在保护与传承族群传统文化基础上的发展。而从理论上讲，首先，人口较少民族应拥有国际法律规定的少数人权利，拥有生存权与发展权的最基本的人权，而这些权利赋予了他们的教育选择权，制定了教育促进族群发展的相关规定。其次，不同族群有着不同的文化，文化的差异性决定了教育方式的差异性，进而决定了发展方式的差异性。最后，生存与发展、文化、教育三者是可以构成一个系统相互作用，教育是可以促进人口较少民族生存与文化的和谐共生。

（一）坚持少数人权利保护的理论基础

少数人权利的实现是其发展的基础和先决条件。对少数人权利的保护在国际、国内各层面上一直以来都是一个颇受关注的话题，在多元文化背景下，依据公平、正义、人权等人类的基本价值理念，少数人的问题日益突出，少数人权利及其权利的保护显得尤为重要。而教育在少数人权利保护上显得更为重要和必要。因而，联合国及一些区域性人权保护机制下保护少数人权利的专门性宣言与公约，以及相关的国内立法相继不断产生，为少数人权利的保护从应然状态逐渐转向实然状态，保护了少数人生存与发展的正当权利。

从"少数人"的概念可见我国的"人口较少民族"应属于这一概念范畴之内。少数人，英文中为"minority"，法文为"minorité"，1971 年联合国防止歧视与保护少数人小组委员会关于《属于民族、宗教和语言上的少数人群体的人的权利研究》的报告中把"少数人"定义为："一国人口中在数量上少于其余人口的群体，处于非主宰地位，与该国的其余人口不同，作为该国的国民，这种群体的成员拥有民族、宗教或语言上的特征，并明示地或仅仅是默示地在保护其文化、传统、宗教或语言方面表现出一种团结的情感。"① 其实，国际上的"少数人"概念最早是与种族、宗教、语言和传统的特性联系在一起的。而真正对少数人概念的重视是在1966 年联合国《公民权利和政治权利国际公约》第 27 条特别规定了少数人的权利②，赋予了少数人在宗族、民族、语言等方面的权利并保持他们所希望维持和发展的特征的权利。虽然许多国际法文件都涉及了少数人，可是到目前为止国际社会还未有一个普遍接受的有法律约束力的定义，尽管如此，众多对"少数人"的界定都是围绕"种族（民族）、宗教或语言的少数人"这一构成要素的，从而也不影响国际社会对少数人的理解和权利保护的重视。

　　"少数人"、"土著民"与"少数民族"在界定上有重叠部分，也有区别之处。"土著人"的称谓有一个演变的过程，从"土著人"（Indigenous Population）到"土著人民"（Indigenous Peoples）是土著人群长期斗争的结果。在国际社会中要求承认土著人权利的系列运动主要起源于北美的印第安人、因纽特人，北欧的萨米人和澳大利亚的土著民等。在国际劳工组织通过的《第 169 号公约》中对"土著民"（Indigenous）界定为"独立国家中的土著民是那些在被征服、殖民或建立现时的国家疆域时居住在一个国家或一地理区域内的居民的后裔，无论其法律地位如何，他们还保留着其部分或全部自己的社会、经济、文化和政治制度"③。由此可见，土著民与少数人最大的区别在于土著群体的血缘关系和地缘关系，这是代际间文化得以传承的重要纽带。在有关权利的保护方面的实质性的差异体现在两方面："一是有关自然资源权利和土地权利方面，国际劳工组织《第 169 号公约》和《土著人民权利宣言》草案中是作为核心内容进行规定，而《少数人权利宣言》中则没有这些权利；二是有关少数人权利的国际文件中所规定的都是个人权利，而土著民权利则可能含有'人民'的权利。"④ 虽然就

---

　　① 周勇：《少数人权利的法理——民族、宗教和语言上的少数人群体及其成员权利的国际司法保护》，中国社会科学出版社 2002 年版。

　　② 《公约》第 27 条规定："在那些存在着人种的、宗教的，或语言的少数人的国家中，不得否认这些少数人同他们的集团中的其他成员共同享有自己的文化，信奉和实行自己的宗教或使用自己的语言的权利。"

　　③ 周勇：《少数人权利的法理——民族、宗教和语言上的少数人群体及其成员权利的国际司法保护》，中国社会科学出版社 2002 年版。

　　④ 同上。

其二者的实质性差异还存在争议，但在国际法律的规定上已逐渐对"土著人"有了较明确的专门性规定。就"少数人"与"少数民族"的概念外延而言，"少数民族"（Minority Nationalities）主要是指"历史形成的一种具有共同语言、共同地域、共同经济生活以及表现共同民族文化特点上的共同心理素质的稳定的共同体"①。可见，二者是从属关系，少数民族是少数人中的一个组成部分。就我国"人口较少民族"的概念而言它是根据"少数人"的核心要素而界定，主要包括从民族层面讲是多民族中人口数量相对较少的民族；从宗教上讲是因其生存环境较闭塞而形成较独立的自成一体的原始宗教，加之人口数量少，构成了宗教上的少数人；从语言上讲同样是生存环境的相对偏远和闭塞，语言的使用主体与外界接触甚少同时人口数量又少，故而是语言上的少数人。我国人口较少民族满足国家上对"少数人"的要求，因而，我国人口较少民族的权利保护也应遵循国际上有关少数人权利保护的国际法的相关规定，重视并加强我国人口较少民族权利保护法规与政策的制定，保障其应有的权利。

1. 少数人权利在维持差异与缩小差距中需要教育加以保障

从少数人权利的内容上看少数人的发展体系，主要包括维持差异与缩小差距两方面。"从最基本的对肉体生存上的保护到文化传承的维护，进而扩展到有效参与公共社会生活、共享社会经济文化发展的利益，并完善国家的民主政治体制。"② 一方面是维护少数人群体身心的完整性与独特性及其群体成员认同感的权利，另一方面是缩小与多数人群体的发展差异的权利，促进少数人经济、政治、文化的参与度和发展程度，实现多元一体民族社会的发展。根据联合国《少数人权利宣言》和其他有关国际文献，少数人权利的内容主要体现在以下几方面：（1）保持群体特性和维持群体成员认同。文化、宗教、语言等要素最能体现群体或族群的差异性。联合国《儿童权利国际公约》规定："在那些存在着民主、宗教或语言上的少数人或土著民的国家里，属于这一少数人或土著民群体成员的儿童不得被拒绝其与他或她族群的其他成员一起享有自己的文化、信奉自己

---

① 关今华：《人权保障法学研究》，人民法院出版社 2006 年版。
② 童娅琼：《少数人权利保护之平等视点》，《法制与社会》2007 年第 9 期。

的宗教或使用自己的语言的权利。"① 同时在《公民权利和政治权利国际盟约》和《少数人权利宣言》等国际公约中都明确地规定了少数人在保持自己群体文化独特性方面的权利，也规定了宗教信仰自由的权利和使用自己族群语言的权利。文化、宗教、语言的保护和传承离不开教育，因此国家应尽可能地提供资源以保障少数人群体的儿童能有充分的学习机会和母语学习以及母语教学的机会，以促进少数人的可持续发展。（2）有效参与。少数人群体有权参与国家政治、经济、社会以及文化等各个方面的公共生活。（3）自由和平交往。由此可见，要维护少数人在文化、宗教、语言等方面的独特性的权利，同时要有效参与社会公共生活、自由和平的与其他群体交往，都必须要通过加强教育的发展，特别是多元文化教育的发展，才能真正的保障少数人权利，实现少数人的可持续发展。

2. 少数人权利保护以多元文化教育与跨文化教育融合为重要途径

少数人权利的保护是建立在对其主体的平等待遇和特殊保护的基础之上，特别是要保障少数人教育的公平与平等，因为教育是实现群体文化认同与社会发展的重要途径。在对少数人等社会弱势群体的关怀与研究中，罗尔斯提出了两个著名原则的论述："第一原则：每个人都有平等的权利去拥有可以与别人类似自由权并存的最广泛的基本自由权；第二原则：对社会和经济不平等的安排应能使这种不平等不但可以合理地指望符合每个人的利益，而且与向所有人开放的地位和职位联系在一起。"② 即为"平等原则"和"差异原则"。因此，少数人权利保护要求政府承担起积极责任和消极责任，以《少数人权利宣言》为主的条约规定了对少数人不灭绝、不同化、不歧视和不排斥等国家义务。同时国家应立法、采取优惠政策和特别措施提供资源，促进充分参与和自由交往的，特别是要促进多元文化教育与跨文化教育的发展。教育功能在一个社会传统文化认同中起到至关重要的作用，它是国家用来整合境内各种民族社会甚至推行制度性同化的重要手段。因此，在一个多民族国家内，针对少数人群体既要使各族群保持其特有的文化认同，又要促使不同民族文化之间相互理解和宽容，多元文化教育与跨文化教育的相互交融，既能保障少数人权利的实现，又

① 引用《儿童权利国际公约》第30条。
② ［美］罗尔斯：《正义论》，何怀宏等译，中国社会科学出版社1988年版。

能在多民族国家中对冲突的预防和在平等基础上的整合起到特别重要的作用，更能促进在平等对话与相互理解的环境中实现少数人乃至整个国度经济社会的可持续发展。

（二）增强新发展观与发展权理论的彰显力度

人权总是一个开放动态的发展系统，在此系统中发展权作为一项新兴的权利成为第三代人权，并与生存权一道成了最基本的人权。发展权的逐渐被认可使各民族尤其是弱小民族提出了获得均等发展机会的权利，特别是教育发展权的提出有力地推动了整个发展权系统的良性发展，并增强了权利主体的自主能力以保障发展权的有效实现。

发展权（Development Right）是发展中国家提出的新的法律概念，在人权的演进过程中，发展权被称为"第三代人权"。"发展权是一项崭新的权利，在人权系统中，最初是由塞内加尔最高法院院长、联合国人权委员会委员凯巴·姆巴耶（Kaba M'Baye）于 1972 年正式提出的。"[①] 并得到了一系列国际法律文件的承认，集中记载于联大通过的《关于发展权的决议》（1979 年）和《发展权利宣言》（1986 年）之中。但发展权在当代国际人权理论与实践领域中仍存在较严重的分歧甚至是对立，发展权从应然走向实然仍需要较长的时间。

发展权迄今还没有一个确切的定义，存在较多的争议。根据《发展权利宣言》第一条规定："发展权利是一项不可剥夺的人权，由于这种权利，每个人和所有各国人民均有权参与、促进并享受经济、社会、文化和政治发展，在这种发展中，所有人权和基本自由都能获得充分实现。"[②]《发展权利宣言》给出发展权的规定是对传统人权的突破。从权利主体层面而言，是个人权利与集体权利的结合；从权利内容上看，是经济、社会、文化权利和公民权利、政治权利，已超出了传统各项人权的范围；在实施方式上，强调发展权属于一国内政，同时要求国际社会成员加以尊重、维护和保障。因此，有学者在分析前人对发展权的不同认识上提出了

---

① ［南斯拉夫］米兰·布拉伊奇：《国际发展法原则》，陶德海等译，中国对外翻译出版公司 1989 年版。

② 董云虎、刘武萍：《世界人权约法总览》，四川人民出版社 1990 年版。

新的界定："发展权是作为个体的人和作为人的集体的国家和民族自由地参与和增进经济、社会、文化和政治的全面发展并享受发展利益的一种资格或权能，是全体人类对全面发展的本质要求。简言之，发展权是关于发展机会均等和发展利益共享的权利。"① 从法律渊源看，发展权的基础是生存权的结果，实质上讲是可持续发展权，人类没有发展就不可能延续生存的活力。同时人类应从"求生"本能逐渐走向追求"生存质量"的阶段，使各主体拥有不断提高生存能力和生存质量的权利。

1. 新发展观下的发展权要求教育价值取向的转变

发展权是建立在一定生产力发展水平上的现实社会关系的调整，是历史产生的必然反映。面对发展的问题，发展的观念曾一度经历了西方发展中心论与经济发展观的演变，随着这种发展价值取向的不断深入推进，渐渐地暴露出环境污染、生态破坏等社会问题，特别是第三世界国家出现的发展问题日益严重。自 20 世纪 80 年代以来，因以经济发展为衡量指标的全球性工业化的全面发展，而出现了大量的环境问题、社会问题，不断地涌现出各种社会矛盾，使人们不得不反思以往单纯的经济发展的局限性并提高了认识。突破了将"增长"（Growth）等同于"发展"（Development）的单纯的经济发展的局限性认识。"认为增长的影响将促使间接地增大政治和公民权利，一个更高的 GNP 将会直接地转变成对所有人的更好的工作、更高的生活水平、医疗条件的改善和更好的教育"② 的片面的发展观已逐渐被抛弃。

对于新发展观而言，首先是体现在文化价值与文化环境在发展中的重要作用。面对工业文明带来的人类异化，法国学者 F. 佩鲁较早的提出了"人—自然—社会"协调发展的新发展观。他认为："在增长—发展—进步中文化价值起着决定作用，经济并不是一种单纯局限于自身的孤立现象。经济现象和经济制度的存在依赖于文化价值。同时，企图把共同的经济目标同他们的文化环境分开，最终会以失败告终。"③ 文化环境是历史积淀的

---

① 汪习根:《法治社会的基本人权——发展权法律制度研究》，中国人民公安大学出版社2002 年版。

② Theodor Meron, *Human Rights in International Law-Legal and Policy Issues*, Oxford University Press, 1984, pp. 224 –231.

③ ［法］F. 佩鲁:《新发展观》，华夏出版社 1987 年版。

过程，每一个民族或族群都有着自己独特的文化环境。诸如笔者研究的人口较少民族，如果仅仅依照非内动力的迁居型扶持远离原有的生存环境，选择更有利于经济发展的新安置点的发展模式的话，就必然会使人口较少民族族群脱离原有的文化环境，在新的文化环境还不能适应的基础上形成文化断层，以至于不能形成真正意义上的新发展。而文化价值的实现与文化的保护和传承都离不开教育，需要在新时期不断培养文化自觉与文化自强的意识。其次，认为发展是多元的。联合国教科文组织所提倡的新发展观认为："发展不仅局限于经济增长这个唯一的内容，经济、文化、教育、科学与技术都各具特点，它们互相联系、互相补充，只有当它们汇合一起时，才能真正的成为以人为核心的发展。"① 20世纪90年代以来，发展观又有了更高的发展境界——"可持续发展"，认为发展既要满足当代人的需要，也不要对后代人的发展需求构成威胁和危害。在不断的反思与自觉之中，发展观正在发生着根本性的转变，主要表现为："（1）以单纯的经济增长转变到以人类社会全面发展为宗旨的社会经济、政治、文化各子系统相互促动的发展系统；（2）强调以人为中心的发展，从以客体为中心转变到以主体发展为中心；（3）以被动依附性发展转变到自主内源性发展，特别重视'人民的文化本性'和传统价值标准在发展中的地位；（4）从以西方发展为中心转变到整个现代化的发展；（5）从传统工业文明的发展转向可持续发展；（6）从发展中国家的发展转向全球性发展。"② 新发展观逐步走向了多元化、整体性和理性的良性发展轨迹，有利于发展权的充分实现，形成人与自然、人与社会、人与人的和谐共生。

新发展观对教育价值取向提出了新的要求，教育应从已有的单向度的工具性价值取向转向以人为本、全面发展的理性价值取向。在以经济增长为轴心的时代，教育服务于经济建设，培养工具性的人；在新的发展观下，教育发展应实现从"以物为中心到以人为中心的转换"，教育的责任是促进人的全面发展。同时，长期以来教育被湮没在功利主义的浪潮中，在新发展观下，教育理念也应逐渐重视其作为国家思想文化传承的中心地位，传

---

① ［塞内加尔］阿马杜—马赫塔尔·姆博：《人民的时代》，中国对外翻译出版公司1986年版。

② 汪习根：《法治社会的基本人权——发展权法律制度研究》，中国人民公安大学出版社2002年版。

承传统文化，重视人文教育，加强天、地、人三者和谐共生意识的培养。

2. 发展权集体主体的确立为人口较少民族发展提供有力保障

发展权集体主体的选择是人权价值的选择，人权法对集体人权的确定是基于 20 世纪初一些国家社会的弱势集体成为践踏人权的受害者，而引起他们集体意识的萌生。因此，从法律渊源而言，集体人权主要包括少数者、种族和土著人。我国的人口较少民族就属于集体人权的范畴，也是属于发展权集体主体的民族。这类民族因为是由特殊的人种和文化所组成的人群，由于各民族或族群存在的文化传统、范围大小和现实情况各有差异，但大部分处于弱势地位，无论是经济地位还是政治地位都处于边缘状态。因而需要保护弱小民族集体获得均等的发展机会的权利，发展权集体主体的确定能有力的保障诸如人口较少民族之类的弱小民族的生存与发展。

在保护弱小民族享有均等的发展权时，还应正视各民族或族群发展的差异性和侧重性。正如马克思所言："权利永远不能超出社会的经济结构以及由经济结构所制约的社会的文化发展。"① 作为一个集体的民族或族群有着固有的传统、习惯、文化，进而形成了不同的个性特征，而且还处于不同的发展程度和阶段。而作为发展权集体主体中的个人而言，个人作为集体的一个因子总是生活在集体中。"个人是处于自己民族、文化、精神环境之中的人，一旦抛开他的环境、文化，脱离他的传统的依赖物就会失去他本有的基本人性。"② 发展是有民族性、文化性和差异性的。因而一方面发展权应保护他们差异性的发展，而不是"一刀切"的发展模式。另一方面，人口较少民族等弱势民族或族群因人口、经济条件等均处于弱势地位，在中国人口较少民族有 28 个，占我国整个民族的一半，但是每个民族的人口数却极少，有的只有几千人或几百人，因此只有人口较少民族的各主体形成一个集体，才更有利于维护发展权，形成多主体的集体发展权是人口较少民族之类的弱小民族发展权的本意。

3. 教育发展权推动人口较少民族新发展观的实现

民族和国家的发展有赖于教育，而教育的发展要靠教育发展权的切实保

---

① 《马克思恩格斯选集》（第 3 卷），人民出版社 1995 年版。

② ［澳］R. 里奇：《发展权：一项人民的权利》，载《西方人权学说史》（下），四川人民出版社 1994 年版。

障。教育发展权属于文化发展权，也是发展权的一项子权利和一项新型的人权。

　　教育发展权主要是指"各国有权自主的制定适合本国环境和民族习俗的教育发展规划，实行本国的教育制度，发展本国的教育事业。其核心便是实现教育发展上的机会均等和成果共享。包括保护在教育制度和教育模式方面的不断改革创新，促进良好教育环境形成的权利；加快发展各级各类教育，使国民均等的获得学习权和再学习权；保障各民族和地区平等的享有教育资源、获得教育机会的权利；所有公民个体拥有平等的、恰当的选学、入学、在学、升学等机会的权利；各国拥有避免'人才外流'和排除由此带来不利影响的权利等"①。由此可见，首先，教育发展权保障了权利主体的平等性和公平性，所有公民个体，不分民族、种族、信仰、性别、经济状况、社会地位都能均等享受教育发展权。同时主体的共存性和平等资格有助于防止发达国家的所谓"先进教育"来侵害、取代或歧视一些不发达国家的教育，保护各主权国教育的独立性和自主性。在教育的国际交流与合作中，应尊重文化的多样性，尊重各国、各民族教育发展的实际，进行平等的对话与交流。其次，在一国度内也要重视不同民族之间文化、历史与发展的特殊性和差异性，尊重各民族教育的发展选择权和自主权。我国人口较少民族的教育发展也应保障教育发展权，根据各民族的文化特征、发展现实有针对性、有差异性地保障其教育发展。按照人口较少民族整体生存与发展的路径去探索教育理念，而不是运用现代主流文化的教育理念去代替，运用一个教育模式和教学模式去指导不同民族背景、文化背景的教育是不能真正培养出与各民族或地区发展相适应的人才，不能真正促进教育的良性发展，更不能推动整个民族或地区的整体发展。最后，国家在积极保障教育发展权实现时，应根据地区差异、民族文化差异建立区域协调机制。

　　我国人口较少民族由于地缘偏僻、生态环境脆弱、与外界接触较少，加上人口少、文化相对简单等特征决定了经济发展相对较落后，现代学校教育发展也薄弱，因此应加强政府责任，采取平等待遇与特别保护的措施，促进均衡发展之上的差异性发展，通过制度化、法制化保障人口较少民族教育发展权从应然到实然的实现。换言之，保障人口较少民族的教育

---

　　①　王信川：《保障教育发展权　促进人全面发展》，《中国社会科学院报》2008 年 9 月 18 日。

发展权，就能保障教育按照人口较少民族文化特质、历史与现实特征去有针对性地发展教育，人口较少民族的教育发展权也必须是在文化发展权之下拥有发展本国、本民族文化内涵和文化形态的权利。同时，享受平等的受教育权，恰当的教育选择权，极大地推动发展权的实现，更有利于在新发展观的视野下促进人口较少民族因地制宜的可持续的科学发展。

（三）形成社会系统理论的宏观视阈

美国社会学家 T. 帕森斯在 20 世纪 40 年代就提出了结构功能主义这一名称，并成为结构功能分析学派的领袖人物，形成了结构功能主义的系统性理论，其中，社会系统理论的研究对社会现象的分析起到了极其重要的作用。社会系统理论是一种从行动结构向社会系统转化的理论，社会系统是行动系统的子系统之一，其余三个系统分别为文化系统、人格系统和行为有机体。社会系统规范着行动者的行为模式及其在环境中与他人的互动，并把社会看作是一个相互依赖和自我平衡的系统。社会系统为了保证自身的存在与维持以达到社会平衡，必须满足四种功能：适应（Adaptation）、目标达成（Goal Attainment）、整合（Integration）和维模（Pattern Maintenance），最后一功能后来重新命名为"潜在模式程度维持—紧张关系的管理"（Latent Pattern Maintenance-tension Management），这四个部分代表四个系统功能问题，即为"AGIL 模式"。帕森斯通常把社会或社会系统描述成有四个面积相同的部分组成的大方格，并运用"四功能范式"对美国社会系统进行分析，如图所示：

A 适应	G 目标达成
经济	政治
教育、宗教、家庭	法律
L 维模	I 整合

资料来源：节选自帕森斯与尼尔·J. 斯梅尔塞的《经济与社会》，第 53 页。

"适应"代表系统必须从外部环境中获得足够的资源，并在系统范围内对这些资源进行分配；"目标达成"的意思是系统必须要有能力确定系统目标的次序，并调动系统内部的资源和能力以实现系统目标；"整合"是为了保证正常运行，社会系统需要对系统内部不同行动者或不同群体间的关系进行协调、调整和控制，它在"四功能范式"中居于核心地位；"潜在模式程度的维持—紧张关系的管理"的作用机制是通过向系统成员传输社会价值观和推进系统成员间信用关系的产生，以保持系统价值体系的完整性和保障成员与系统之间的一致性。[①] 在社会系统中，执行这四种功能的子系统分别是经济体（Economy）、政治体（Polity）、社会共同体（Societal Community）和信托系统（Fiduciary System），四种功能以及子系统相互联系、相互影响，共同形成维持社会平衡的必要条件。

随着现代社会的不断发展，教育在社会系统中的重要性日益凸显。教育通过怎样的方式来实现它在社会系统中的功能运作，围绕这一问题，帕森斯在《作为一种社会系统的班级：它在美国社会中的某些功能》中谈道："学校教育是通过社会化和选择的功能运作来实现其对于社会整合的需求的。所谓社会化就是将未来成人角色所必需的责任感和能力内化于学生，让学生从一个非社会的自然人通过学习成为一个社会人。而选择则意味着在成人社会的角色结构中分配人力资源。揭示出学校是通过培育一种以学业成就或能力为基础的基本价值取向，使得分化成为可接受的过程，从而实现其社会整合的功能的。"[②] 同时，帕森斯认为，在经济、政治、法律以及教育领域发生的三次革命性变革对现代社会系统的发展起到了关键性的推动作用。在三次变革中，教育革命是继工业革命、民主革命之后的又一重大社会系统的调整。随着教育革命的到来，社会已经将经济以及政治权利的不平等逐渐转到文化的不平等，让那些处于文化弱势的群体感觉到来自文化优势群体的排挤甚至是剥削，因而教育革命对于社会公平问题的剖解起到了极其重要的作用。同时，帕森斯认为："在社会系统中虽然收入水平一致，但教育水平同样存在'贫困'问题，那些不能和不愿

---

① ［美］华莱士、［英］沃尔夫：《当代社会学理论：对古典理论的扩展》（第六版），刘少杰等译，中国人民大学出版社2008年版。

② ［美］帕森斯：《作为一种社会体系的班级：它在美国社会中的某些功能》，载张人杰《国外教育社会学基本文选》，赵明译，华东师范大学出版社1989年版。

完成中学教育的'掉队者'成为了'教育穷人'（Educational Poor）的核心。"① 在高等教育大众化的当代社会中，教育穷人的标准又有了新的提高，教育或文化获得水平成了社会分层的标准。

运用帕森斯的社会系统理论，把人口较少民族作为一个社会系统，在这个系统中分析经济、政治、法律、教育以及文化之间的相互关系，并剖析教育在整个系统中的功能以及实现功能的方式，探讨教育如何促进人口较少民族的发展。在人口较少民族地区，因经济发展水平不高而致使文化处于弱势地位，强势文化的冲击使人口较少民族逐渐被边缘化甚至整个族群走向消亡的境地，进而使人口较少民族整个社会系统处于不平衡的状态。而帕森斯"AGIL 模式"中的"维模"子系统的功能便是起到协调、调整和维持平衡的作用，教育便具有此功能。帕森斯在研究美国社会系统时认为，其教育系统是现代美国社会传输和维持社会价值观的核心力量，教育具有模式维持的功能。因此，对受教育者通过社会化教育、选择和控制来维护整个系统的平衡，从而解决人口较少民族的生存与发展问题，促进人口较少民族整个社会系统的平衡与和谐。

二　教育政策价值取向的选择

当今人口较少民族面临的最大问题无疑是生存发展及其发展权保障的问题，作为社会系统组成部门的教育理应发挥系统功能，以满足人口较少民族生存发展的目的，进而保障发展权实现的教育需求。就以"发展"为内容的发展权而言，发展的第一要义是提高人的生活质量，满足生命体繁衍与发展的需要；第二要义是寻求人的幸福感，幸福的生活才是作为人的精神存在层面发展的追求和梦想。因此，教育作为培养人的活动，离开了"人"的主体就失去了教育的真正价值，而离开了人的本质需求教育也就失去了发展的源泉。当前人口较少民族发展之需求在于维持生存发展和保障发展权的实现，而人口较少民族生存发展是具有特质性的发展，是要以本民族或族群文化为根的发展，因而对其教育的需求也应与发展需求

---

① Parsons T. Equality and Inequality in Modem Society, or Social Stratification Revisited [G] // *Parsonst Social System and the Evolution of Action Theory*, New York: Free Press, 1977, pp. 321 – 380.

相适宜，重新调整和选择现有的教育目的，以保障人口较少民族的发展及其发展权的实现。

（一）　人的生存与发展的需求

人的需求的原始冲动源于人的生存以及更好的生存，一切以人的生命存在为本的生存发展才是有意义的发展。特别是针对人口数量相对极少的人口较少民族而言，其首要的需求是人口的生存发展，没有人，一切的追求便失去了价值和意义。加上人口较少民族生产力水平较低以及应对社会变迁与文化冲击的能力较弱的现实困境，其生命的繁衍与发展尤为重要。恩格斯曾经说过："马克思发现了人类历史的发展规律，即一直以来被纷繁复杂的意识形态所掩盖的一个简单的事实，那就是首先必须吃、喝、穿、住，然后才能从事政治、科学、艺术和宗教等；人首先需要解决吃穿用，才能考虑艺术。"① 人追求的原点与动力在于为了生命体的存在与繁衍，在于生存以及生存质量的进一步提高。同时，人为了能实现生存与发展可以舍去既定的精神价值追求和信仰与信念的追求，虽然常常是一种被动的选择，但仍然把生命的生存与发展置于首位。费孝通先生针对人口较少民族在发展中存在的"保文化"与"保人"的两难问题时谈道："保文化就是保命，只有保住人才会有文化，因为文化是人创造的，它是保命的工具。所以一切要以人为本，才能得到繁荣和发展。"② 因此，人无论是作为文化的创造者还是生命的延续者都需要以生命体的存在为前提。而就人口较少民族而言，虽然许多国家在政府的大力扶持与资助下基本解决了生存问题，但其生态的恶化、整体性搬迁、生计方式变迁与文化冲击等因素，导致人口较少民族面临更好生存即发展的问题，面临以"发展"为内容的发展权保障的实现问题。因此，作为保人的层面，即作为人口较少民族个体层面，教育应该以满足人的生存发展为目的选择教育内容和教育方式，以人的生命体的繁衍与发展为教育目的，才能解决人口较少民族发展的基本问题，才能拥有和保住民族文化的传承主体，也才能真正的保障

---

① 恩格斯：《在马克思墓前的讲话》，载《马克思恩格斯选集》，人民出版社1995年版。

② 费孝通：《民族生存与发展：在中国第六届社会学人类学高级研讨班开幕式上的即兴讲演》，《西北民族研究》2001年第1期。

人权，实现对基本人权——发展权的保障。

1. 传统与现代生存教育的结合

生存能力的培养是从提高人的生活质量层面的发展而言，它是教育的本意。而在当前时代背景下，学会生存作为一项基本能力更是应对社会变革与文化变迁的重要途径。传统教育为一代代人口较少民族授予了与传统生计方式和生存环境相适应的生存本领，但随着大部分人口较少民族从原始社会超常规的直接过渡到现代社会，同时还伴随着居住环境的变迁而导致的生存环境与文化环境的骤变，加上整个国际大背景下的经济一体化、强势文化的冲击与城市化进程加快，人口较少民族不得不面临新的生存环境，进而不得不为了生存发展而学习新的生存方式与技能。可是传统教育由于失去了教育的环境与教育主体而逐渐式微和断层，进而传统的生存教育失去了存在的条件。而现代学校教育由于进入人口较少民族地区的时间较晚，人们对学校教育的需求不是很强烈。虽然作为现代主流的学校教育拥有国家立法保障，要求儿童接受学校义务教育，但由于教育教学内容、方式等未能真正实现与人口较少民族发展需求的吻合，因而也未能解决其生存发展问题，这表明现代生存教育还存在问题，有待完善。基于此，要保证人口较少民族个体生命的生存发展应加强传统生存教育与现代生存教育的结合，才能不脱离生存发展之根和其发展的连续性。

首先，传统生存能力的传授与习得不仅要在学校教育中彰显，更应灵活地在家庭教育与社区教育中开展。因为传统生存能力的重要性不仅是传承生计本身的价值，而且是现代教育对人口较少民族生存需求的教育缺失的弥补。传统生计方式对于生存发展和文化传承的价值以及存在合理性的价值都是不可忽视的，传统生存教育即使在现代社会中也不能被遗弃。人口较少民族在历史长河中形成了与天地系统和谐共生的生计方式，很多传统的生存技巧和本领值得现在学习，特别是面对生态破坏严重和对自然过度开发和利用的价值取向的当下，古代人与自然共生观念和适应自然环境的生存能力值得传承。同时传统生存能力和生计方式的习得过程本身也是文化传承的过程，文化只有在生活与生产的运行过程中才算是真正的活文化，而不是文化标本，而文化的运用与传承也才能真正地彰显教育的功能。诸如莽人有着极强的在原始密林中求生存的能力，在传统的教育中莽人通过代际传承和口耳相传的方式沿袭着传统的生存技能，在生活与生产中潜移默化地习得生存的本领。他们熟悉各种草药并应对各种疾病，笔者在莽人所在的牛场坪村调研时，一位村民向笔者讲述了一个见证传统生计之价值的事："有一位莽人村民在原始密林中的草果地里干活时手背被毒蛇咬伤了，去乌丫坪村诊所医治时医生说需要送往金平县大医院做截肢手术，那位村民因害怕而未去医院，回家后找到寨子里最懂草药的长者，该长者去山上找来几种草药捣碎后敷在伤口处，第二天就慢慢消肿了，五六天就痊愈了。"可见，我们在现代科学技术面前不应武断地全盘否定传统技术与技能，它也有存在的合理性和存在的价值，值得去学习和传承。同时，纽约植物园经济植物研究所迈克尔·巴利克注意到，地球上 26.5 万种植物中被西方科学家研究的仅有 1100 种，其中还有 4 万种之多的有价值的植物未被发现，但是许多已由部落医生掌握和使用着。因此巴利克在研究时就同一些萨满巫师来到拉丁美洲热带雨林，向巫师们学习。西方人还向传统农民请教种植繁多农作物品种的方法，世界马铃薯种源取自于克丘亚印第安人，他们在南美洲安第斯山脉的高原地区种植了超过 50 个的品种。这些传统的种属与种植技术在现代有着极其重要的作用，如果将这些转向现代作物，那么世界马铃薯业将失去能抵御病虫害威胁的一条有着决定性意义的防线。① 保持物质的多样性是保障物质免遭灭亡的有效途径，同样的是，要实现生计方式的多元化和生存技能的多样化才能保障人类的繁衍和发展。因此，我们需要以更开阔的眼界去认识教育，不能简单地把教育禁锢在现代学校之中，现代学校教育也不能完成所有传统生存教育的教授和学习。还应充分地发挥家庭与社区场域的功能，让青年一代有机会参与到家庭与社区的生活之中，通过活的教育使青年一代愿意学习传统生存教育，产生"学有所用"的动力，满足人口较少民族自身生存发展的需求，也是对其发展权保障的重要途径。

其次，现代生存教育是人口较少民族在现代化社会背景下的必然选择，仅有传统生存技能无法立足于现代社会并生存发展下去。英国人类学家弗朗西斯·赫克斯利曾谈道："部落民们最后不得不和整个人类共同前进，这正如我们自己的社会中所发生的种种变革一样，我们已看到了在微

---

① ［美］尤金·林登：《失去部落，失去的知识》，张善余译，《世界民族》1993 年第 5 期。

型集成电路块面前基督教的衰落。"① 在人类历史发展的浪潮中，人类的每一个民族和族群都愿意且有权利分享人类发展的成果，如今的现代文明，人口较少民族也希望能融入其中，并非刻意地排斥现代文明成果，因为适应社会发展是生存的基本技能之一。因此，教育必须要担当起现代生存能力培养的重任，特别是掌握了现代文明成果的现代学校教育，更应承担起责任。如果学校教育不能传授人口较少民族在现代社会中提高生活质量、改善生存环境的本领，那就得重新调整人口较少民族地区学校教育的发展理念。根据人口较少民族在现代社会背景下的需求而设计他们的学校教育，来定位其独特的教育功能。总的目标是通过教育来改善人口较少民族人们的生活状况，提高他们的生活质量。一方面要让他们享受到现代化的成果，为他们提供与其他民族接触与交往的机会，加强民族之间平等的交流与共处，推进"多元一体格局"② 的和谐发展，使人口较少民族主动地而非强制性地选择融入主流社会；另一方面要考虑到保留与传承人口较少民族传统文化的重要性。作为人类活动结晶的文化成果对于每一个民族或族群而言都是珍贵的、唯一的，一旦破坏和失去就无法还原，但是一些人口较少民族自身因为解决其温饱的最低生存问题还未顾及其文化的价值，因此教育应该承担此重任，特别是以现代学校为主的教育形式更应如此，才能真正的保障人口较少民族有特色、有根基的长足发展。

总之，只有把传统生存教育与现代生存教育相结合，才能真正的保障人口较少民族生命的繁衍，提高他们的生活质量，满足他们生存与发展的需求。一方面，人口较少民族的生产与发展不能离开千百年来赖以生存的环境，即使是实行了整体性的迁居，也不能彻底的远离原有的环境和生计方式，不能在短时期内改变他们固有的习惯和思维。因此，原来与生存环境和生存方式相适应的生产生活技能与观念不能武断的抛弃，不能简单地用"落后"来概括传统的生计能力与传统的观念，不能把它当成是阻碍人口较少民族经济发展的障碍而加以彻底的铲除。在现代学校教育中，学校教育不再教授诸如莽人的孩子们狩猎的生存本领，而以主流社会为标准

---

① ［巴西］伦纳德·格林：《正在消亡的部落》，王晓丽译，《民族译丛》1992 年第 4 期。
② 费孝通：《从反思到文化自觉和交流》，《读书》1998 年第 11 期。

的全国统一性的教育内容，课程设置也是以城市生活方式的需求为依据。
而这些教育对于莽人在内的人口较少民族学生来说太陌生，因而导致了他
们学业成就低，辍学、逃学现象严重，即使是毕业回家后也不懂原来的生
存技能。实践证明，以摒弃传统技能与理念的发展并未能真正的推动人口
较少民族的发展。基于此，应该坚持传统生存教育的发展，意识到传统
生存教育的价值，特别是应充分地意识到家庭与社区在生存教育中的重
要作用。另一方面，现代生存教育是在全球性现代化背景下的必然选
择，应在以现代学校教育为主的教育体制下培养如何在现代化社会的激
烈竞争中更好的生存和发展，有目的有计划的培养学生的现代化生存知
识和经验，培养他们的生存意识、生存态度和生存能力，并树立科学的
生存价值观。因而，只有把传统与现代的生存教育结合起来，才能使人
口较少民族在原有的牢固的生存方式中逐步地向现代社会迈进，促进他
们有特色的、自由的、幸福的全面健康发展，在天、地、人和谐共生中
保障他们发展权的实现。

2. 平等与幸福共生的教育观

发展的另一要义是要在享有平等权利基础上增加人们的幸福感。人口
较少民族长期以来处于边缘化的生存状态之下，政府为了维护民族间发展
的平等权利，采取各种优惠政策和扶持性措施大力资助人口较少民族的发
展，缩小民族间发展的差异。但是这种非内动力作用下的外源型发展模式
是否是人口较少民族真正需要的，又能否给他们带来真正的幸福感，是值
得深思的。能实现人口较少民族在平等基础之上的幸福发展是他们发展的
基本需求，反映在教育之中就是首先要在教育系统内实现教育的平等和以
幸福教育为目的的理念，继而通过教育保障人口较少民族平等与幸福共生
发展的实现，这是从人口较少民族个体生命的身心健康繁衍与发展的层面
去思考的，以保障他们生存发展的最基本需求的满足。

平等的价值观是人类社会的永恒追求，平等原则在现行国际法和国内
立法中都被确立为一项最基本的权利。但是平等权利的追求往往并非与幸
福感的获取成正比，关键要看平等权的争取的方式是主动还是被动。几乎
所有的国际人权法文件都显示出了平等的价值以及规定个人权利不分种
族、性别、宗教、民族背景和意识形态信念等无区别的平等保护。从人的
平等感的心理根源上看，"人的平等感心理根源之一乃是人希望得到尊重

的欲望"①。对于处于相对弱势地位的人口较少民族而言，这种渴望被尊重的心理更强烈。可是由于人口较少民族长期处于几乎与外界隔绝的生存状态之中，自成一体的生活方式使他们缺乏争取平等权利的意识和能力，因此国家和政府有责任保障他们平等权利的实现，并不受到其他强势民族的侵占和剥夺。就人口较少民族平等权的保护而言，一是需要实现机会平等（形式平等），要求与其他民族尤其是居于优势地位的民族在法律地位上相同且受到同等对待；二是需要实现结果平等（实质平等），因为历史或现实的原因造成了人口较少民族在社会发展、文化传统、民族习惯等方面存在着差别，应受到合理的差别对待，并享受一定的特权且受到保护。② 因此，为了确保基本需求的平等去补充基本权利的平等，政府针对人口较少民族实施了专门的优惠政策和特殊措施，从政治生活、社会经济、社会文化等方面保障人口较少民族平等权利的实现。但是优惠政策的实施虽有着美好的初衷，可在实施的过程中却出现了诸多的政策失误，使部分人口较少民族幸福感降低，没能真正达到增加人的幸福感的发展目的。

　　并非经济发展就是幸福，不同的人对幸福有着不同的理解，人口较少民族的人们也是如此。在莽人村寨，政府为了缩小莽人与周边民族之间的发展差距而对莽人实施了整体性迁居和就地改造，一些村民因在新安置点生产生活方式的不习惯和不适应而怀念老寨绿荫为伴的自由生活。历史上政府也曾让莽人从密林里搬迁到林边，但因寻求生存而搬回。与莽人相距不远的苦聪人（拉祜族）也曾经历"三进三出"（三次迁出密林又三次迁回）的迁居历史。在马来西亚、泰国等东南亚国家，政府也曾把那些深山老林里的少数民族搬迁到公路边定居，但是一段时间后由于城镇就业的压力，不适应城镇生活的快节奏，他们又搬回去重新过原始生活。③ 同样可以反映他们对生存上幸福感的选择。还有诸如鄂伦春族因对社会转型后的生活的不适应和生活的不幸福而出现了酗酒、自杀等现象。苏联26个

---

① ［美］E. 博登海默：《法理学：法律哲学与法律方法》，邓正来译，中国政法大学出版社1998年版。

② 李林、李西霞、［瑞士］弗莱纳（Fleiner，L. B.）：《少数人的权利》，社会科学文献出版社2010年版。

③ 王铁志：《人口较少民族研究的意义》，《黑龙江民族丛刊》2005年第5期。

人口较少民族总人口有 18 万左右，在 20 世纪 80 年代末，诸如爱斯基摩人、萨米人、阿留申人、埃文克人等这些民族中有 15% 有劳动能力的人因未能就业赋闲在家，每 10 万人中就有 70—90 起自杀事件，比苏联全国平均数高 2—3 倍，因心情压抑常年酗酒等原因使人均寿命比全国人均寿命少 18 岁。[①] 因此，政府在保障人口较少民族的平等权利的同时为了能给他们的发展带来适应性与幸福感，不能仅仅从集体目标的角度关注人口较少民族集体层面的平等，更应着眼于个体层面上关注多样性的个体是否得到了平等的对待，适切的运用差异性平等的原则，才能真正保障人口较少民族的幸福。

教育平等现在越来越被看成是社会平等的重要标志，而幸福教育也日益成为"以人为本"教育理念的努力方向，实现平等与幸福二者之间的和谐共生是教育发展的方向，也是人口较少民族整体发展的追求：实现从平等权基础上的"有学上"到"上好学"，发展到追求幸福发展观的"快乐上学"。因为受教育权作为保障平等权的重要组成部分，也是保障平等权利与幸福感实现的重要途径。政府为了缩小人口较少民族教育与其他民族教育之间的差距而制定了优惠政策和特别保护措施，除了享受整个少数民族教育政策外，还单独享受诸如派专人管理人口较少民族学生等特殊政策。但是人口较少民族学生对学校教育的内容、课程设置和教学方法不适应，对学校的生活方式不习惯，对上学没有兴趣并且认为读书并不让他们感到幸福，还不如在家干农活和做家务。可见，为促使教育平等的政策并未能使人口较少民族完全真正的获得平等权利享受的幸福感，幸福感的获得与平等权利保护政策的实施也并非是完全吻合的。因此，为了使学生能"有学上"到"快乐上学"，政府需要在满足人口较少民族集体性平等权的同时，努力的实现个体性平等权的满足。使每个独立、个性特征各异、需求多样的个体能自由的追求自己的发展方向，政府为此提供有差异性的多元化的平等发展机会，在差异中寻找真正的平等，在自由中获得真正的幸福。使他们能够具有发展自己特殊认同的空间，而这种特殊的认同也是整个国家认同的重要组成部分。

总之，平等与幸福共生的教育观是推动人口较少民族发展的动力和源

---

① 初详：《俄罗斯北方小民族的现代化与民族进程》，《世界民族》2000 年第 4 期。

泉，是人口较少民族的生命体即作为"个体的人"而言的发展的基本保障。在教育中应保障教育的实质平等和有差异的平等，并在此基础上建立幸福教育观，让每个人口较少民族学生在教育中实现快乐的学习和成长。同时，通过教育培养人口较少民族的自尊心、自信心，使他们能拥有健康的身心，这是他们发展的基础。并通过教育培养他们在社会发展中对平等权利与幸福感获得和保障的意识，这些权利维护意识是人口较少民族所欠缺的，也是他们生存发展所必需的。也只有在平等基础之上的幸福感的实现，并使其二者和谐共生，才算正视人口较少民族独特的以人为本的发展问题，保障人口较少民族发展权的实现。

（二）文化选择与认同的需求

共同的文化环境与背景使每个人归属于民族或族群之列，民族或族群有其自身的文化标识以与其他族群相区别，一旦一个民族失去了自己的文化，就意味着这个民族也不再存在。而目前人口较少民族发展面临的最大问题便是文化保留与传承的问题，由于其文化相对简单且脆弱，多是在原始社会环境下形成的较传统、封闭的文化系统，面对现代化和主流文化浪潮的冲击，加上以脱贫致富的现代经济建设为中心的发展理念，加速了人口较少民族文化的消亡。而民族的生存和发展离不开文化的传承与发展，文化作为一种生产方式直接作用于经济，但是最主要的方式还是通过教育的传承对社会发展起作用。同时，由于现代以学校为主的教育形式主要是体现现代主流文化的教育理念，因而人口较少民族文化在青年一代的传承产生了断层。而当代教育"应有的文化范式是自然与人文共生范式、一体与多元和合范式、原生与次生融通范式"①。总之，随着现代化进程的不断推进，无论是主动还是被动的文化选择都逐渐远离原有文化系统，其民族认同逐渐模糊化，对人口较少民族的发展十分不利。据此，应该加强人口较少民族文化的保留与传承，促使其文化选择与文化认同意识的培养，满足人口较少民族发展的需要。

1. 教育的文化传承功能与交流功能同等重要性的强化

树立人口较少民族教育的文化传承与交流功能结合的理念至关重要。

---

① 孙杰远：《教育的文化范式及其选择》，《教育研究》2009 年第 9 期。

目前人们对传统文化在发展中的重要性认识不够，教育发展呈现出的是主流文化适应与交流功能增强而文化传承功能式微的态势。多元文化教育理念认为，教育一方面要继承和发扬少数民族的优秀传统文化遗产，丰富人类文化宝库，为人类文化的多样性作贡献；另一方面要帮助少数民族提高适应现代主流社会的能力，以求得个人最大限度的发展。① 可是在人口较少民族地区文化传承的功能式微问题特别严重，往往是为了促进当地经济的发展，以牺牲其传统文化为代价。

同时，在现代学校教育中也面临文化传承与交流的障碍。目前学校教育实施的是全国统一的"普适性"教育，是以主流文化和城市文化为主的教育理念，因而导致人口较少民族教育中民族语言的流失、民族教育内容的缺失，也致使新一代青年人在文化传承上出现"断层"。在当今数码时代，信息交流速度之快和传播之广使每个民族或族群不再可能封闭发展，与外界的接触日益增多，受主流文化意识的影响日益增强，特别是在现代学校教育中，更是快速的实现文化的融合。从现实事实而言，人口较少民族为了生存的需要，也主动地选择融入大文化环境之中，文化的交流在当今社会是必然的、必须的。教育在文化交流与主流文化习得和适应能力方面已取得了显著的成效，但是传统文化的传承功能却日益消减。就其人口较少民族传统文化的重要性而言，经济学家斯蒂芬·玛格林认为："文化多样性可能是人类这一物种继续生存下去的关键。"② 人类的发展需要文化多样性，而人口较少民族发展也需要依靠本民族千百年来历史积淀的独特文化作为发展的支撑，离开了本民族文化的发展只能是空中楼阁。从生存权与发展权的视角看，日本学者大须贺明认为，"生存权是本国国民享有的请求国家积极促成健康且文化性的最低限度生活的权利，要求国家权力的积极干预才能实现"③。他强调了人的生存不仅仅是生物意义上的，更需要的是一种文化的生存，而贫穷也不单单指经济性贫穷，更多是文化性贫穷。因此，需要加强对人口较少民族本土文化尊重意识的培养，

① 黄宗植：《西方多元文化教育理念论及其实践对我国少数民族教育的启示》，《民族教育研究》2004 年第 6 期。

② 联合国教科文组织编：《世界文化报告 2000：文化的多样性、冲突与多元共存》，关世杰等译，北京大学出版社 2002 年版。

③ ［日］大须贺明：《生存权论》，林浩译，法律出版社 2000 年版。

树立文化传承与文化交流功能结合的教育理念，增强人口较少民族对文化在社会发展中重要地位的重视，才能使人口较少民族的发展是有根基的长足发展。

2. 文化自觉意识培养基础上应实现自主性与适切性的文化选择

增强教育中文化选择的自主性与适切性，实现文化适应能力习得与文化自觉基础上的生存发展。文化选择是历史发展的必然，当文化环境发生变化时，就需要在多种文化模式中选择与发展相适应的文化并建立新的文化模式，文化选择是以人的发展为宗旨的一种文化创造，是与人的生存与发展同步的。文化选择同时也应是自主自觉的文化创造过程，是主动的而非被动的文化选择。同时，在发展权中随着新发展观理念的不断完善，对文化发展权的重视也日渐明显，强调"权利主体通过发扬、强化、吸收、离析、取代、丧失、共轭等方式发展本国、本民族特有的文化内蕴和文化形态的权利"①。文化发展权的保障是人口较少民族自主发展文化的权利，但是权利的实现需要有保护其实现的能力。人口较少民族目前还欠缺保障文化发展权的能力，除了需要政府力量给予支持外，还需要加强自主保护能力的培养。目前人口较少民族的文化选择多是一种被动的文化选择，在现代主流文化强烈的冲击下，人口较少民族的文化无法抵挡主流文化的侵入。同时为了生存与发展，一方面在非内动力作用下按照主流文化的发展模式推动人口较少民族的发展，另一方面人口较少民族自身也愿意放弃原有的文化在现代主流文化中去求得生存。这种被动的文化选择表现在本民族文化在受到先进的外来文化的冲击下做出的选择，或者民族主体在丧失独立性后被动的接受其他文化。

教育的文化选择偏失现象与整个社会大环境是一致的，这也与教育文化选择的功能相悖。事实证明，在现代化过程中，在全球化趋势强有力的影响下，要摆脱传统文化的教育改革和发展是行不通的，教育发展是需要建立在对本民族文化尊重基础之上的文化传承与交流。并通过对文化选择必备的三个条件——"民族主体要有文化自觉性、要有文化选择的资源

---

① 汪习根：《法治社会的基本人权：发展权法律制度研究》，中国人民公安大学出版社2002 年版。

和完善或转型本民族文化的需求"① 的分析，结合人口较少民族教育与整个社会发展的实际，来探讨其教育的文化选择的实现。主要从如下几方面展开：

一是文化自觉意识与文化自强能力的培养。文化自觉是自主文化选择的关键，处于相对弱势地位的人口较少民族如果没有文化自觉意识和文化自强能力的培养，就很难实现主动的文化选择，也就很难自主地按照本民族的需求而发展。同时，如果文化能够包办代替，且在非内动力作用下进行被动选择的话，就很难让人身心健康和获得幸福。人口较少民族已经面临这一个全球性的问题就是文化丧失问题，从教育根源上讲是教育文化选择功能的偏颇，抛弃了对传统文化传承的功能，这对人类社会的发展是不利的。因此，特别是学校教育应转换教育理念，重塑适切的文化选择，加强对传统民族文化的保留与传承。更重要的是要培养人口较少民族青年一代的文化自觉意识。费孝通先生曾指出："文化自觉是生活在一定文化中的人对其文化有'自知之明'，明白它的来历，形成过程，所具有的特色和它的发展趋向。"② 因此，人口较少民族要培养文化自觉与文化自强意识，首先需要增强传统文化的培养与传承意识。传统文化、本土文化是文化认同之根，自觉地维护一种文化的历史与传统，并有意识地去传承和发扬，是文化认同的开端；其次，人口较少民族的教学过程与教育政策应加强重视文化自觉与文化自强意识。在教育教学过程中，应增加人口较少民族语言的灵活使用度，特别是在低年级中运用本民族语言教学的重要性应得到重视。在课程设置与科研中加强对传统文化与本土文化的渗透，应培养学生人文精神与人文理念，逐步转变功利性教育理念，把人口较少民族学生的培养逐步从"器"的层面向"人"的层面转换。国家的教育政策与方针的制定中应强调文化自觉与文化自强的重要性，因为教育政策的价值取向直接决定着教育教学的行为。除了在教育中推动人口较少民族通过本民族语言和文化内容的学习来培养文化自觉意识和增强文化自强能力外，还要让其他民族的学生了解人口较少民族的文化，继而达到文化间的交流与尊重人口较少民族文化的目的，也是从侧面推动人口较少民族文化

---

① ［美］克莱德·M. 伍兹：《文化变迁》，何瑞福译，河北人民出版社 1989 年版。

② 费孝通：《费孝通论文化与文化自觉》，群言出版社 2007 年版。

自觉与文化自强的实现。

二是增加学校教育中文化选择的资源，满足人口较少民族学生自主的、适切的文化选择的需求。学校教育是现代社会的主要教育形式，学校成了学生生活的主要场域，特别是在民族地区、边缘地区设置的寄宿制学校更是如此。因此，文化选择的场域应放在学校之内，文化选择的资源也应设置在学校教育之中。在学校教育中提供充足的可供人口较少民族选择的文化资源，并保障选择的自主性和适切性，以满足人口较少民族学生多样性的文化选择的需求。首先，只有提供充足的文化选择资源，才有自主选择的可能性。在人口较少民族地区，因其赖以生存的环境、生计方式所产生的文化基因与城市的不一样，因此，学校教育除了要保障普适性的国家教育权外，还应依照人口较少民族发展的特殊性和需求的特殊性设置相应的教育内容和教育方法。在人口较少民族地区，特别是处于边疆、边缘和较闭塞的地区，学生辍学、厌学、逃学以及学业成就低的现象普遍存在，不是所有的学生都能升学成功，也不是所有的学生都愿意选择升学和通过城市文化的学习而进入城市就业。总之，人口较少民族学生的需求是多样的，教育的目标也是不一致的。

为了给人口较少民族学生提供更多的生存之道的选择，不至于在升学或去城镇就业失败后因与原来的生活格格不入而失去生存能力。同时也为了满足人口较少民族学生身心成长的需求，教育是延续并演绎他们的文化而不是生硬地隔断他们的文化，因为本民族文化是他们成长的根，是与其他民族交流的基础。为此需要在学校教育中增设人口较少民族文化的资源，并尽可能的扩展国际国内其他民族文化的资源，无论是物质文化还是非物质文化的成果都可以作为教育资源，通过多元的、自主的、开放的形式让人口较少民族学生不仅自己能了解并潜移默化地传承自己民族的文化，其他民族学生也能了解其民族文化，而且还能开阔视野知晓其他民族文化。因而，一方面增加了民族文化自觉的意识，提升了民族自尊心；另一方面加深了民族间相互尊重与相互学习的机会，使多民族之间更好地和谐共生。在教育教学方面，采取灵活开放的教育形式，可以从家庭和社区中寻找活的教育资源和师资力量，并促使教师尊重各民族文化和民族间的差异。美国教育家斯里特（Sleeter）曾认为，"多元文化教育不是一个增加的方案，而是应改变学校的历程，主要目的在于提升教师对多元文化教育的关心、能力及对多民族或种族学生的正确观点，并承认人类差异的本质"①。充分把学校教育、家庭教育与社区教育结合起来，把文化传承更好的融于教育之中，真正实现"活的教育"②。不仅能使学校教学内容更丰富、师资力量更雄厚，还能使学生学习更生动，增加学习的兴趣。

唯有在学校教育中设置满足人口较少民族需求的相关文化选择的资源，采用多元、开放、自主和适切的文化选择方式，方能保障国家教育权、社会教育权与家庭教育权三者合力的产生。并通过教育中多元的文化选择实现文化认同意识和增强文化自强能力，为人口较少民族自身的发展奠定坚实基础。同时，在教育的文化选择中实现幸福教育，终极目标是要增强人口较少民族的幸福感，这也是生存发展的根本需求。

三　教育政策保障机制的选择

随着各国现代化的发展和经济全球化进程的加速，人口较少民族的生存发展问题引起了世界性的关注，随之而来的是各国政府制定各种政策措施以扶持和帮助人口较少民族发展。诸如美国对印第安人实行的多元文化政策，非洲一些帮助俾格米人走出森林，参与并融入现代生活的国际政策，新西兰重振毛利人的语言文字，保留其传统文化的政策等。我国也为人口较少民族的生存发展制定了各种扶贫、扶持和优惠政策。但是在扶持人口较少民族发展方面仍存在一个同质性的问题，就是把人口较少民族的问题等同于贫困问题，把人口较少民族地区当成贫困地区，把扶持简单的当成扶贫。进而在政策的制定与实施中过度重视经济与物质的建设而轻视文化与精神的建设，强化无偿援助与全权负责而弱化受援主体的自我发展能力与自主主体意识的培养。过分重视非内动力作用下的外部资源的注入而忽视内部自身发展，强调政府行为与外部主导型发展而忽略受援者的主体参与性，其结果导致"返贫"现象严重，未能真正的实现人口较少民族的发展。基于此，人口较少民族的发展应是以自己生存的文化环境为基础的内源发展，继而需要通过教育培养人口较少民族自主发展的意识和能

①　陈美如：《多元文化课程的理念与实践》，台北师大书苑有限公司1989年版。
②　张诗亚：《活的教育与教育学的活》，载《化若集》，南京师范大学出版社2010年版。

力，培养他们自主发展与主体参与的权利意识，并在教育中实现以人为本和以文化为基础的理念，促使人口较少民族发展的主体性意识的形成。因此，在教育政策的保障方式上要进行调适性的选择，应逐步从以补偿式和外源型为主向引导式和内源型的转变，才能真正实现依据人口较少民族的实际需求和文化特质从"要我发展"转到"我要发展"，最终形成自主与内生的发展机制。

（一）补偿式转向引导式的教育政策

从新中国成立至今，我国出台了系列扶持人口较少民族教育发展的优惠政策，并主要以补偿的方式来缩小各民族教育间的差距，实现民族平等。长期以来实行的补偿式的教育优惠政策为人口较少民族教育的跨越式发展奠定了基础。但是在教育发展的新阶段，面对人口较少民族人数相对较少、文化极其脆弱等诸多的特殊问题，需要对现有的人口较少民族教育优惠政策的保障方式进行适时调整。从补偿式转向引导式，以引导的方式推动教育发展的内生力，才能充分调动教育者与受教育者的积极性，激活其教育的发展动力，也才能推动整个人口较少民族政策保障方式的转变，进而实现人口较少民族自主的发展。

1. 从主导者转向引导者的政府角色定位

在以往的扶持政策和优惠政策中，政府往往是以主导者的身份通过政府行为全面介入人口较少民族的整个扶持过程，往往使受援的人口较少民族处于被动状态，结果有悖于政策制定的初衷。在一些人口较少民族的扶持性发展中，政府派工作队入住在村寨中与人口较少民族同吃、同住、同劳动，指导和直接参与到他们的生产生活中，亲自为他们开田、盖房、种菜等，手把手的教他们适应现代社会的生存技能，于是政府行为开始真正的主导了人口较少民族的生活。而人口较少民族能做的就是被动的接受政府给予的一切扶持成果，一旦工作队撤走后，人口较少民族再也无法恢复到工作队驻村时期的生产生活面貌。因此，便有了人口较少民族村民向政府工作队反映的"你们的猪不吃食了，你们的水管破了……"等现象。在学校也如此，政府以主导者的身份介入到学校教育之中，从教育教学设施设备、课程设置、课程内容、师资等各个方面都全面参与管理。诸如，在学校一个人口较少民族学生未去上学，教师就直接向驻村工作队反映，希望工作队能把学生找到并送回学校。在传统的优惠政策中，是采取缺什么补什么的补偿方式，而且在政策制定与执行中往往带有一种偏见，把人口较少民族人们当成是需要有政府或经济社会发展较快的其他民族人们来"拯救"或改变的对象，并认为他们没有能力改变自己的教育发展乃至整个生存发展的现状，只有等待外界的扶持。这种居于主导地位的思想只能使人口较少民族人们被动的参与，被动的接受外界给予的一切补偿性扶持成果。只有让政府角色从主导者的地位转向引导者的地位，才能让人口较少民族拥有主体性意识和主动发展的动力。

以政府主导的扶持方式除了给人口较少民族带来不适应之外，还产生了依赖心理。在学校教育中，诸如莽人所在的学校政府专门安排一名教师管理莽人学生，负责管理他们的生活补助费、生活起居、生活用品的购买和护送他们回家等工作，因为他们被特殊管理所以其他学生称他们为"大熊猫"。虽然是为了让莽人学生能安心学习，但是莽人学生还是感觉到不自由和不快乐，学生主体地位的缺失使其产生了一定的自卑心理和对学校生活的不适应。同时，国家长期的扶持照顾和优惠政策，使人口较少民族在受惠的同时，也逐渐形成了"等、靠、要"的心理。有学者认为，"国家优惠政策只是打开了通常情况下关闭的门，而使一个民族或族群得到了单凭能力得不到的机会，但是不能保障得到机会之后总能取得成功，优惠政策只是充当了看门人的角色，可能会增加弱势民族在实际竞争中的恐惧感"[①]。如一旦具有这种恐惧感，甚至就会患上埃里克森所说的"补偿性精神病"，这是一种精神失调的病态心理疾病，"它不自觉地延续着以便寻求财政帮助"[②]。因此，在教育优惠政策的制定和实施中，如不改变政府主导地位和政府行为全面介入的方式，转向引导作用上，人口较少民族的主体地位就无法彰显。

总之，今后人口较少民族教育扶持政策和优惠政策在制定与执行中应转换思路，政府角色应从主导者转向引导者，政府职责也从全面介入、全权负责与包干管理转向引导管理。以引导者的身份为人口较少民族教育的

---

① 闫丽娟、丁淑琴：《试论小民族的研究》，《兰州大学学报》（社会科学版）2002 年第3 期。

② 马戎：《西方民族社会学的理论与方法》，天津人民出版社 1997 年版。

发展提供自由、宽松的环境，采取合作和鼓励的方式推进人口较少民族自主发展，并尊重他们的自我选择，让他们能感觉到主体性意识的存在，真正成为发展的主人，进而才能实现人口较少民族教育内在的发展，解决"不愿学"与"不愿教"的问题。通过教育中人口较少民族主体性意识的树立来推动教育发展，不仅为整个人口较少民族政策的制定与实施提供借鉴意义，还能通过培养年青一代的主体性意识、自主发展意识和能力来直接作用于人口较少民族的发展。

2. 从直接的资金与物资补偿转向间接的激励与责任引导

在人口较少民族的教育优惠政策中，主要是通过经费补偿和物质补偿的方式来促进其教育的发展。虽然这些补偿式的教育优惠政策，缩小了人口较少民族与其他民族的教育发展差距，但是它也有其固有的弊端，不利于人口较少民族教育的长足发展。补偿式的教育优惠主要是"针对教育中的弱势群体所采取的优惠措施，目的在于保障其与一般群体享有平等的受教育权利"①。人口较少民族属于弱势群体，因而也是补偿式教育优惠政策享受的主体。除了享受《宪法》、《民族区域自治法》、《教育法》等系列法律法规的保障外，国家还专门针对人口较少民族制定了相关政策。

一方面是拥有资金与物资补偿的人口较少民族教育政策的大背景。改革开放以来，政府加大了对人口较少民族的投入力度，并于2001年由国务院办公厅下发《〈关于扶持人口较少民族发展问题〉的复函》（国办函〔2001〕44号），要求中央和地方各级政府要对人口较少民族给予更多的关心和照顾。接着2004年政府发布了《中国政府缓解和消除贫困的政策声明》，表示要"加快全国22个人口较少民族贫困地区的脱贫步伐，争取先于其他同类地区实现减贫目标"。时隔一年，由国家民委等五部委联合发布了《扶持人口较少民族发展规划（2005—2010年)》，要求中央和政府部门加大工作力度和资金投入，并组织沿海发达城市、大中城市以及大型企业对口扶持，通过5年的时间基本解决贫困人口的温饱问题，经济社会发展基本达到当地中等或以上水平。政府一直以来针对人口较少民族政策导向都是以扶贫为主，因而在教育中也主要是加大投入并加强教育教学设施设备的建设。但最近国家民委等五部委又制定的《扶持人口较少

① 马雷军：《教育优惠研究》，博士学位论文，西南大学，2009年。

民族发展规划（2011—2015 年）》有了明显的变化，提出了人口较少民族
自主发展能力的提升，双语教育与本民族文化课程的设置等。其目标是到
2015 年，人口较少民族聚居的行政村基本实现"五通十有"，基本实现
"一减少、二达到、三提升"①。另一方面资金与物资补偿机制也体现在教
育政策中。人口较少民族除了享受"两免一补"政策外，1995 年教育部
还对未"普九"的人口较少民族工程专款分配上给予倾斜，还出资根据
当地实际情况建立一批寄宿制学校，从贫困学生助学金专款中拿出部分解
决人口较少民族学生的学杂费减免和寄宿制生活补助。财政部自 2002 年
起在中央对地方一般性财政转移支付中为人口较少民族增加省区所在的标
准支出，同时相应增加一般性转移支付额。② 教育部自 2006 年起安排专
项资金补助人口较少民族农村义务教育阶段寄宿生的生活费共 1229 元，
补助学生达 9.8 万人。③ 地方性政策也给予了人口较少民族大力的投入，
如云南省除采取"集中办学制、寄宿与半寄宿制、减费或免费制"的特
殊政策外，还从校舍、设施设备、图书、教学、资金、管理等全方位进行
帮扶。直接性资金与物资等补偿机制虽为人口较少民族的发展奠定了物质
基础，但是却未能在满足受教育者要求上获得实质的成果，失学、辍学现
象依然严重。

　　由此可见，在人口较少民族地区大量资金与物质的投入与产出并不成
正比，应转换优惠政策的实施方式，尝试着从直接性的补偿方式转向间接
的激励与责任引导方式。笔者在调研时一位莽人教师谈道："在资助方面，
不是只用钱就能解决莽人的发展问题，不能按照没有就给予的方式扶持。"
确实，直接性的补偿方式不能给人口较少民族带来可持续的发展，只有通
过激励的方式去激发他们的积极性，培养他们主动争取的意识，才能焕发

---

　　① 具体表现为："人口较少民族聚居村通油路，通电，通广播电视，通信息（电话、宽
带），通沼气（清洁能源）；有安全饮水，有安居房，有卫生厕所，有高产稳产基本农田（草
场、经济林地、养殖水面）或增收产业，有学前教育，有卫生室，有文化室和农家书屋，有体育
健身和民族文化活动场地，有办公场所，有农家超市（便利店）和农资放心店。人口较少民族
聚居区贫困人口数量减少一半或以上；农牧民人均纯收入达到当地平均或以上水平；1/2 左右的
民族的农牧民人均纯收入达到全国平均或以上水平；基础设施保障水平、民生保障水平、自我发
展能力大幅提升。"

　　② 中国民族工作年鉴编辑部：《中国民族工作年鉴·2003》，民族出版社 2003 年版。

　　③ 李菲：《教育部正研究制定具体办法化解民族地区"普九"债务》，新华网（http://
news. xinhuanet. com/politics/2007 - 04/30/content_ 6047867. htm），2007 年 4 月 30 日。

他们的能动性，进而独立自主的发展。同时，应培养他们的责任意识，在享受权利的同时应履行相应的义务并承担相应的责任。只有人口较少民族拥有责任意识，才能在发展中遵循相应的规则，约束自己的行为，维护已有的发展成果。并学会懂得有责任实现自我发展和自主发展，有责任承担个人和整个民族的发展。通过从激励机制和责任机制去引导，不仅可以提高人口较少民族的主体地位，还能提升他们自主发展的意识和能力。

(二) 外源性发展转向内源性发展

在人口较少民族地区通常采用的是外力助推的非内动力的发展模式，虽然政府制定了大量有着良好初衷的优惠政策，但是其结果往往不能达到预期的效果。政府政策效果不佳甚至失效的主要原因在于多采取包办发展的方式，运用现代主流社会和主流文化的价值观来改造处于弱势地位的人口较少民族，并以受援民族之外的一种幸福观或发展评价标准来指导人口较少民族的发展。没能充分考虑到人口较少民族真正的发展需求，其发展的标准也不一致，因而通常很难被受援者接受，甚至适得其反。因为非内动力作用下的发展容易中断人口较少民族的传统生活方式的自然延续，会感觉到不适应甚至会产生抵触的心理或行为。

运用学界对现代化的动力来源的分析，罗荣渠认为，"一种是外源性的现代化，是在外因诱导之下实现的社会变迁，其内部的创新居于次要的地位；另一种是内源性的现代化，是社会自身力量产生的内部创新，其外来影响居于次位"[①]。因此，人口较少民族在非内动力作用下的发展便是一种外源性发展，如要依靠自身的力量而内生性发展就应实现从外源性发展转向内源性发展。内源发展的倡导者 F. 佩鲁先生认为，内源发展是一个"以充分发扬国家内在潜力为其本意的概念"[②]，其实就是一种自力更生的发展。同时，联合国教科文组织在第一个中期计划 (1977—1982 年) 中提出的一个概念便是"内源发展"（即"以人为中心的内源发展"），并在第二个中期计划 (1984—1989 年) 作为一种发展模式向发展中国家广泛推荐。其基本内容包括：强调内源性的发展，以人为本的发展、依据

---

① 罗荣渠：《现代化新论：世界与中国的现代化进程》，北京大学出版社 1993 年版。

② ［法］F. 佩鲁：《发展新概念》，郭春林等译，社会科学文献出版社 1988 年版。

人类文化本性与传承价值标准的发展，整体性和协调性的发展，多样性和实验性的发展。① 因此，在教育政策的制定和执行中应保障以人为本的原则，重视自主发展和主动参与的意识与能力的培养，加强民族文化及其价值理念的传承，重视培养目标的多样性与协调性，才能真正实现人口较少民族从外源性发展转向内源性发展。

1. 以人为本发展观的教育要求

教育作为培养人的一种社会实践活动，"人"作为教育主体亘古不变，但是培养"什么样的人"却是随着时间与空间的变化而变化，是与不同时期的发展观和人类社会的发展需求相适应的，因此，不同阶段的教育目的都有其存在的合理性。诸如在我国的不同历史时期要求培养"劳动者"、"人才"以及"建设者和接班人"等，都是在中国社会经济发展的历史阶段所决定的。但是随着大量自然灾害、社会问题以及社会矛盾的涌现，人类不得不对已有的发展观念进行调整。特别是在第三代人权的推动下，人类对发展有了新的认识与诠释即有了新发展观，其中本质与核心理念便是提出了"以人为本"的发展要求，这也是教育的应有之义。

首先应实现以人为本的教育。在以经济发展为中心的时代教育的价值取向往往是单向度的，强调教育的工具性，也使教育不断根据各行业经济发展的需求调整教育方向，被动的发展而失去了自我立足的根基。以个人自由权利为本位的近代法和以社会为本位的现代法，都为维护人类的自由平等权利、保障人类生存与基本需求的满足和普遍的尊重人类尊严等起到了重要的推进历史进步的作用。但是随着国际社会关系的日益复杂和人类与自然相互依存的日益加强，特别是诸如人口较少民族之类的生存与发展问题、因经济发展导致生态破坏问题等逐步显现，使得已有的发展观的缺陷日益暴露。表现在两个方面：

一方面是将发展片面地认为是经济发展，因而反映在教育中也就更加凸显其经济功能，培养经济发展为中心的人已成为一段时期内教育的主要使命，人也就变成了经济发展的工具，成为"工具理性"的人。将"增长"（Growth）等同于"发展"（Development），对经济以外的人类生活

---

① 孙立平：《传统与变迁：国外现代化及中国现代化问题研究》，黑龙江人民出版社 1992 年版。

方式、心理层面与价值系统、文化因子等发展要素并未引起足够的重视。基于此，有人认为"一个更高的 GNP 将会直接地转变成对所有人的更好的工作、更高的生活水平、医疗的改善以及更好的教育的片面发展观已日益被抛弃"①。片面追求经济的发展，把经济作为衡量一个人、一个民族乃至一个国家发展的标准，而不重视发展的整体性和协调性。日本学者大须贺明也曾说："时至今日，单纯地谋求经济性富裕的社会体制，其所带来的已经不仅仅是公害，而且还成了破坏人能够像人那样生存和生活的形形色色的社会性因素……人创造了机器，而反过来要由机器来支配和控制人，这种现象是由人性的丧失为特征的。"② 人作为发展的机器与工具在人口较少民族地区更为严重，因为人口较少民族地区往往现代化经济发展较落后，扶贫成为政府促进其发展的关键。因此在扶持人口较少民族发展时重视 GDP 的增长速度，重视脱贫的人数而未能更多关注贫困人口的能力发展问题，"返贫现象"也便不难解释。

另一方面，在人口较少民族的教育中，"读书无兴趣"、"读书无用论"等思想严重阻碍了人口较少民族的发展。故而，在政策的制定与执行中人口较少民族教育的价值取向应从工具理性转向价值理性，要实现以人性为本的教育。除了学校教育与人口较少民族发展实际需求不一致外，主要还是教育的工具理性观念的影响。在工具理性价值观指导下的教育便是实用的与功利的、零散的与局部的、静止的与分离的，而与人口较少民族传统的把人的生产、生活、文化与精神等融为一体的教育形式不一致，因而导致了学生的不适应。"如果我们现在仅重视教育的工具性层面，我们便仍将担负发展全部人性、发展全人类以及传统全人类文明的教育，置于片面认识基础上的错误。"③ 教育要为社会各行各业培养出各层次各类别的人才，而各行各业技术的迅速更新发展对人才不断提出新的要求，使教育的发展受制于行业的需求，而又滞后于行业的发展需求，使教育处于被动状态。其实，教育不可能承担起这个重任。如何才能使教育拥有自己的根基，而不被行业人才的培养所牵制，就是要实现教育的本体价值和本

---

　　① 汪习根：《法制社会的基本人权：发展权法律制度研究》，中国人民公安大学出版社2002 年版。

　　② ［日］大须贺明：《生存权论》，林浩译，法律出版社 2000 年版。

　　③ 张诗亚：《回归位育：汶川大地震周年祭之教育反思》，《社会科学家》2009 年第 9 期。

体功能，实现"人"的培养的终极目标。在教育中彰显学生的人性，尊重学生的主体地位，并尊重他们的需求、兴趣和个性，给予其充分自由的发展空间。在课程与教材方面也应彰显出人性的完整性，不以经济发展为教育教学的唯一，完整的、系统的、鲜活的人性理念应体现在课程与教材中。并培养学生正确地认识人与自然、人与社会、人与人之间的关系，通过和谐共生的价值理念去培养学生处世为人的观念和态度。

总之，人性即人作为人的共性，人性之本是普适的且不易变化的，也是处理社会复杂问题的起点和终点。同时，人性并不是一种实体性的东西，而是一个自我塑造的过程，而真正的人性就是无限创造性的活动。[①]因而通过完整的、系统的以及长远的世界观、人生观等人性理念的培养，可以通过教育树立较稳定的、抽象的人性为理念根基，去指导各行各业的发展，同时能更长远的、理性的从人、自然与社会之间关系的角度去深思发展的问题，这是人口较少民族乃至人类发展都亟须的教育理念。

其次，应坚持以人的发展需求为立足点的教育。人的发展需求依据不同的时空而不同，不能用同一种教育模式去应对不同时期与不同地域的人的发展。在当代新发展观视阈下去审视现有的发展，出现了诸多违背人发展的问题。诸如只突出人类当前的生存发展，尤其是生理上生命繁衍与发展的需求，而对人与自然间相互生存发展的认识不够，因而出现了较严重的以牺牲环境、自然为代价谋求人的生存发展的现象；基于当代人需要的发展，不重视人类的可持续的发展，不顾及人类未来及后代的生存发展，过度的开发自然资源和毁灭性的利用人类共同的财产；单纯的强调个体的生存发展，忽视人的个体与人的集体间的共生关系。其实，人不仅仅是"单数"的人、"自然人"、"经济人"这些孤立的个体，人还有一个重要的存在形式便是集体存在。因此，就时间维度而言在新发展观指导下人类的发展应该是整体性的、可持续性的和系统性的发展，不能为了暂时性的、功利性的发展而牺牲了人的发展宗旨。有学者便认为："假如在执行经济发展计划之前，没有先了解该民族的价值趋向，或者没有企图先转变一些不利于现代化经济发展的基本态度，那么计划的推行将受到很大的挫

---

① ［德］卡西尔:《人论》，甘阳译，上海译文出版社 2004 年版。

折。"① 因此，教育的发展要求上也应体现以人的需求为立足点的理念，培养人与自然、社会和谐共生的意识与能力，培养人与人交往合作意识以及集体意识。

就不同地区人的不同发展需求而言，教育的发展模式也应是与人的发展需求相一致的。在人口较少民族地区，由于地理、历史生存环境的特殊，加上人口数量少和文化脆弱性等特征，使他们对教育的发展要求与城市是不一样的。因此，在教育中不能运用同一种教育理念去指导教育教学，不能使用相同的教学内容去要求不同地区的学生，更不能用同一种教育教学模式去统筹不同区域的教育发展。目前，人口较少民族地区普遍存在的高失学率与高辍学率、低入学率与低就业率的现象，其中一个重要的原因就是因为现有的教育与人口较少民族地区人的需求不相一致。以城市生活为主导和以经济发展为中心的思想不是每个人口较少民族发展的追求和向往，主要表现在：第一并不是所有的学生希望或者都有能力去城市生活，因此需要提供与当地社会发展相适应的课程内容和教学方法。第二是目前人口较少民族对教育的渴求是以职业教育为主可以为其提供职业指导的实用的教育，这是他们生存发展的需要。因此在这些地区应该不只是为了提供以"高考"、"升学"、"文凭"为目的的教育，还应为他们提供生存发展之道的职业性的教育。第三是在毕业就业和分配上国家应给人口较少民族提供一定的倾斜和扶持的优惠政策。第四是充分给予其文化与精神生活的教育。他们有着丰富而精彩的精神生活和文化生活，这也是他们生存发展的支柱，在他们的生活中不能缺少这些精神世界，他们对宗教、信仰的追求是那些以经济追求为目的的人们很难想象和理解的。故而，城市生活价值观指导下的人们很难理解那些物质贫困却依然生活乐观和幸福的人口较少民族群体，因为他们有着丰富而充实的精神生活与精神世界。因此，教育的发展一定要满足人的发展需求，在以人为本的教育理念下，以自由的、灵活的、多样性的教育内容和方法去满足不同地区和不同时期人的发展的需求，也只有实现人的发展才达到了发展的终极目的。

2. 以文化价值为发展基础的教育要求

人口较少民族的生存发展问题之所以成为全球性问题，因其生存发展

---

① 王铭铭：《村落视野中的文化与权力》，生活·读书·新知三联书店 1997 年版。

与文化消亡两者之间的关系在全球的各人口较少民族中有着相似性乃至同质性，传统文化在其生存发展中的重要价值与地位也在不断得以证实。费孝通先生认为，"文化转型不大可能是个急转弯。从狩猎文化要转到农业或工业文化是有一定困难的……我已在这个思路上提出善于发挥原有文化的特长去发展少数民族经济的主张"①。何群在分析鄂伦春族的生存与发展问题时也认为只能从文化转型上探索出路，才能真正解决其要生存、要发展的难题。人口较少民族大都是从原始社会到现代社会的跨越式发展，经历了从传统生计方式到现代生计方式的转向与变革，生产工具、生产组织形式以及生活方式上都彰显着现代化的特征。因而其生计方式所体现的生计文化也是现代文化，他们逐渐失去了民族文化的根基，势必会很快融入主流文化之中。加上人口较少民族人口数量少，文化相对简单和脆弱，促使许多人口较少民族正逐渐地走向消亡。而目前，针对人口较少民族的政策主要是以扶贫政策为主，主要目的是要促进人口较少民族的经济增长，目标是要使人口较少民族实现现代化和城镇化。但是这种实现现代化经济发展的政策却在一定程度上加速了民族文化的消亡。

首先，人口较少民族的发展并非简单的经济发展，更主要的是要实现教育的文化传承功能，只有拥有文化的根基才能真正的实现人口较少民族富有特色和生命力的发展。如在发展中不懂得传统文化的价值，认为是现代化发展的障碍，就会最终导致一个民族或族群的消失。曾有学者举例谈道："忽视传统知识不只是在西方，在第三世界政府也倾向于把他们的土著文化视为发展和提高国家地位的障碍。例如，在巴布亚新几内亚受到非洲实行殖民主义影响的欧洲籍官员，也试图以强权和城市商业来瓦解该部落的文化，使这些城市都远离作为部落生活为中心的乡村。"② 诚然，目前存在以经济衡量文化优劣的偏见，存在以主流文化取代人口较少民族文化的现象。其实，"土著人的思想和价值观不同于欧洲社会，但是谁能说哪一种文化和生存手段更好呢？土著人有自己的生活模式和社会行为规

---

① 费孝通：《反思·对话·文化自觉》，载潘乃谷、王铭铭《田野工作与文化自觉》，群言出版社 1998 年版。

② ［美］尤金·林登：《失去部落，失去的知识》，张善余译，《世界民族》1993 年第 5 期。

范"①。可是，人口较少民族经济社会发展不能代替民族文化的发展，如果人口较少民族的发展丧失民族文化之后，即便是生活条件有了质的飞跃，人们的幸福程度和满意程度也很难提高，甚至会出现一些不利于社会稳定的社会现象，诸如抱怨、酗酒、吸毒或自杀等社会问题。人口较少民族的发展应建立在其文化发展的根基之上，才能真正的体现以人为本的发展宗旨，而传统文化的保留与传承却是教育的基本功能和要求。

其次，教育除了具有传承文化的功能外，教育本身作为培养人的活动其核心也是文化的创造过程。张诗亚先生曾谈道："人的教育是什么？核心的还是文化，是我们人自己创造出来的。正如卡西尔所论述的符号，人是符号的动物，人创造了符号，而符号系统的有机构成便是文化。"② 因此，一方面，加强人的培养是民族文化传承的起点和终点，因为"个人就是处于自己民族、文化、精神环境中的人，人一旦抛开他的环境、民族、文化方面的特征，精神上脱离他的历史，脱离他的传统的依赖物，人也就失去了他最主要的人性"③。另一方面，加强民族地区的教育发展其实质也是在实现民族文化的保留与传承发展。但是民族教育并非是抽象的概念，不是冠用"民族学校"称谓而实质仅实行全国统一教育内容的民族地区的一般教育，必须要把民族文化为核心的教育教学内容和方法体现在整个教育活动之中。需要在教育中保护民族语言、增加民族师资比例，同时开发人口较少民族课程资源，增设人口较少传统文化教育内容，从而保护人口较少民族文化的教育，更好的完善我国"多元文化整合教育"④的理论与实践体系。

最后，在加强学校教育传承与创新民族文化的同时，也应看到学校教育固有的弊端，充分发挥家庭教育与社区教育的作用。学校教育的选拔性功能有其负面的效应，它往往把人口较少民族当成是文化的边缘人。加上人口较少民族地区对外来文化的获得不完全，与此同时外来文化也不适应

---

① ［澳］奥格拉斯·巴格林、巴巴拉·马林斯：《澳大利亚的土著居民》，黄承球译，载何群《土著民族与小民族生存发展问题研究》，中央民族大学出版社2006年版。

② 张诗亚：《强化民族认同：数码时代的文化选择》，现代教育出版社2005年版。

③ ［澳］R. 里奇：《发展权：一项人民的权利》，载《西方人类学说史》（下），四川人民出版社1994年版。

④ 滕星、王铁志：《民族教育理论与政策研究》，民族出版社2009年版。

人口较少民族传统社会的生产与生活。不同的文化体现了不同的人类生存方式，因而文化的不同使人的存在方式也绝非一样。那么如何根据当地人口较少民族的生存环境、生计方式与文化环境来设计教育，定位其教育的功能便是人口较少民族教育政策制定的关键。文化传承是教育的核心功能，因为内源性发展其实质就是一种尊重民族文化个性，并强调民族文化特色的发展观。"内源性发展是把发展转变为围绕各国、各民族人民本身价值观和与其他文化协调的文明计划。"① 在文化传承的基础上对现有的学校教育功能进行重新调整，重视人口较少民族教育的地方性知识功能，强调学校教育与家庭教育、社区教育的互生互动。社区与家庭是鲜活文化的场域，因为"保持传统知识的最好办法就是让它在使之产生的文化中继续保持活力"②。传统的社区与家庭是人口较少民族文化的源泉，也是作为鲜活文化传承与发展的重要场域。在政策制定与运行中应形成学校教育、家庭教育与社区教育的合力，为人口较少民族的文化发展打下坚实的基础。同时，人口较少民族教育发展政策既要以国家整体发展战略为基础，又要充分考虑人口较少民族的风俗习惯、宗教信仰以及传统文化等现实因素，实现人口较少民族有特色有活力的可持续发展。

3. 自主发展意识与能力的培养

目前制约人口较少民族发展的一个主要因素就是其自主发展的意识和能力不强，同时实践证明非内动力作用下的外源性发展模式并不能真正实现人口较少民族的发展。诸如我国的莽人、苦聪人，马来西亚、泰国等国人口较少民族都曾在政府的扶持下从原始森林迁出，但是由于迁居后并未能实现自主生存发展而又搬回林中，有的甚至出现过反复的"搬进搬出"的现象。为了实现民族平等，加快人口较少民族发展，政府等外部力量再次通过迁居、资金与物资资助等形式促使人口较少民族的快速发展。但是，由于外力扶持为主的发展包办性、替代性过强或者扶持方式不当，一方面使人口较少民族在不劳动的情况下便能拥有救济的物资、资金而生存下来，久而久之形成了严重的依赖心理，致使自主发展意识逐渐减弱；另

① 黄高智等：《内源发展——质量方面和战略因素》，中国对外翻译出版公司，联合国教科文组织，1991年。
② ［美］尤金·林登：《土著部落文化的价值以及面临的危机》，陈景源、雅令文译，《民族译丛》1992年。

一方面是外力主导下的发展标准与人口较少民族发展的要求和标准不一致，产生了诸多的不适应问题，影响并制约着人口较少民族发展的主体性地位的形成和自主发展能力的提高。同时，在我国人口较少民族地区由于现代经济社会的发展起点较低，人力、物力、财力以及科技等方面都处于弱势，也是导致人口较少民族自主发展能力较弱的一大原因。由此可见，提高人口较少民族的自主发展意识和能力是其可持续发展的关键。费孝通先生也曾言："民族区域的发展必须是民族本身的发展，不能离开民族的发展来讲发展民族地区的经济，否则会走向美国、加拿大、澳大利亚的道路。"① 因此，在其自主发展意识和自主发展能力相当欠缺的情况下，要实现人口较少民族自身为基础的自主发展，前提条件是要加强其自主发展意识和能力的培养，这是人口较少民族教育政策必须要加以保障的。

首先，教育政策应强调人口较少民族自主参与发展的权利意识的培养。哲学家黑格尔认为民族意识的发展的标志是民族由自由的阶段逐步进入自为阶段，它是一个民族对自身的生存以及经济、文化等发展权利的初步反思的结果。在人口较少民族地区，由于长期以来实行的自上而下、以外力为主导和以扶贫为主要内容的扶持模式，导致本土与现代两种文化形式的碰撞使被扶持者难以接受，致使主体意识的缺失和主体地位的错位，甚至产生对国家扶持不认同的思想。同时，人口较少民族所有的扶持性政策几乎都是由各级政府部门制定和执行的，其扶持的主体几乎没有参与决策和发表意见，而从他们对政府为其提供政策的正面反馈信息看都是表现为对党与政府的关心由衷的感激。

从实质上分析，人口较少民族缺乏自主参与的意识，而政府有责任通过教育培养他们的自主参与意识，并保障其自主参与的权利意识的培养。阿玛蒂亚·森认为："政府的公共行为应该更多关注个人能力或自由的提高，比如基本教育、社会医疗保障制度等政策。在饥荒发生时，公共机构要确保每一个人的食物权利，它不仅包括发放救济食品、迁徙饥民等一般措施，更应采取政策来使灾民取得他们期望得到食品的权利和能力。此时，更有意义的不是保证'食物供给'，而是保障'食物权利'。"② 教育

---

① 费孝通：《费孝通民族研究文集新编》，中央民族大学出版社 2006 年版。
② ［印］阿马蒂亚·森：《以自由看待发展》，商务印书馆 2001 年版。

除了能直接保障个人能力或自由的提高外，还能间接保障权利意识的形成。据此，在教育中应做好以下三点：一是要尊重作为发展主体的人口较少民族，尊重他们的乡土知识、文化及其价值观以提高他们的自尊心与自信心，并引导他们参与到各种活动之中，给予他们话语权并有意识向他们征求并遵循其意见与建议。二是要建立自主参与和发展的权利意识培养机制。制度化的机制是一种长效的保障机制，自主参与的意识与能力培养是具有长远意义的。因为人口较少民族的自我参与意识的觉醒与自主发展能力的提高是改善他们生存发展处境的根本之道，物资上的扶持只能实现暂时性的救济，是没有保障的，而自我发展能力的提高却能作为发展动力与源泉，从根本上保证了他们的长远发展。三是要扩大权利意识培养的场域、主体和内容。自主参与和发展的权利意识的培养不仅局限在学校内，还应在人口较少民族所在的整个地区进行宣传。不仅是为培养人口较少民族的青年一代乃至下一代有参与发展的权利意识，还应使该地区其他民众增强权利的争取与保护意识，因为他们在传统文化影响下这种意识的缺乏更严重。不仅在国家规定的学校课程与教育教学方法中充分保障受教育者的参与权，培养他们的自主意识与能力，还应在家庭与社区的鲜活的实际生产生活中有意识地促使人口较少民族的自主参与。并在保障其自主选择权与话语权上潜移默化地培养他们的权利意识，才能从根本上保证自主参与意识的培养与自主发展能力的提升，实现内源性的长足发展。

其次，教育政策应保障自由灵活的教育形式。人口较少民族地缘偏僻、人口数量少、文化各异等特征使现代教育在该地区的发展受挫，现有的各种学校教育形式都未能在该地区获得理想的效果。人口较少民族学生厌学、失学与辍学现象依然十分严重，其诱因也是多种多样。因为距离学校路程较远而不愿意上学，因为语言不通难以与教师和同学沟通而弃学，因为不习惯寄宿制学校的学习和生活而逃学，因为羡慕外出打工的生活而辍学，因为书本知识太枯燥且远离生活的实际而厌学……总之，现有的学校教育形式没能真正的满足人口较少民族的需求，导致学生、教师以及家长都未能真正的重视教育，并未指望能通过受教育给他们的生产生活带来多大的改变，继而才会出现如此严重而频繁的失学现象。面对人口较少民族这类特殊民族或族群的特殊情况，我们不能利用城市地区、发达地区或者一般的民族地区的教育形式去发展他们的教育，或者以"一刀切"的教育方法来实现他们的发展，同时实践证明已有的教育方法未能取得真正的成功。

因此，应根据人口较少民族的实际需求实行自由灵活的教育形式，只要是有利于促进人口较少民族教育发展的方法都可以采用。根据人口较少民族的实际情况，借鉴国际的先进经验，发现弹性制的教育形式更适合人口较少民族。诸如为满足边疆、偏远地区距离学校较远的学生的需求，可以设置远程学校，利用网络、通讯与通信获得远程教育机会和资源，还可以结合人口较少民族人数少的特点推行流动学校，制定专门的汽车式学校，通过把汽车开进各个人口较少民族地区而流动教学。在入学条件上，不针对人口较少民族学生做硬性规定，只要愿意学习便为其提供相应的学习机会，同时在入学年龄上也是自由的，无论年龄大小只要愿意学习便可以入校。在学习的形式上也应是灵活自由的，如果因各种原因需离开学校一段时间，辍学、失学后还可以重新回到学校继续学习。在教学内容方面，也根据人口较少民族地区和学生的发展需求而特定设置一些课程，如一些人口较少民族希望在本地发展药材、茶叶加工的乡镇企业等方面的职业教育，学校就为这些学生提供相应的教育资源和内容。在毕业就业方面，除了按照国家规定的双向选择外，还应帮助人口较少民族学生合理的推荐就业机会，逐渐增加学生的求学动机。除此之外，要保障人口较少民族在教育中的自主参与权，充分保障他们的受教育权，在自由灵活的教育形式下促使其教育的发展。也只有在自由灵活的教育形式下才能培养出满足人口较少民族发展需求的人，才能真正的实现人口较少民族自主发展意识与能力的培养，继而增强推动人口较少民族逐渐从外源性发展转向内源性发展的动力。

（三）政策保障与法律保障并重

从人口较少民族教育发展的重要性和其相应的专门性法律保障的缺失来看，都应该为人口较少民族教育的发展制定专门的法律法规。一方面，人口较少民族教育需要传承其传统文化，增强其社会文化发展的自主能力，继而促进其生存发展和保障其发展权的实现，在整个人口较少民族的社会系统中发挥着关键性的动力功能，因此，应专门制定法律法规保障人口较少民族教育的发展；另一方面，长期以来我国坚持为人口较少民族的发展提供扶持和优惠政策，从整个民族地区的优惠政策到专门为人口较少民族的发展制定政策的过程体现了我国扶持人口较少民族的政策正在不断的系统化和完善，在整个宏观优惠政策之下对人口较少民族教育的发展也给予了充分的政策保障。但是在人口较少民族教育发展除了需要国家的各项优惠政策和措施外，更主要的还是需要有法律手段的保护。而目前我国未针对人口较少民族以及其教育建立专门的法律保障体系，《宪法》、《民族区域自治法》、《教育法》以及地方性民族教育条例等无论是宏观层面还是微观措施，都是着眼于整体少数民族或自治地区的民族，而很少关注对民族、国家乃至人类有着特殊意义和本身有着特殊性矛盾的人口较少民族及其教育。诚然，人口较少民族系列的扶持和优惠政策，对其教育乃至整个民族的生存发展发挥着重要的作用。同时，就民族政策与民族法的关系来看，民族政策具有灵活性、实践性强的特点。对于那些临时性的、尚未定型的、具有某种独特性并在一时还不能用法律手段来确定的民族关系用政策来调整，能发挥政策方面灵活的特点。而民族法是民族政策的定型化和具体化，具有严肃性、权威性和稳定性，在调整那些比较稳定的、已定型和具有普遍意义的民族关系，要比政策更有效，因此应把二者结合起来，相互补充，相得益彰。① 而在目前我国人口较少民族法制建设仍较薄弱的当下，把已有的暂时性的人口较少民族政策用法律的形式固定下来使其规范化，促使政策保障与法律保障并重，才能形成政策与法制结合与共同保障的条件，也才能真正保障人口较少民族教育的发展，继而保障其发展权在法制的轨道上良性运作。

1. 加强人口较少民族教育优先发展的法制保障

人口较少民族教育优先发展是其文化自觉与自主意识得以增强的向心力，是人力资源得以开发的根本途径，更是其发展权得以保障的基础。同时也是维护公平正义、建设可持续发展的和谐社会的需要，对维护我国边疆稳定与民族团结也有着重要的使命与意义。人口较少民族教育优先发展的战略意义已经得以初步彰显，不断在政策中得以强调。2010 年 7 月颁布的《国家中长期教育改革和发展规划纲要（2010—2020 年）》，其中的

---

① 彭谦：《中国民族政策法律化问题研究》，中央民族大学出版社 2006 年版。

"民族教育"一章规定："国家加大对人口较少民族教育事业的扶持力度。"2011 年 6 月出台的《扶持人口较少民族发展规划（2011—2015年)》中在"保障和改善民生，促进基本公共服务均等化"一节明确规定："优先发展教育事业。""教育优先发展"的概念内涵从法理层面按照学科逻辑结构和研究方法分别为："人的发展优先、受教育权优先、教育活动优先、教育关系优先、教育事业优先、教育优先发展战略。"① 也有学者从内涵层面来分析，认为"民族教育优先发展"包括两方面："一是把民族教育事业作为全国教育事业发展的重点，优先发展；二是把民族教育作为民族地区的各项事业的重点，优先发展。"② 从国际经验看，对小民族或少数人的教育优先发展的理念也得到了充分的认可，诸如英国制定"教育优先区"政策，美国针对少数民族实施的"补偿教育"，俄罗斯政府实施"教育优先发展国家工程"，以及日本政府通过《偏僻地区教育振兴法》来确保偏僻地区教育优先发展。基于此，我们应该加强人口较少民族教育优先发展的立法，使政策保障与法律保障并重，真正的实现人口较少民族教育优先发展的法制化。

首先，增强人口较少民族自信心、文化自觉与自主意识优先培养的法律保障。人口较少民族不是中国最贫困的群体，却是文化发展最脆弱的民族群体。人口较少民族与占主流地位的民族接触时，在后者的影响下会发生急剧的文化变迁，情形和结果会有很大不同：也许会获得长久稳定的重新调整；也许一个民族会灭绝；也许会发生同化；也许会合并到其他文化中，成为一种亚文化。除去殖民时代发生的一些人口较少民族整个族群灭绝的情况，20 世纪以来，人口较少民族大多数处在急剧的同化过程中，文化变迁的结果提供了极为不同的例证。如印第安人，他们受教育的人数越来越多，文化水平的提高和民族意识增强，使他们懂得维护本民族的自尊、文化等权利。同时，人口较少民族文化的原生形态可能与现代化不相融，但是如果有文化自觉与自主的能力，这种文化的次生形态很可能会对现代化起到推动作用。因此，尽管现代化进程不可抗拒，但是人口较少民

---

① 孙霄兵：《教育优先法理研究》，教育科学出版社 2007 年版。
② 王鉴：《西部大开发背景下的民族教育政策问题》，《西北师大学报》（社会科学版）2002 年第 5 期。

族要通过优先发展教育加强学习，获得现代社会对人口较少民族传统文化的尊重以及这种尊重营造的社会氛围，增强民族自信心、民族文化自觉与自主意识以及文化自强的能力。

其次，加强人口较少民族教育优先开发人力资源的法制保障。人口较少民族人口少、力量有限，只有加强其人力资源的开发才是人口较少民族生存和发展的根本之道。虽然物质资源的投入能起到立竿见影的效果，但是只是一种暂时性的功利性的投入，只有发展教育，培养人才，开发人力资源，注重智力投入，才是一项科学的、可持续发展的投资。人口较少民族现在的发展大都是建立在对生态的破坏为代价上的发展，开发森林种植经济作物，开采矿山换来收入等，而不是与天地系统的和谐共生。① 人口较少民族增加收入能力的提高必须建立在保持生态系统完整性、防止生态因子退化、提高生态资本存量、维护环境资源生产能力、促进生物多样性发展的基础上。因此，为了促进人口较少民族创造收入能力的提升，必须提高人口较少民族地区人口素质、人力资源质量，以提高环境的可持续发展水平，只有把教育转换为生产力的发展之路，才是人口较少民族的正确之路。

最后，推进人口较少民族内动力与自主发展能力优先培育的法制保障。只有优先发展人口较少民族教育，增强内动力和自主发展能力，才能确保其发展权不被剥夺。何群博士曾谈道："人口较少民族文化的衰亡和生存危机，不只是文化适应能力问题，还是'适应机会'与'适应限度'的问题。"② 而这更是他们的基本人权——发展权是否被立法保障的问题。如果仅仅依靠外部环境，依赖政府和社会的扶持和救助，在非内动力的趋势下不可能得到真正的发展。因为人口较少民族地区在封闭的环境下，形成了自己独特的文化和生活方式，是外界不能在短时间去理解和研究的，外界的帮扶也只能站在"客位"的立场按照主流文化、强势文化的思维去扶持，而且更多的是物质上的救济，不能去顾及人口较少民族能否适应，是否愿意，是否得到了真正的幸福。所以，必须要保障教育优先发

---

① 张诗亚：《和谐之道与西南民族教育》，《西南大学学报》（人文社会科学版）2007 年第1 期。

② 何群：《环境、文化与小民族的特有发展难题》，载何群《土著民族与小民族生存发展问题研究》，中央民族大学出版社 2006 年版。

展，从根本上改变人口较少民族的思想和意识，认识到内动力与自主发展的重要性，进而能有意识捍卫属于自己的发展权，这是人口较少民族教育优先发展的核心任务，也是根本性的保障。

2. 强调人口较少民族传统文化保护与传承的法律保障

在现代化浪潮的冲击下，文化相对简单和脆弱的人口较少民族正面临着极其严峻的文化生存的危机，甚至是文化消失继而是整个民族消亡的危机。因此，全球性的小民族、土著民族等人口较少民族的传统知识、民间文化艺术等传统文化的国际保护与传承是当代人口较少民族面临的一个最新问题，这关系着人口较少民族的发展乃至发展权的保障。而文化的传承与保护是教育的基本功能，教育的文化功能不仅应在各项优惠政策和措施中着重强调，更应利用法律手段保障人口较少民族文化保护与传承的教育功能，切实地促进人口较少民族全面、协调地可持续发展和发展权的实现。

首先，我国应制定人口较少民族文化保护与传承的地方性法律法规，并明确人口较少民族教育应传承其传统文化的法律规定。在国际上，人口较少民族传统文化的保存与发展不断获得共识，并初步达成一些有法律约束力的公约。第一个承认土著民族文化重要性的国际公约，也是迄今为止最权威的保护土著民族传统知识的具有国际法约束力的公约是 1992 年 6 月签署的《生物多样性公约》（Convention on Biological Diversity）。该国际公约首次提出了"传统知识"、"遗传资源"等术语，同时该公约促进国际社会对包括土著民族在内的人口较少民族文化遗产的高度关注和文化遗产易损性与重要性的认识。2002 年 11 月在秘鲁库斯科（Cuzco）召开生物多样性国家的部长会议，由中国在内的 15 个资源丰富的国家签署了《库斯科宣言》，其中保护土著人民的传统知识产权是重要内容之一。2003 年联合国教科文组织又通过了《保护非物质文化遗产公约》。在我国有关少数民族文化遗产的法律保护可以依据《文物保护法》和《民族区域自治法》，有关非物质文化的保护目前只有 2005 年国务院颁发的《关于加强我国非物质文化遗产保护工作的意见》和《关于加强文化遗产保护的通知》，以及一些地方出台的《民族民间传统文化保护条例》。但我们还没有实行专门保护民族传统文化的立法，更没有针对人口较少民族传统文化保护与传承的法律法规。有学者提倡国家应从儿童时期就设置文物保护教育，不仅能全面系统地保护文物，而且能使各辈对文物保护有一致的认识。① 在国家民委等五部委制定的《扶持人口较少民族发展规划（2011—2015 年）》中对人口较少民族传统文化的保护与传承给予了高度的关注，并制定了相应的规划。规划中认为，一些人口较少民族的优秀文化流失、失传等现象较严重，直接影响到中华文化的多样性。并规定应大力发展文化事业和文化产业，繁荣民族文化。除了要加强公共文化基础设施建设，公共文化服务能力建设，大力支持民族文化产业发展和发展民族传统体育事业外，还要注重保护民族文化遗产，对濒危文化遗产进行抢救性保护，加强非物质文化遗产发掘和保护，加强对文化传承人的保护和培养等。规划还规定大力推进双语教育，开发少数民族语言教学资源，开发并编写人口较少民族校本课程教材。希望能把人口较少民族文化保护的相应政策文件上升到法律法规。在已有的教育法律法规中，《教育法》第七条只笼统地规定了："教育应当继承和弘扬中华民族优秀的历史文化传统，吸收人类文明发展的一切优秀成果。"在一些地方教育条例中也未对教育在保护和传承民族传统文化方面进行明确的规定，致使人口较少民族文化在继承、保护和发展方面还未得到高度重视，出现了在处理经济社会发展与民族传承文化保护继承二者关系时有失偏颇，或者是因旅游或商业活动等目的破坏致使其文化异化或消失等，人口较少民族的文化危机已直逼他们的生存发展。

　　因此，有学者提议应由国务院制定《人口较少民族保护条例》，然后再制定《中华人民共和国人口较少民族保护法》。② 笔者认为，国家层面的《人口较少民族保护条例》或者是《人口较少民族文化保护条例》等专项性的法律规定目前时机还不成熟，但是可以从地方层面的立法保障着手，特别是人口较少民族所在的地区，更应该制定和完善人口较少民族文化保护的相应法律法规。在《国务院实施〈中华人民共和国民族区域自治法〉若干规定》相配套的部门规章及实施细则中完善人口较少民族文化保护与传承的相应规定，或者制定专门的地方性《人口较少民族保护

---

① 庄孔韶：《文化与性灵——新知片语》，湖北教育出版社 2001 年版。
② 张殿军、金利锋：《我国人口较少民族的法律保护》，《西北民族大学学报》（哲学社会科学版）2008 年第 2 期。

条例》、《人口较少民族文化保护条例》等。规定通过学校教育、家庭教育和社区教育等各种教育途径与方式保护和传承人口较少民族传统文化，明确规定教育必须承担传统文化传承的义务和责任，保护人口较少民族文化的"传播者"与"继承者"的培养，才能真正实现人口较少民族文化是一种活的文化，而文化习得与传承的过程本身就是一种教育活动。因此，需要加强教育传承传统文化的法制保障，实现人口较少民族文化本位的生存发展。

其次，加强学校教育传承人口较少民族传统文化的法律保障，并为人口较少民族地区校园文化建设提供法律依据。在现代以学校教育为主的教育形式下，教育传承文化的途径更多的应选择学校教育，因为儿童与青少年时期绝大部分时间是在学校，特别是在人口较少民族地区普遍实行的寄宿制学校教育制度中更是如此。因此，应在教育法律法规中规定学校教育有传承传统文化的责任和义务，特别是在人口较少民族所在的自治地区更应如此。一是从法律保障形式上看，在各地的《民族教育条例》中应做出关于学校文化建设，以及传承人口较少民族文化的明确规定。或者专门针对人口较少民族从国家层面或者地方层面制定《人口较少民族教育发展条例》等具有法律规范性的规约。二是从法律保障的内容上看，应当在立法中保障人口较少民族文化的选择权和发展权，在学校中重视人口较少民族语言的运用，真正做到把双语教育落实到位；要制定人口较少民族文化相关的校本课程和地方课程，加强传统文化的记载、保护与传承；要重视人口较少民族文化的传播者与继承者的培养，重视在传承文化方面的师资建设；尊重人口较少民族学生在校的风俗习惯、宗教信仰，培养他们的民族自尊心、文化自觉意识和文化自强能力。进而加强校园文化建设，让人口较少民族文化得到其他民族学生的了解与认识，增进各民族间的文化的相互学习与尊重，达到费孝通先生提倡的"文化自觉、和谐共生"①的文明新境界。三是从法律保障的实现方式看，应保障学校教育中人口较少民族文化选择的自主权和自决权。明确界定学校教育中人口较少民族文化保护的权利主体、内容形式以及法律责任，并尽快纳入法制轨道，为学校教育传承人口较少民族文化提供法律保障，为人类文化的多样性可持续

①　费孝通：《费孝通论文化与文化自觉》，群言出版社 2007 年版。

的传承发展奠定强有力的法律规约基础，最终保障人口较少民族发展权的实现。

总之，应加强教育促进人口较少民族发展的重要性的认识，促使人口较少民族教育的政策保障与法律保障并重。在制定大量扶持性优惠政策的同时，还要增强对人口较少民族地区教育优先发展法制保障的必要性的重视，保障教育传承人口较少民族传统文化的法制建设，只有从这两个层面重点突破才能真正的保障人口较少民族教育的发展。同时，笔者认为，人口较少民族教育发展的法律保障应把重心放在地方层面，而且首先应着重完善立法保障，继而再通过司法保障和监督保障，不断建立起地方性人口较少民族教育发展法律保障体系，并在此基础上待条件成熟时建立国家层面的法律体系，才能使教育在法制的轨道上真正地保障人口较少民族的生存发展和发展权的实现。

结　　语

　　"文化规模小的少数民族，其物质和精神遗产正遭到剥夺，这是一个全球性的问题。呼吁人口较少民族的生活方式免遭彻底的毁灭。"① 对于人口相对较少、文化相对简单和脆弱的人口较少民族而言，他们的生存发展问题已日益成为世界各国普遍关注的问题，也势必将成为今后一段时间民族教育研究的重点与热点之一。

　　在笔者分析中越边境长期生存在密林中的莽人的发展困境之教育应对之际，纪录片《地球的眼泪》系列之一《亚马逊的眼泪》也正在上映，记载了亚马逊流域一带的原始热带雨林正在大面积的消失，迫使世代生活在这片丛林中的佐伊族、瓦乌拉族面临生存发展危机。加上现代文明的强势冲击，使其传统文化迅速消亡，文化生存乃至整个族群的生存面临困境。世界各地的少数人、土著人、原住民、初民、小民族等虽称谓不同，但其实质都是有着共同生存与发展困境的一类族群。在现代化浪潮冲击下与非内动力作用的推动下，他们面临着自然演进的中断，文化变迁的骤变，民族的生存发展与民族的同化消亡、民族现代化发展与民族传统文化的消失、外源性政府扶持的强化与内源性自主发展能力弱化等多重矛盾凸显。这不仅使人口较少民族的生命个体面临生存发展的考验，而且使传统文化也面临着生存危机，继而使这类族群的文化正在走向衰亡甚至濒临灭绝，人类族群的多样性正在逐渐减少。归根到底，人口较少民族的核心问题是生存发展问题，是实现生存与文化和谐共生的问题。教育作为人口较少民族整个社会系统的重要组成部分，该如何化解这个问题，需要什么样

---

　　① ［英］杰里米·库珀：《孟加拉国的加罗人：一个为生存而斗争的森林民族》，刘东国译，《民族译丛》1993 年第 6 期。

的教育来应对这一问题，教育该何为、何谓？基于这一研究起点，笔者展开了本书对人口较少民族教育发展的探讨。

基于莽人具有人口较少民族的典型特征，本研究尝试以莽人为实地考察基础，从实现人口较少民族生存发展，促进生存与文化和谐共生的视角，对莽人教育发展现状、存在的问题及其原因进行了深度调查与分析论证，并在国际比较研究的基础上对人口较少民族教育发展进行了初步分析，提出了理论与实践两方面的政策建议。笔者得出了相应的研究结论：

（1）通过田野调查发现，从教育目的层面看现有的教育与莽人生存发展需求相分离；从教育内容层面看学校教育加剧莽人传统文化的生存危机，学校外的教育逐渐淡化传统文化的传承；从教育主体层面看现有的教育缺乏对莽人自主发展意识与能力的培养。

（2）莽人教育发展的困境从表层原因分析是外部环境所致，非内动力作用下的政府扶持导致了莽人自主发展意识的缺失，仅仅依靠政府主导型的扶贫模式不能解决莽人教育的发展问题。加上莽人生存环境与生计方式的骤然变迁对其生存发展能力的挑战，致使教育发展的现有困境不能促使莽人生存与文化的和谐共生。而深层原因是莽人教育系统内部结构冲突，传统与现代两种教育形式的交流与碰撞，莽人这一受教育主体的独特性对现代学校教育的挑战，以及现代学校教育在莽人地区的需求不强和以生存发展为主的教育理念的缺失。

（3）制约莽人教育发展的问题不单是环境因素、政策因素和教育系统内部结构因素，最核心最关键的原因是文化问题。一方面是文化变迁与文化适应的碰撞和磨合，文化变迁的主体决定着文化适应的能力，文化变迁的方式影响文化适应的机会，文化变迁的内容制约着文化适应的程度；另一方面隐含着文化选择与文化自觉的外生至内生，被动的文化选择导致了文化自觉的迷失，主动的文化选择促使了文化自觉的萌生。教育既要尊重民族差异、尊重其他民族文化，又要尊重和传承本民族文化，离开传统文化的教育改革是行不通的。

（4）在莽人教育发展调查研究与国际借鉴的基础上，为促进人口较少民族生存发展，实现生存与文化的和谐共生，提出了人口较少民族教育发展的应然政策选择：一是应拥有人口较少民族教育独特的政策理论。认为应以坚持少数人权利保护的理论基础，增强新发展观和发展权理论的彰显力度，且形成社会系统理论的宏观视阈。二是应坚持以文化为根本且满足生存发展需求为目的的教育政策价值取向。教育作为培养人的活动，一方面是要保障作为"生命存在"的人的生存与发展的教育需求，形成传统与现代生存教育的结合，平等与幸福教育观的共生。另一方面是保障作为"精神存在"的人的文化选择与认同的教育需求，坚持教育的文化传承功能与交流功能的同等重要性，同时在文化自觉意识培养基础上应实现自主性与适切性的文化选择。三是应形成自主与内生机制的教育政策保障方式。首先，在教育优惠政策保障方面应从补偿式转向引导式，政府的角色定位应从主导者转向引导者，并从直接的资金与物质补偿转向间接的激励与责任引导。其次，人口较少民族教育应从外源性发展转向内源性发展，坚守"以人为本"发展观的教育要求和以文化价值为发展基础的教育要求，并加强自主发展意识与能力的培养。最后，人口较少民族教育发展应坚持政策保障与法律保障并重，加强人口较少民族教育优先发展的法制保障，同时加强人口较少民族传统文化保护与传承的法制保障。

从促进人口较少民族生存发展，实现生存与文化的和谐共生的视角去研究人口较少民族教育发展，本书是通过莽人这个具体的考察对象和国际比较两个层面展开的初步研究。笔者深知还存在诸多的不足：一是对莽人教育发展的独特性和时空延展性有待深入实地调查，特别是最近一次政府实施的莽人综合扶贫项目（2008—2010 年）结束之后，在未来一段时间内莽人的发展状况，以及莽人教育发展对整个社会系统的影响情况等，都有待于下一阶段继续进行调查研究；二是莽人教育发展的个案研究只是人口较少民族教育研究的冰山一角，有待于加强对不同类型的人口较少民族进行比较研究，得出更具普适性的人口较少民族教育发展的理论与实践论证建议；三是应加强人口较少民族的生存发展、文化、教育三者之间关系的进一步论证，才能为人口较少民族教育在生存与文化和谐共生上提供更充分的理论依据。

促进人口较少民族生存发展，实现生存与文化的和谐共生是极具挑战性的，但是本书希望能从教育研究的领域去突围，起到抛砖引玉的作用，保障人口较少民族的自主生存发展以及发展权的实现。减少人口较少民族的消亡，保障人类族群的多样性，为实现"各美其美，美人之美，美美与共，天下大同"的和谐境界而不懈追求。

附录一

《金平县莽人 2008—2010 年
发展总体规划》

金平县莽人 2008—2010 年发展总体规划

金平莽人是我国当前人口较少、贫困程度较深、社会发育程度较低、至今尚未确定族称的一个群体。2008 年 1 月,莽人的贫困问题引起党中央、国务院高度重视,胡锦涛总书记亲自作了重要批示,要求"帮助莽人尽快脱贫致富",温家宝总理在批示中明确要求国务院扶贫办与云南省委、省政府协商,尽快制定莽人脱贫致富的办法。根据 2008 年 1 月 29—31 日云南省委、省人民政府赴金平莽人慰问调研组,及 2 月 15 日至 16 日国务院赴金平莽人贫困问题调研组提出的扶持发展意见,结合莽人扶贫的工作实际,特制定《金平县莽人 2008—2010 年发展总体规划》。旨在通过项目实施,综合投入,尽快改善莽人这一特定人群的生产生活条件,加快脱贫步伐,实现与其他民族共同进步。

一 前言

金平苗族瑶族傣族自治县(简称金平自治县)位于云南省红河哈尼族彝族自治州南部。与越南社会主义共和国老街省的坝洒、莱州省的清河、封土和奠边府省的孟德四县接壤,边境线长 502 公里。县城距省会昆明 477 公里,距红河州府蒙自 135 公里。金水河口岸距越南封土县城 18 公里,距莱州省会三塘市 56 公里,距奠边省奠边府市 195 公里,距越南首都河内 580 公里,距离老挝丰沙里省勐买县城 231 公里,边境线居全省第二位,占全省边境线的 12.4%,占红河州边境线的 59.2%。全县国土面积 3677 平方公里，其中山区面积占 99.72%，耕地面积 46 万亩，人均 1.39 亩。县辖 13 个乡镇 93 个村委会 1107 个村民小组。世居着苗、瑶、傣、哈尼、彝、汉、壮、拉祜 8 种民族和尚未确定族称的"莽人"。2007 年全县总人口 33 万，其中少数民族占总人口的 85.48%。是一个集边疆、山区、贫困、多民族、原战区为一体的少数民族自治县。

金平莽人是我国少数民族中人口较少的一个群体，至今尚未确定族称。居住在中越边境线上，有南科村委会龙凤村、坪河中寨、坪河下寨和乌丫坪村委会雷公打牛四个村。

莽人自称"莽"，傣族称其"岔满"，越南人又称"芒地夺"，还有"阿比"、"猛嘎"、"巴格然"等他称，意为高山上的人，在我国汉文史籍中属于"百濮"族群。在颠沛流离的民族迁徙过程中，莽人为生存而进入莽莽林海，由于弱小而备受歧视，与邻近的其他民族交往较少。民国时期，几十户莽人散居在国境沿线的雷公打牛、落部寨、南科等 12 个村寨。小的村落仅四五户，大的不过十来户。

莽人地区虽早已进入铁器时代，但由于经济生活落后，许多人家买不起铁器工具，因而用木锄、木棍来耕种。在生活中，竹筒和芭蕉叶是重要的炊具。穿衣主要用兽皮和其他物品向邻近民族换取，或用兽皮、芭蕉叶、树皮等遮挡身体，大多数人家一年当中有三四个月的时间缺粮，有的长达半年之久没有粮食吃。饥饿期间，他们便外出采集野菜野果生食。有时全家搬到采集地去，搭起挡风棚，边采边食，过着流动性的采集生活。

解放初期，中共蒙自地委和金平县委组织以边防驻军为主的民族工作队，深入林区访贫问苦，宣传党的民族政策，发放粮食、衣物、食盐等，逐渐消除了他们的疑惑。从 20 世纪 50 年代末到 60 年代初，金平县委、政府把原来深山老林里散居的 12 个散居点合并为 4 个村寨，帮助他们建盖安居房屋，教他们开田种地，发放给他们耕牛和生产生活用具。从此，莽人走出深山老林，定居定耕，开始了新的生活。

莽人共 4 个自然村 126 户 681 人（其中：雷公打牛村 41 户 195 人；坪河中寨 33 户 176 人；坪河下寨 16 户 94 人；龙凤村 36 户 216 人）。聚居地海拔 1200—1550 米，山高坡陡，村与村之间相隔 20 余公里，其中 2 个村（坪河中、下寨）居住在陡峭的山坡上，食盐、布匹等生活日常用品全靠人背。每到雨季，杂草遮住了小路，外地人无法进入村寨。四村之一的雷公打牛村三面与越南相连，村里人赶集、种地、探亲访友必须从越南领土上经过。

由于地理、环境等因素制约，莽人的经济社会发展十分缓慢。2007年莽人耕地面积 986 亩，人均耕地面积 1.45 亩（其中水田面积 434 亩，人均 0.64 亩）；人均有粮 244 公斤，人均纯收入 489 元；有大牲畜 205 头（匹）；小学校点 3 个（龙凤村、雷公打牛和坪河中寨），3 个校点为一至四年级的初级校点（一师一校，隔年招生），现有莽人在职教师 3 人、退休教师 1 人，在校学生 109 人（其中小学生 101 人，初中生 8 人），适龄儿童入学率 95.6%，16—60 岁文盲占 75.6%；4 个村均无村卫生室，由于交通不便，就医需要步行，最远的要走 6 个小时，目前，有 92 户 397 人参加了农村合作医疗保险，比率达 58.3%。

金平县委、政府历来重视莽人的发展与进步，先后制定了一系列帮扶措施，莽人的扶贫工作取得了一定的成效，但与其他 8 个世居民族相比，仍然处于极度贫困状态。主要表现在：

一是社会发育程度低。莽人由原始社会末期一步跨入社会主义社会，历史进程虽然缩短了，但他们的思想观念陈旧，商品经济意识差，陈规陋习根深蒂固。在他们的生活中，"有肉大家吃，有酒大家喝，有饭大家饱，无饭大家饿"的现象还比较常见。这种原始平均主义的思想，制约着莽人地区经济社会的发展。

二是基础设施条件差。4 个莽人村只有 2 个村通简易公路，村民到最近的集市赶集，远的村仅路途就要耗时 9 个小时，近的村也要 5 个多小时；仅 2 个村通水，且管道锈蚀，供水困难，未通的 2 个村喝水还须到附近的山沟里背，不仅浪费时间，影响劳作，而且饮水不安全，容易出现肠道传染性疾病；没有一个村通电、通广播电视，村民无能力用电，没有电灯照明，收看不到电视节目。

三是缺乏稳定的收入来源。耕地较少，耕作粗放，粮食单产低，自给不足；原始农业痕迹明显，种、养业发展缓慢，仅有 183 头耕牛、22 匹骡马、55 头放养的生猪、396 只家禽、257 亩草果，种养业规模小而单一；缺乏加工业，粮食等食品加工全靠手工操作。没有稳定的产业支撑脱贫，村民增收比较困难。

四是教育发展滞后。莽人居住分散，生源不集中，现有的一师一校须隔年招生。三年级以上的学生须到村委会中心校寄读，山路崎岖，往返步行十多个小时，影响家长送孩子上学的积极性。由于家庭经济条件差，不能满足学生住校所需生活开支，莽人学生小学毕业后大部分就不再继续升学。

对金平莽人进行帮扶工作，是党中央、国务院作出的一项重大决策。做好帮扶工作，是立党为公、执政为民的本质要求，是全面落实科学发展观、构建和谐社会的重大任务，帮助金平莽人尽快融入社会发展中，加快民族地区社会主义新农村建设步伐，促进各民族共同团结进步、共同繁荣发展，具有重要的现实意义和深远的历史意义。

二 指导思想、目标和原则

（一）指导思想

坚持以邓小平理论和"三个代表"重要思想为指导，全面贯彻落实科学发展观，按照构建社会主义和谐社会的要求，贯彻落实中央和省的指示精神，以解决巩固温饱为中心，保障贫困人口最基本的生存权；以增加贫困人口收入为目标，积极培植优势特色支柱产业；以整合资源为切入点，加大基础设施建设；以社会事业发展为依托，提高贫困人口的综合素质和可持续发展能力。

（二）主要目标

通过综合扶贫，实现莽人村两年初见成效，三年大见成效，确保莽人村"四通五有三达到"。

1. 两年初见成效：

到2009年末，搬迁合并后的2个莽人村和就地改造的1个莽人村全部住进新居，房屋整洁，人畜分离，居住环境明显改善；

到2009年末，全部莽人村通公路、通电、通广播电视，有自来水，有医务室看病，有新建和扩建的学校上学；

到2009年末，全部莽人村民实现新型农村合作医疗；适龄儿童入学率达到99%，巩固率达到95%；

到2009年末，莽人村民的传统生产生活习惯有所改变，进取精神逐步形成，商品意识明显提高，会计划，懂生产，会生活；

到 2009 年末，莽人群众的生活条件有所改善，粮食基本自给，经济收入有较大提高。

2．三年大见成效：

到 2010 年，莽人村 681 名莽人基本解决温饱，年人均纯收入达到 1500 元，接近金平农村农民人均纯收入水平；

到 2010 年，莽人村基础设施明显改善，产业培植形成规模，经济社会事业发展步伐加快，为莽人群众的脱贫致富奔小康奠定坚实的基础。莽人村的发展实现"四通五有三达到"，即：

四通：通路、通水、通电、通广播电视；

五有：有房住、有学上、有病可医、有水喝、有产业；

三达到：通过三年扶贫开发，使莽人人均粮食占有量、人均纯收入、九年制义务教育普及率达到国家扶贫开发纲要和"两基"攻坚计划提出的要求。

（三）工作原则

一是坚持统筹规划，综合治理原则。坚持统一领导、统一规划、统一管理。整合各方面力量和资源，调动各方面积极性。各级、各部门各司其职、各负其责，密切配合、通力协作。在资金使用上，坚持渠道不乱，用途不变，整合使用，各记其功。

二是政府主导，群众自愿的原则。坚持各级政府在领导、政策、规划、项目、资金和社会动员等方面的主导作用，努力提高管理和服务水平。充分尊重群众意愿，调动和发挥群众的积极性、主动性、创造性，努力改变贫穷落后面貌。

三是求真务实，注重实效的原则。一切从实际出发，因地制宜，科学部署，找准工作切入点，鼓实劲，重实干，求实效，不搞花架子和形式主义，反对"形象工程"和"政绩工程"，使工作取得实实在在的成果，莽人群众得到实实在在的好处。

三 主要工作和措施

莽人的贫困是特定条件下特定人群的贫困，既有环境条件造成的原因，又有莽人自身社会发展及传统习惯造成的结果。帮助莽人摆脱贫困，必须从各个方面入手，采取综合措施进行。

（一）基础设施建设

加快莽人地区的基础设施建设是解决当地经济社会发展瓶颈制约的重要手段，是解决温饱和稳定解决温饱的基本条件，是加快莽人地区经济、文化、教育、卫生等各项社会事业发展步伐，提高莽人群众科学文化素质的重要保障。

1．移民安居工程

4 个莽人村中有 1 个村三面与越南接壤，我方一侧则是悬崖，有地质隐患，公路无法进村，必须搬迁；另 2 个村居住在陡峭的悬崖上，且生活环境恶劣，须易地脱贫；1 个与苗族、彝族杂居的莽人村虽然不需搬迁，但仅住在非常简易的权权房中。移民安置和建盖安居房是从根本上改变莽人群众生存条件和生活环境的有效措施。在自然条件较好的地方科学选点进行安置，尊重群众自愿、实事求是的原则确定安置点并进行安置。根据该区域实际，规划雷公打牛村整村易地搬迁至田房上寨附近牛场坪安置点；坪河中、下寨村合并搬迁至水龙岩安置点；龙凤村就地改造建设，由于村内有 31 户苗族和 9 户彝族与莽人杂居，同样十分贫困，考虑到政策的平等和今后的团结与和谐，将苗族和彝族共 40 户一并纳入改造。共建盖安居房 166 幢（其中莽人 126 户，苗族 31 户，彝族 9 户），户均建筑面积 110 平方米，其中：主房面积 80 平方米，畜禽厩舍面积 30 平方米，总建筑面积 18260 平方米。2009 年 9 月完成。

2．改造农田地

解决莽人粮食自给的基础是改造农田地。按照保水、保土、保肥的要求，和人均 2.5 亩农田地的标准，新开田 588 亩，坡改梯 644 亩，中低产田改造 434 亩，共建设 1666 亩。

3．交通建设

为解决莽人出行难，生产劳作及交通运输条件极为不便的问题，缓解莽人地区发展的瓶颈制约，新建莽人村入村公路3.5公里，改造37公里，新建桥涵4座。2008年，新建3.5公里，改造22公里，新建桥涵2座；2009年6月改造15公里，新建桥涵2座。

4. 水利建设

（1）人畜饮水工程。建设3件人畜饮水工程，解决莽人群众的吃水问题。其中：新建搬迁安置点1件、合并搬迁安置点1件，改造人畜饮水工程1件。2009年6月前全部完成。

（2）灌溉工程。建设3件水利干支渠灌溉工程，解决莽人原有农田和新增农田的灌溉问题。2008年完成2件；2009年3月完成1件。

5. 农村电网建设

采用电网延伸、完善农村电网的配套方式，新建10千伏线路26公里，400伏及220伏线路25公里，配电变压器3台、容量260千伏安，解决莽人村民的用电问题。2009年12月完成。

（二）扶贫开发

1. 产业扶贫

充分发挥莽人地区得天独厚的生态、资源优势，依靠科技力量，大力发展种植、养殖业，培育龙头企业，加快产业化进程。因地制宜选择发展项目，做到村有主导产业，户有增收项目。

（1）种植业。通过建立示范，在莽人村发展规范化茶叶地1362亩，种植茶叶。2008年建成示范园200亩，2009年完成500亩，2010年完成662亩。

通过荒山育林，在适宜区发展林下经济作物，种植草果681亩。2009年种植200亩，2010年种植481亩。

（2）养殖业。扶持莽人发展生猪养殖，通过厩舍改造、示范户带动，教会莽人科学养猪，共扶持756头，达到户均6头。

（3）发展龙头企业。引进茶叶加工企业2户，通过"公司＋基地＋农户"，带动莽人和周围农户发展茶叶规模化种植，形成产业化，促进农民增收；引进个体专业户和企业利用荒山种植用材林杉树，带动莽人和周边群众种植杉树的积极性，增加农民收入。

2. 科技扶贫

举办农村实用技术培训，培训莽人学习种植杂交水稻旱育稀植、玉米宽窄行条栽、草果高产栽培和烘烤、茶叶栽培和加工技术；举办生产技能和生活技能培训，教会莽人合理安排生产、生活计划，养成生产有安排，生活上有计划、有规律的习惯；组织莽人代表外出参观学习，体验发达地区农村发展的成果，转变思想观念。2008 年培训 4 期 300 人次；2009 年培训 5 期 300 人次；2010 年培训 5 期 360 人次。

（三）发展社会事业

1. 教育工程

在水龙岩安置点新建一所校舍，建砖混结构教室 180 平方米、宿舍 92 平方米、厕所 28 平方米，共 300 平方米；建球场 540 平方米；建师生饮水工程一件。三项工程可以满足从平河中寨和下寨搬到此地的 49 户莽人小孩上学。

在上田房新建一所小学，建砖混结构教学楼 240 平方米、宿舍 200 平方米、厕所 40 平方米，建筑面积共 480 平方米；建球场 540 平方米；建师生饮水工程一件。三项工程可以满足从雷公打牛村搬到学校旁一公里的 41 户莽人和上田房、下田房两自然村共计 120 余名孩子上学问题。

改扩建南科村委会中心校，新建砖混结构一幢面积 460 平方米教学综合楼，改造学生食堂 120 平方米，扩建学生宿舍 220 平方米，共计 800 平方米；扩建球场 540 平方米；建师生饮水工程一件。四项工程完工后可满足莽人小孩和村委会其他村小孩到校学习。

三所学校于 2009 年 6 月前建成。

2. 卫生工程

新建 3 个村卫生室，每个建筑面积 80 平方米，砖混结构，共 240 平方米；配齐医疗设备及常用药品；每个卫生室各配备男、女各一名村医，医生从莽人村或附近村挑选，培训合格，持证上岗，以解决莽人群众和附近农民看病难的问题。

新建 3 个莽人村卫生公厕，每村各 1 个，砖瓦结构，每个面积 56 平方米，共 168 平方米。公厕建成后可满足村民日常生活需要，减少粪便随地排放对环境造成的污染，改变群众的卫生习惯。

3. 广播电视建设

加快莽人村广播电视建设步伐，扩大广播电视覆盖面，是加快莽人村文化建设，转变莽人观念，提高莽人科学文化素质的重要手段，对维护边疆稳定具有极为重要的作用。

为并村搬迁后的 3 个莽人村寨共 126 户及杂居的 31 户苗族、9 户彝族每户配套直播卫星接收器和普通电视机，确保莽人每户都能收看到 20 套清晰的电视节目。至 2010 年 6 月完成。

（四）社会保障

莽人贫困程度深，采用社会保障措施既可减少其生活压力，增加自身积累，减少贫困程度，又可促进莽人参与扶贫项目建设的积极性。

1. 将 126 户 681 个莽人和与莽人杂居的 40 户 152 个苗族、彝族人全部纳入农村低保对象，每人每年补助 360 元；

2. 帮助莽人参加新型农村合作医疗。给 681 个莽人和与莽人杂居的 152 位苗族、彝族贫困人口每人每年补助 10 元；

3. 每年补助莽人医疗救助费 10 万元。

四　资金需求、筹措和管理

（一）资金需求

总需求：4207.2 万元（未计群众投劳部分）。其中：基础设施建设 3394.7 万元，扶贫开发 330 万元，社会事业 358 万元，社会保障 122.5 万元。

分年度需求：2008 年 3905.53 万元。其中：基础设施建设 3396.7 万元，扶贫开发 110 万元，社会事业 358 万元，社会保障 40.83 万元。

2009 年 150.83 万元。其中：扶贫开发 110 万元，社会保障 40.83 万元。

2010 年 150.84 万元。其中：扶贫开发 110 万元，社会保障 40.84 万元。

1. 基础设施建设 3396.7 万元

（1）安居工程 1826 万元。

共建盖安居房 166 幢（其中莽人 126 户，苗族 31 户，彝族 9 户），户均建筑面积 110 平方米，其中：主房面积 80 平方米，畜禽厩舍面积 30 平方米，总建筑面积 18260 平方米，每平方米造价 1000 元，需投资 1826 万元。

（2）通路工程 707.5 万元。

改扩建南行五队至水龙岩公路 15 公里，每公里 10 万元，投资 150 万元。新建水龙岩、牛场坪进村公路 3.5 公里，每公里 15 万元，投资 52.5 万元。新建南科村村委会南科河、南溪河桥，投资 150 万元。新建南行五队至水龙岩一公里处桥涵，投资 47.5 万元。

改扩建水龙岩安置点至牛场坪安置点 22 公里公路，每公里投资 10 万元，投资 220 万元；需建中桥一座，跨径 25 米，投资 87.5 万元。共计 307.5 万元。（新增项目，该项目的实施可缩短两个安置点间路离 73 公里，极大地方便莽人群众的生产生活）以上五项共投资 707.5 万元。2008 年到位。

（3）水利工程 536.6 万元。

3 件人畜饮水工程共建水池 7 座 240 立方米，架设管道 16 公里。共解决 1257 人、325 头（匹）大牲畜饮水困难，需投资 56.6 万元。

3 件水利干支渠灌溉工程引水流量分别为 $0.3m^3$，载 s、$0.2m^3$，载 s、$0.5m^3$，载 s，渠长分别是 7.9 公里、5.1 公里、11 公里。受益 3 个莽人村 166 户（含 40 户苗族和彝族）833 人和其他 3 个村 220 户 1007 人，共新增和改善灌溉面积 3400 亩，需投资 480 万元。以上两项总投资 536.6 万元。2008 年到位。

（4）通电工程 260 万元。

架设牛场坪安置点 10 千伏高压输电线路 12 公里，按每公里 10 万元计（含一户一表安装），投资 120 万元；

架设水龙岩安置点 10 千伏高压输电线路 14 公里，按每公里 10 万元计（含一户一表安装），投资 140 万元。以上两项总投资 260 万元。2008 年到位。

（5）改造农田地 66.6 万元。

新开田 588 亩，每亩投资 600 元；坡地改台地 644 亩，每亩投资 400 元；中低产田改造 434 亩，每亩投资 129 元。共建设 1666 亩，需投资 66.6 万元。2008 年到位。

2. 扶贫开发 330 万元

（1）产业扶贫 300 万元。

发展规范化茶叶地 1362 亩，每亩投资 1400 元，需投资 190.68 万元；

种植草果 681 亩，每亩投资 510 元，需资金 34.73 万元；向农户提供猪仔 756 头（户均 6 头，每头 800 元），需资金 60.48 万元；补助农户浓缩饲料 37.8 吨，需资金 11.34 万元，投入疫病防治经费 2.77 万元，三项合计 74.59 万元。以上合计 300 万元。分别为 2008 年投入 100 万元、2009 年投入 100 万元、2010 年投入 100 万元。

（2）科技扶贫 30 万元。

举办杂交水稻旱育稀植培训 3 期 180 人次，需培训经费 1800 元；举办玉米宽窄行条栽培训 3 期 180 人次，需培训经费 1800 元；举办草果栽培及烘烤技术培训 3 期 180 人次，需培训经费 1800 元；举办茶叶栽培和加工技术培训 2 期 120 人次，需培训经费 1200 元；举办科学养猪、养鸡培训 1 期 60 人次，需培训经费 600 元；举办科学生产、生活计划培训 1 期 120 人次，需培训经费 1200 元；组织科技示范户，科技带头人到金平、个旧、蒙自国家级农业科技园区实地参观考察培训 1 期 60 人次，需培训经费 13800 元。补助化肥、农药费 203800 元；补助饲料、疫病防治费 17000 元，补助莽人生活用品费 13620 元，建盖多功能草果烘烤房 4 座，需投入 40000 元；苗圃补助费 3380 元，共合计 30 万元。2008 年 10.4 万元、2009 年 9.6 万元、2010 年 10 万元。

3. 社会事业 358 万元

（1）教育工程 300 万元。

合并平河中、下寨搬迁至水龙岩安置点，新建砖混结构教学楼一幢，建筑面积 180 平方米，按当地造价每平方米 1500 元计算，需投资 27 万元；新建教师宿舍楼一幢，建筑面积 92 平方米，按当地造价每平方米 1500 元计算，共需投资 13.8 万元；新建砖混结构厕所 28 平方米，按当地造价每平方米 1500 元计算，需投资 4.2 万元；浇灌一块球场，总面积 540 平方米，按当地造价每平方米 250 元计算，需投资 13.5 万元；实施师生饮水工程一件，需投资 1.5 万元。五项合计需投资 60 万元。

新建上田房小学教学楼一幢，建筑面积为 240 平方米，按当地造价每平方米 1500 元计算，需投资 36 万元；新建学生宿舍建筑面积为 200 平方米，按当地造价每平方米 1500 元计算，需投资 30 万元；新建厕所建筑面积为 40 平方米，按当地造价每平方米 1500 元计算，需投资 6 万元；浇灌球场 540 平方米，以平方米 250 元计算，需投资 13.5 万元；实施师生饮水工程一件，需投资 4.5 万元。五项合计需投资 90 万元。

改扩建南科小学，新建砖混结构教学楼一幢，建筑面积 460 平方米，按当地造价每平方米 1500 元计算，需投资 69 万元；新建一幢砖混结构学生宿舍一幢，建筑面积 220 平方米，按当地造价每平方米 1500 元计算，需投入资金 33 万元；新建砖混结构学生食堂一间，建筑面积 120 平方米，按当地造价每平方米 1500 元计算，需投入资金 18 万元；改造教师厨房 96 平方米，按当地造价每平方米 1500 元计算，需投入资金 14.4 万元；硬化（浇灌）球场 540 平方米，按当地造价每平方米 250 元计算，需投入资金 13.5 万元；实施师生饮水工程一件，需资金 2.1 万元；共计需投资 150 万元。以上三所学校总投资 300 万元。2008 年到位。

（2）卫生工程 40 万元。

建 2 个村卫生室，建筑面积 240 平方米，砖混结构，四室分开（内设门诊、注射、药房、计划生育室），以每平方米 1500 元计，需投资 24 万元；2 个卫生室配备医疗设备及常用药品（治疗台、急救箱、无线电话、病床、产床、药柜、高压消毒锅等基本医疗设备），需投资 4 万元。两项需投资 28 万元。每个建 1 个卫生公厕建筑面积 56 平方米，砖瓦结构，以每平方米 714 元计，每个卫生公厕建筑投资 4 万元，3 个卫生公厕共需资金 12 万元。以上两项总投资 40 万元。2008 年到位。

（3）广播电视 18 万元。

为合并搬迁后的 2 个莽人村和就地改造的 1 个莽人村共 126 户农户安装电视成套设备，每户以 1430 元计算（其中直播卫星 600 元，普通电视接收机 830 元），需总投资 18 万元。2008 年到位。

4. 社会保障 122.5 万元

（1）将 126 户 681 人莽人和与莽人杂居的 40 户 152 人苗族、彝族全部纳入农村低保对象，合计 166 户 833 人。每人每年补助 360 元，每年 30 万元，三年合计 90 万元；

（2）帮助莽人参加新型农村合作医疗。给 681 个莽人和与莽人杂居的 152 个苗族、彝族贫困人口每人每年补助 10 元，合计 8330 元，三年合计 2.5 万元；每年补助莽人医疗救助费 10 万元，三年合计 30 万元。上述两项合计 122.5 万元。2008 年 40.83 万元、2009 年 40.83 万元、2010 年 40.84 万元。

（二）资金筹措

项目建设共需资金4207.2万元；由上级部门帮助协调筹措。

（三）资金管理

1.建立专项资金管理责任制。各类专项资金安排的建设项目实行县级管理制度，坚持资金跟着项目走，项目跟着规划走，规划跟着莽人群众走的分配管理原则，统筹兼顾、整合资源、突出重点、分类实施。州、县领导小组根据规划确定的支持环节及各帮扶莽人村寨的任务量，实行因素分配。明确州、县、乡、村责任。实行项目、资金管理部门和项目实施单位法人代表责任制。

2.建立专项资金使用报批制。莽人帮扶项目，由县莽人扶贫办公室组织有关部门共同规划、筛选、设计和编制项目实施方案；资金管理部门负责评估、论证。县莽人扶贫领导小组统一审查立项后逐级上报，衔接资金，并严格按照上级部门下达的项目资金计划组织实施。

3.建立专项资金使用公示制。按照公开、公平、公正的原则，利用报刊、电视、宣传栏等媒介，对专项资金的分配和使用进行公告、公示。在项目实施地对具体项目实行张榜公布。对莽人群众的实物或现金补助必须实行直接发放，杜绝他人代领，自觉接受社会和群众监督。

4.建立专项资金管理专账核算制。严格按照国家、省、州专项资金管理办法和有关资金管理规定，对莽人帮扶工作专项资金实行专账管理、专账核算、专款专用、封闭运行，努力提高资金使用效益。

5.建立专项资金管理报账制。专项资金实行县级财政报账制管理，做到资金安排到项目、日常管理到项目、支出核算到项目，按项目建设进度核拨资金，确保资金及时足额到位。对投资大、技术复杂的项目，要按照招投标法实行招投标，对需要政府采购的物资，要按照采购法有关规定实行政府采购。

6.建立专项资金管理审计制。每一单项工程完工后，相关审计部门应及时会同财政、纪检、监察部门对资金使用情况进行专项审计。对转移、挪用、拖欠、挤占、贪污等违纪违法行为，要严肃查处，并追究相关责任人的责任。

7. 建立专项资金检查验收制。年度计划完成后，上级有关部门要按项目实施方案组织检查验收，进行绩效评估。对擅自改变资金项目实施方案，不按规定用途使用资金，不履行公告公示程序，项目实施效果明显低于规划预期的要给予通报。

五 组织领导

（一）政府职责

1. 红河州

成立由红河州人民政府州长杨福生为组长，州委常委、副州长普乔艳、州人民政府副巡视员李金玺、金平县委副书记、县长马宁任副组长，扶贫、民委、交通、水利、农业等相关部门为成员的红河州莽人扶贫工作领导小组。

2. 金平县

成立由县长马宁任组长，县委常委、县人民政府常务副县长黄德亮、县委常委、县委统战部部长杨春华任副组长，相关职能部门和金水河镇党委、政府主要领导为成员的金平县莽人综合扶贫项目工作领导小组，下设项目办公室和项目指挥部，派驻莽人工作队，具体负责做莽人群众思想引导、项目规划和组织实施、产业培植等工作，确保项目按时按质按量完成，发挥其应有效益。

（二）部门责任

扶贫部门负责协调、组织移民搬迁及莽人帮扶工作领导小组日常工作。

发改部门负责扶持发展规划与国民经济社会发展"十一五"规划以及各类专项规划的衔接，制定有利于试点地区经济和社会发展的产业政策，优先安排扶贫开发、易地搬迁、基础设施建设、以工代赈和农牧业产业项目。

财政部门负责项目资金管理和监督，强化公告、公示，进行专账核算，确保专款专用。

教育部门莽人小学校舍基础设施建设、教师配备和培训、莽人学生的就学和支持莽人教育政策的落实。

民政部门负责建立和完善农村社会救助体系，制定特殊社会保障政策、规划和标准，加大对莽人的救助力度，切实组织农村低保项目的实施。

国土资源部门负责莽人整村搬迁、学校建设等用地的勘察选址和办理供地手续。

建设部门负责莽人村寨建设新村规划、设计，项目招投标，工程建设质量监管等工作。

交通部门负责制定和落实农村公路建设规划，将公路建设优先纳入计划，提前安排实施并加强施工质量管理。

水利部门负责莽人人畜饮水工程、水利灌溉工程的组织实施，确保工程质量和施工工程进度稳步推进。

卫生部门负责村级卫生室和农村公厕建设、村医培训，开展病情普查、监测、医疗救治和疾病预防控制等工作，进一步建立健全四级医疗预防保健网络，提高基本医疗卫生服务水平。

农业、畜牧部门负责农业产业结构调整、产业扶贫等项目的组织实施，推广农牧业先进适用技术，加强植保植检、动物疫病防治等工作。

林业部门负责荒山育林规划、林木选择、林业管理工作。

科技部门负责实用技术培训，协调农业、畜牧部门提供杂交水稻种子、杂交玉米种子，猪、鸡种苗，同时教导莽人群众学会科学育苗、移栽、养殖、管理；在每年的培训中，无偿提供培训技术资料和咨询服务；积极向上级申报科技培训项目。

广播电视部门负责推进"村村通工程"建设，完成莽人村村电视安装、调试和维护管理培训工作，进一步提高广播电视覆盖率和节目传输质量。

宣传部门负责项目的宣传报道和正确舆论的引导，发动群众积极投身扶贫开发建设，调动社会力量支持、帮助莽人发展。

民族部门负责反映群众需求，协调、督促落实党的民族政策，抓好莽人归族问题的落实。

电力部门负责莽人村通电工程的实施、用电管理培训和供电工作。

审计部门负责定期项目资金监督和审计。

（三）社会扶贫

做好外交部、上海长宁区、省级有关单位定点扶贫工作。动员群众团体、企业及个人等社会各界开展对莽人地区的帮扶工作。鼓励非政府组织参与帮扶开发项目。引导海外、境外华人、华侨及社团组织到莽人地区投资建设。

本规划经国务院批准，由国务院扶贫办和云南省政府负责组织实施。

金平苗族瑶族傣族自治县人民政府

二〇〇八年三月

附录二

访谈提纲

访谈提纲一：莽人村民

1. 您的年龄_____

2. 您的文化程度_____

3. 您的婚姻状况_____

4. 请问您有_____个孩子。您愿意生几胎？为什么？

5. 您家共有_____口人

6. 您家 2010 年的总收入是_____元，主要来源于哪些方面？总支出是_____元，主要用于哪些方面？

7. 您家现在有_____亩耕地，主要种植些什么粮食作物？主要种植些什么经济作物？

8. 您家养了哪些牲畜？

9. 您家的粮食够不够一家人吃一年？

10. 您对现有的生产状况满意吗？如不满意，有哪些不满意的地方？还存在哪些困难？

11. 您对现有的生活状况满意吗？如不满意，有哪些不满意的地方？还存在哪些困难？

12. 您在生产和生活遇到困难时一般找谁帮忙？（村长、工作队、邻居、亲戚或其他）

13. 您现在还上山打猎、采集吗？为什么？

14. 您觉得传统的生产生活方式应该保持下去吗？

15. 您觉得在迁居之后，哪些传统文化丢失了？

16. 在迁居之后，您对过去的生活还有哪些怀念的？

17. 您感觉其他民族尊重莽人吗？

18. 您和别的民族群众在一起时，会感觉自卑吗？

19. 您觉得莽人和周边其他民族的关系处理得如何？

20. 您觉得莽人现在接受的学校教育存在哪些问题？

21. 您是否支持孩子上学？您希望他/她读到哪个程度？

22. 如果您的孩子读书出来，您希望他到哪里就业？

23. 您希望让子女从事哪类职业？（农民、商人、机关干部、教师、科技人员、其他）

24. 您觉得针对莽人开始社区教育应包括哪些内容？

25. 如果以后没有政府的帮助，您能不能自主的发展？为什么？

26. 您对自己以后的发展有什么打算？

27. 您是否主动参与政府在制定莽人政策的决策？

28. 您对政府为莽人采取的系列扶持政策，有哪些意见或建议？

29. 您觉得目前莽人要发展，存在哪些困难，最大的问题是什么？

30. 依您看，莽人未来发展的前景如何（乐观还是悲观）？

访谈提纲二：莽人学生

1. 你的年龄_____

2. 你现在就读于哪所学校_____

3. 你家现有_____口人

4. 你对课本上所学的知识感兴趣吗，主要原因是什么？

5. 据你了解，在你要好的伙伴中有些莽人同学不愿意去上学，主要原因是什么？

6. 据你了解，和你要好的莽人同学辍学后一般想干什么？

7. 你认为影响学习的家庭因素主要有哪些？

8. 你觉得影响学习的社会因素主要有哪些？

9. 你目前在学习中主要有哪些困难？

10. 你适应学校的寄宿生活吗，为什么呢？

11. 你放学或放假后一般干什么？

12. 你在学校与老师和同学的关系处理得如何？

13. 你喜欢政府为你们派专人管理，提供资金资助等优惠政策吗，为什么？

14. 为了促进莽人更好的生存和发展，你希望学校能为你提供哪些知识或技能？

15. 依你看，莽人未来发展的前景如何（乐观还是悲观）？

访谈提纲三：莽人所在学校的教师

1. 您的年龄_____

2. 您的文化程度_____

3. 您的民族_____

4. 您的任教科目_____

5. 依您看，莽人学生一般进校多久才能听懂教学语言？

6. 您认为莽人学生对书本上的知识是否感兴趣，主要表现在哪些方面？

7. 莽人学生厌学和逃学的情况如何，您认为主要原因有哪些？

8. 依您看，莽人学生在学校与教师和同学的关系处理得如何？

9. 对政府专人管理莽人学生、提供资金物资资助等优惠政策，有哪些好处和弊端，您有何看法？

10. 您觉得莽人学生适应寄宿学校的生活吗，主要表现在哪些方面？

11. 根据您所在学校的实际情况，您觉得目前学校教育发展中存在哪些困难和问题？

12. 据您了解，莽人传统文化在学校教育中的传承情况如何，文化的未来发展前景怎样？

13. 依您看，为了促进莽人生存与发展，学校教育应如何应对？

14. 依您看，莽人未来发展的前景如何（乐观还是悲观）？

访谈提纲四：行政人员

1. 针对莽人已实施的系列扶持性政策中，您觉得取得了哪些成果？

还存在哪些困难？

2. 在针对莽人的系列扶持性政策中，政府对莽人的传统文化传承采取了哪些措施？存在哪些困境？

3. 依您看，政府对莽人教育实施系列优惠政策中取得了哪些成果？目前莽人教育还存在哪些难题？

4. 您觉得莽人目前在生产方面还存在哪些问题？

5. 您觉得莽人目前在生活方面还存在哪些问题？

6. 在《金平县莽人 2008—2010 年发展总体规划》实施结束之后，还会针对莽人采取后续扶持政策吗？如果有，主要有哪些发展思路与举措？

7. 依您分析，如果以后政府不再为莽人提供直接的资金和物资帮助，莽人能否实现真正意义上的自主发展？

8. 如果莽人能实现自主发展，大概还需要多长时间？

9. 依您看，影响莽人发展的主要因素有哪些？莽人未来的发展前景如何？

10. 您觉得，要促进莽人更好的生存和发展，教育应该如何应对？

访谈提纲五：文化学者

1. 随着中央到地方各级政府对莽人生存与发展困境的高度重视以来，实施了《金平县莽人 2008—2010 年发展总体规划》的系列综合扶贫项目，就实施整体性迁居工程而言，对莽人的生存与发展是弊大于利，还是利大于弊，谈谈您的观点。

2. 随着迁居远离原有的环境和与外界接触交往的日益频繁，莽人的传统文化正在骤然发生着变化，您是如何看待莽人传统文化的变迁的？对其传统文化的传承您有何看法和建议？

3. 一个民族的生存与发展与其文化、教育有着天然的共生关系，什么样的教育适应什么样的民族生存发展，即不同的民族有着自己独特的教育需求和教育方式。依您看，目前莽人的现代学校教育还存在哪些困难和问题？莽人需要什么样的教育？

4. 您觉得莽人的生存发展目前还存在哪些困境？

5. 依您分析，如果以后政府不再为莽人提供直接的资金和物资帮助，莽人能否实现真正意义上的自主发展？如能大概还需要多长时间？

 6. 对莽人未来的发展前景持何种态度，您有何建议或意见？

 7. 依您看，要促进莽人更好的生存和发展，教育应该如何应对？

参考文献

一 中文著作

［印］阿马蒂亚·森：《联合国 2000 年人类发展报告》，中国大百科出版社 2001 年版。

［印］阿马蒂亚·森：《以自由看待发展》，商务印书馆 2001 年版。

［美］巴比：《社会研究方法》（第十一版），邱泽奇译，华夏出版社 2009 年版。

［美］波普诺：《社会学》（第十版），李强等译，中国人民大学出版社 1999 年版。

［美］博登海默：《法理学：法律哲学与法律方法》，邓正来译，中国政法大学出版社 1998 年版。

［法］列维·布留尔：《原始思维》，丁由译，商务印书馆 1997 年版。

陈恩伦：《教育法学》，重庆出版社 2006 年版。

陈美如：《多元文化课程的理念与实践》，台北师大书苑有限公司 1989 年版。

陈云生：《超越时空——加拿大多元文化主义》，河北人民出版社 2000 年版。

仇立平：《社会研究方法》，重庆大学出版社 2008 年版。

［日］大须贺明：《生存权论》，林浩译，法律出版社 2000 年版。

董云虎、刘武萍：《世界人权约法总览》，四川人民出版社 1990 年版。

费孝通：《费孝通论文化与文化自觉》，群言出版社 2007 年版。

费孝通：《费孝通民族研究文集新编》，中央民族大学出版社 2006

年版。

费孝通：《费孝通文集》（第 16 卷），群言出版社 2004 年版。

关今华：《人权保障法学研究》，人民法院出版社 2006 年版。

国家民委政法司：《"中澳少数民族地区消除贫困与人权事业发展研讨会"论文集》，中国农业科学技术出版社 2009 年版。

国家民委政法司：《中澳少数民族问题研讨会论文集》，中国社会出版社 2002 年版。

何群：《环境、文化与小民族的特有发展难题》，载何群《土著民族与小民族生存发展问题研究》，中央民族大学出版社 2006 年版。

胡鞍钢、王绍光、康晓光：《中国地区差距报告》，辽宁人民出版社 1995 年版。

［美］华莱士、［英］沃尔夫：《当代社会学理论：对古典理论的扩展》（第六版），刘少杰等译，中国人民大学出版社 2008 年版。

姜彭：《加拿大文明》，中国社会科学出版社 2001 年版。

［德］卡西尔：《人论》，甘阳译，上海译文出版社 2004 年版。

李林、李西霞、　［瑞士］弗莱纳（Fleiner，L. B.）：《少数人的权利》，社会科学文献出版社 2010 年版。

李亦园：《人类的视野》，上海文艺出版社 1996 年版。

孙立平：《传统与变迁：国外现代化及中国现代化问题研究》，黑龙江人民出版社 1992 年版。

联合国教科文组织编：《世界文化报 2000：文化的多样性、冲突与多元共存》，关世杰等译，北京大学出版社 2002 年版。

［美］罗尔斯：《正义论》，何怀宏等译，中国社会科学出版社 1988 年版。

［塞内加尔］马赫塔尔·姆博：《人民的时代》，中国对外翻译出版公司 1986 年版。

马金森：《澳大利亚教育与公共政策》，严慧仙、洪淼译，浙江大学出版社 2007 年版。

马君潞：《国际货币制度研究》，中国财政经济出版社 1995 年版。

马雷军：《教育优惠研究》，博士学位论文，西南大学，2009 年。

［英］马林诺夫斯基：《西太平洋的航海者》，梁永佳、李少明译，华

夏出版社 2002 年版。

　　［英］马林诺夫斯基：《原始社会的犯罪与习俗》，原江译，云南人民出版社 2002 年版。

　　马戎：《西方民族社会学的理论与方法》，天津人民出版社 1997 年版。

　　毛汉光：《中国人权史·生存权篇》，广西师范大学出版社 2006 年版。

　　［法］孟德斯鸠：《论法的精神》（上、下），张雁深译，商务印书馆 1959 年版。

　　［法］佩鲁：《发展新概念》，郭春林等译，社会科学文献出版社 1988 年版。

　　［法］佩鲁：《新发展观》，华夏出版社 1987 年版。

　　彭谦：《中国民族政策法律化问题研究》，中央民族大学出版社 2006 年版。

　　［美］萨林斯：《甜蜜的悲哀》，王铭铭、胡宗泽译，生活·读书·新知三联书店 2000 年版。

　　［法］列维—斯特劳斯：《野性的思维》，李幼燕译，商务印书馆 1997 年版。

　　［法］列维—斯特劳斯：《忧郁的热带》，王志明译，中国人民大学出版社 2009 年版。

　　孙霄兵：《教育优先法理研究》，教育科学出版社 2007 年版。

　　［英］汤因比：《历史研究》，曹未风译，上海人民出版社 1986 年版。

　　滕星、王铁志：《民族教育理论与政策研究》，民族出版社 2009 年版。

　　滕星：《多元文化教育——全球多元文化社会的政策和实践》，民族出版社 2010 年版。

　　汪习根：《法制社会的基本人权：发展权法律制度研究》，中国人民公安大学出版社 2002 年版。

　　吴明海：《中外民族教育政策史纲》，中央民族大学出版社 2006 年版。

　　［美］伍兹：《文化变迁》，何瑞福译，河北人民出版社 1989 年版。

谢元媛：《生态移民政策与地方政府实践：以敖鲁古雅鄂温克生态移民为例》，北京大学出版社 2010 年版。

许苏民：《文化哲学》，上海人民出版社 1990 年版。

杨六金：《一个鲜为人知的族群——莽人的过去和现在》，云南教育出版社 2004 年版。

杨塑：《民族学概论》，中国社会科学出版社 1984 年版。

云南省金平苗族瑶族傣族自治县志编纂委员会：《金平苗族瑶族傣族自治县志》，生活·读书·新知三联书店 1994 年版。

张诗亚：《祭坛与讲坛：西南民族宗教教育比较研究》，云南教育出版社 1992 年版。

张诗亚：《强化民族认同：数码时代的文化选择》，现代教育出版社 2005 年版。

张曙光：《生存哲学：走向本真的存在》，云南人民出版社 2001 年版。

张维平、马立武：《美国教育法研究》，中国法制出版社 2004 年版。

张有伦、肖军、张聪：《美国社会的悖论——民主、平等与性别、种族歧视》，中国社会科学出版社 1999 年版。

中国民族工作年鉴编辑部：《中国民族工作年鉴·2003》，民族出版社 2003 年版。

中国人口较少民族发展研究丛书编委会：《中国人口较少民族经济和社会发展调查报告》，民族出版社 2007 年版。

周勇：《少数人权利的法理：民族、宗教和语言上的少数人群体及其成员权利的国际司法保护》，中国社会科学出版社 2002 年版。

庄孔韶：《文化与性灵——新知片语》，湖北教育出版社 2001 年版。

邹诗鹏：《生存论研究》，上海人民出版社 2005 年版。

二　期刊论文

［澳］巴格林、巴巴拉·马林斯：《澳大利亚的土著居民》，黄承球译，载何群《土著民族与小民族生存发展问题研究》，中央民族大学出版社 2006 年版。

〔澳〕里奇：《发展权：一项人民的权利》，载《西方人类学说史》（下），四川人民出版社 1994 年版。

〔巴西〕格林：《正在消亡的部落》，王晓丽译，载何群《土著民族与小民族生存发展问题研究》，中央民族大学出版社 2006 年版。

巴战龙：《成就与问题：中国裕固族教育研究六十年》，《民族教育研究》2007 年第 6 期。

巴战龙：《国家应优先发展人口较少民族教育》，《中国民族报》2010 年第 9 期。

巴战龙：《近 5 年裕固族教育研究进展述评——以研究生学位论文为例》，《民族教育研究》2010 年第 2 期。

巴战龙：《民族文化课程：提高人口较少民族教育质量的重要途径》，《中国民族教育》2010 年第 4 期。

巴战龙：《社区发展与裕固族学校教育的文化选择——人口较少民族乡村学校教育的民族志研究》，硕士学位论文，中央民族大学，2005 年。

布拉伊奇：《国际发展法原则》，陶德海等译，中国对外翻译出版公司 1989 年版。

蔡永良：《美国土著语言法案》，《读书》2002 年第 10 期。

陈立鹏：《台湾原住民族教育立法研究》，《贵州民族研究》2005 年第 4 期。

初详：《俄罗斯北方小民族的现代化与民族进程》，《世界民族》2000 年第 4 期。

初祥：《东北亚小民族现代化问题的研究》，《西伯利亚研究》1995 年第 5 期。

初祥：《浅议苏联对北方小民族政策的失误》，《西伯利亚研究》2000 年第 2 期。

初祥：《十月革命与俄罗斯北方小民族的历史命运》，《西伯利亚研究》2008 年第 2 期。

初祥：《远东共和国的民族政策与北方小民族》，《西伯利亚研究》2008 年第 5 期。

〔俄〕克里沃诺戈夫：《恩加纳桑人的现代民族文化过程》，《民族学评论》1999 年第 1 期。

［俄］皮卡、普罗霍洛夫：《小民族的大问题》，《世界民族研究》1996（年刊）。

恩格斯：《在马克思墓前的讲话》，载《马克思恩格斯选集》，人民出版社 1999 年版。

方明：《中国西南边境莽人的大众媒介接触调查》，《东南传播》2011年第 6 期。

费孝通：《从反思到文化自觉和交流》，《读书》1998 年第 11 期。

费孝通：《从实求知》，《社会学研究》2002 年第 4 期。

费孝通：《反思·对话·文化自觉》，载潘乃谷、王铭铭《田野工作与文化自觉》，群言出版社 1998 年版。

费孝通：《民族生存与发展——在中国第六届社会学人类学高级研讨班开幕式上的即兴讲演》，《西北民族研究》2002 年第 1 期。

国家民委教育司：《加快发展人口较少民族的教育事业》，《中国民族》2001 年第 2 期。

韩彦东：《人口较少民族人力资本存量短缺的原因分析及对策》，《黑龙江民族丛刊》（双月刊）2005 年第 5 期。

何群：《当代小民族教育：社会碎片化场景中的边缘化压力》，《满语研究》2008 年第 2 期。

何群：《环境与小民族生存：鄂伦春族文化的变迁》，社会科学文献出版社 2006 年版。

何群：《综述和讨论：关于小民族的生存及前景》，《西北民族研究》2007 年第 1 期。

黄高智等：《内源发展——质量方面和战略因素》，中国对外翻译出版公司，联合国教科文组织，1991 年。

黄宗植：《西方多元文化教育理念论及其实践对我国少数民族教育的启示》，《民族教育研究》2004 年第 6 期。

贾仲益：《从云南人口较少民族的调查看民族教育的几个问题》，《民族教育研究》2003 年第 3 期。

金平苗族瑶族傣族自治县民族事务委员会：《金平民族志》，云南民族出版社 1990 年版。

李安山：《小民族、社会科学与人类文化》（序），载何群《土著民族与小民族生存发展问题研究》，中央民族大学出版社 2006 年版。

李芳兰：《京族教育研究综述》，《当代教育与文化》2005 年第 5 期。

李剑鸣：《两个半球汇合与北美印第安人的历史命运》，载黄邦和、萨那、林被甸《通向现代世界的 500 年——哥伦布以来东西两半球汇合的世界影响》，北京大学出版社 1994 年版。

林耀华：《关于前苏联、俄罗斯联邦扶持其北方小民族的问题》，《世界民族》1997 年第 1 期。

罗吉华：《中国德昂族教育研究述评》，《当代教育与文化》2005 年第 5 期。

罗荣渠：《现代化新论：世界与中国的现代化进程》，北京大学出版社 1993 年版。

［美］阿普尔：《国家权力和法定知识的政治学》，《华东师范大学学报》（教科版）1992 年第 2 期。

［美］巴特尔、Peter Englert：《守望・自觉・比较——少数民族及原住民教育研究》，中央民族大学出版社 2009 年版。

［美］贝克尔：《人力资本》，梁小民译，北京大学出版社 1987 年版。

［美］亨廷顿：《文明的冲突与世界秩序的重建》，新华出版社 1998 年版。

［美］雷德菲尔德、R. 林顿、M. 赫尔科维茨：《文化适应研究备忘录》，载黄东平《七洲洋外》，中国友谊出版公司 1986 年版。

［美］林登：《失去部落，失去的知识》，张善余译，《世界民族》1993 年第 5 期。

［美］林登：《土著部落文化的价值以及面临的危机》，陈景源、雅令文译，《民族译丛》1992 年第 4 期。

［美］罗兹：《城市中的美国印第安人》，王珊译，载何群《土著民族与小民族生存发展问题研究》，中央民族大学出版社 2006 年版。

［美］帕森斯：《作为一种社会体系的班级：它在美国社会中的某些功能》，载张人杰《国外教育社会学基本文选》，赵明译，华东师范大学出版社 1989 年版。

普永生：《当代中国人口较少民族经济发展研究》，博士学位论文，中央民族大学，2004 年。

乔安尼·内格尔、C. 马修·斯尼普:《民族重组:美国印第安人的社会、经济、政治和文化生存战略》,《民族译丛》1994 年第 2 期。

[日] 富田虎:《美国的"开拓精神"与印第安人的命运》,武尚清译,《民族译丛》1994 年第 3 期。

闫丽娟、丁淑琴:《试论小民族的研究》,《兰州大学学报》(社会科学版) 2002 年第 3 期。

[苏] 库兹涅佐夫:《小民族和少数民族》,华辛芝译,《种族和民族》(丛刊) 1981 年第 2 期。

[苏] 列鲁单诺瓦:《马来西亚的小民族:塞芒人、塞诺人、贾昆人》,《民族译丛》1989 年第 1 期。

[苏] 马尔希宁:《在民族文化相互作用中的北方民族》,《西伯利亚研究》1990 年第 2 期。

[苏] 索科洛娃:《改革与北方小民族的命运》,《历史问题》1990 年第 1 期。

孙东方:《论有语言无文字小民族双语教育问题——以达斡尔族为例》,《中南民族大学学报》(人文社会科学版) 2006 年第 7 期。

孙杰远:《教育的文化范式及其选择》,《教育研究》2009 年第 9 期。

孙永建:《民族主体的坚守与高扬:中国社会现代化过程中的文化选择》,博士学位论文,吉林大学,2010 年。

滕志妍、李东材:《从赋权自治到能力建构:加拿大原住民教育政策的新路向》,《外国教育研究》2011 年第 4 期。

田景红:《加拿大多元文化教育:以印第安教育为例》,硕士学位论文,东北师范大学,2003 年。

童娅琼:《少数人权利保护之平等视点》,《法制与社会》2007 年第 9 期。

王鉴:《西部大开发背景下的民族教育政策问题》,《师大学报》(社会科学版) 2002 年第 5 期。

王铭铭:《村落视野中的文化与权力》,生活·读书·新知三联书店 1997 年版。

王铁志:《人口较少民族研究的意义》,《黑龙江民族丛刊》2005 年第 5 期。

王信川:《保障教育发展权　促进人全面发展》,《中国社会科学院报》2008 年 9 月 18 日。

王兆璟、陈婷婷:《澳大利亚土著人教育优惠政策:进程、动因及价值取向》,《当代教育与文化》2010 年第 6 期。

[委] 科恩特拉斯特:《雅诺马莫人:亚马孙地区仅存的部落民》,张学谦译,《民族译丛》1992 年第 6 期。

魏晓燕、黎海波:《澳大利亚发展土著教育的特别措施》,《基础教育参考》2005 年第 11 期。

闫沙庆、王昕:《教育公平与人口较少民族和谐发展研究》,《黑龙江民族丛刊》(双月刊)2008 年第 5 期。

杨圣敏:《环境与家族:塔吉克人文化的特点》,《广西民族学院学报》(哲学社会科学版)2005 年第 1 期。

杨翔、张丽梅、丁猛、张亚平:《云南莽人、苦聪人 mtDNA 多态性研究》,《云南大学学报》(自然科学版)1999 年第 3 期。

杨秀琼、黄高贵、周朝当、刘碧佳:《莽人族群的人口构成与家庭规模调查》,《中国医药导报》2008 年第 2 期。

杨筑慧:《云南勐海布朗族学校教育的历史与现状》,《民族教育研究》2003 年第 5 期。

杨祖湘:《澳大利亚民族教育——教育部赴澳民族教育考察团》,《中国民族教育》2000 年第 1 期。

叶富琼:《金平莽人地区农业扶贫开发的探讨》,《云南农业》2010 年第 5 期。

[印] 特里帕西:《印度对部落地区的开发:总政策和某些具体政策及其执行情况》,王士录译,载何群《土著民族与小民族生存发展问题研究》,中央民族大学出版社 2006 年版。

[英] 库珀:《孟加拉国的加罗人:一个为生存而斗争的森林民族》,刘东国译,《民族译丛》1993 年第 6 期。

[英] 莎夏吉:《俄罗斯联邦法律中的土著民族权利:以北方、西伯利亚和远东地区小民族为例》,廖敏文译,《西南民族大学学报》(人文社科版)2007 年第 9 期。

游志能:《从赫哲族语言消亡看人口较少民族的语言保护》,《佳木斯大学社会科学学报》2007 年第 5 期。

云南省民族研究所：《云南省红河哈尼族彝族自治州金平县苦聪人经济社会调查》（附：插满人社会经济调查），《内部参考》1963 年。

张殿军、金利锋：《我国人口较少民族的法律保护》，《西北民族大学学报》（哲学社会科学版）2008 年第 2 期。

张锦鹏：《从"有限理性"看云南少小民族自主发展意识的激发》，《云南社会科学》2010 年第 2 期。

张诗亚：《和谐之道与西南民族教育》，《西南大学学报》（人文社会科学版）2007 年第 1 期。

张诗亚、贺能坤、周玉林：《认识西南与西南民族地区发展》，《社会科学家》2009 年第 9 期。

张诗亚：《回归位育：汶川大地震周年祭之教育反思》，《社会科学家》2009 年第 9 期。

张诗亚：《活的教育与教育学的活》，《西南教育论丛》2005 年第 4 期。

张韬：《中国人口较少民族发展问题研究——以鄂伦春民族为例》，硕士学位论文，中央民族大学，2010 年。

张文香：《中国少数民族生存权与发展权理论研究》，中央民族大学出版社 2010 年版。

张元卉：《人口较少民族文化传承的教育人类学研究——以鄂伦春族文化传承研究为个案》，硕士学位论文，中央民族大学，2009 年。

郑丽洁：《赫哲族教育研究综述》，《当代教育与文化》2005 年第 5 期。

郑连斌、陆舜华等：《中国莽人、僜人、珞巴族与门巴族 Heath-Carter 法体型研究》，《人类学学报》2010 年第 21 期。

周卫、张铁道、刘文璞：《中国西部女童教育的困境与出路》，《青年研究》1994 年第 11 期。

朱玉福：《扶持人口较少民族的意义》，《广西民族研究》2007 年第 1 期。

朱玉福、周成平：《人口较少民族教育事业发展研究》，《民族教育研究》2010 年第 4 期。

三　英文著作及论文

Burgess, Adam. *Critical Reflections on the Return of National Minority Rights Regulation to East/West European Affairs* [M]. London：Karl Cordell (ed.)，1999.

Byron W. Brown. Why Governments Run Schools [J]. *Economics of Education Review*，1992 (11).

Colin Baker, Sylvia Prys Jones. *Encyclopedia of Bilingualism and Bilingual Education*，Philadelphia：Multilingual Matters Ltd. 1998：544.

J. Friedlander. *Being an Indian in Hueyapan：A Study of Forced Identity in Contemporary Mexico* [M]. New York：St. Martin's Press, 1975.

James A. Banks. *An Introduction to Multicultural Education* [M]. Simul Press, 1996.

Louis Wirth. The Problems of Minority Groups [A]. Ralph Linton (ed.). *The Science of Man in the World Crisis* [C]. New York Columbia University Press, 1945.

Miller, J. R., *Shingwauk's Vision：A History of Native Residential Schools* [M]. Toronto：University of Toronto Press, 1996. pp. 138 – 142.

Parsons T. Equality and Inequality in Modem Society, or Social Stratification Revisited [G] //Parsonst Social System and the Evolution of Action Theory. New York：Free Press, 1977：321—380.

Paul Fande, Welder. Alex, Mckoy. *New Progress in Asian Study* [M]. London：Kegan Panl International, 1998.

Regina Kreide. The Range of Social Human Rights [J]. *German Law Journal*, 2001 (12).

Robert Redifield, Ralph Linton, Melville J. Herskovits. Outline for the study of Acculturation [J]. *American Anthropologist*, 1936 (8).

Theodor Meron. *Human Rights in International Law-Legal and Policy Issues*. Oxford University Press 1984. pp. 224—231.

Vilfan. *Ethnic Groups and Language Rights* [M]. New York：New York

University press, 1993.

　　Walzer. Comment: *Multiculturalism and the "Politics of Recognition"* [M.] Princeton: Princeton University Press, 2002.

　　Williamson, Oliver. *The Mechanisms of Governance* [M]. New York: Oxford University Press, 1999.

后　记

回首，从六岁到二十九岁，从小学生到博士生，二十三载的求学之旅，弥足珍贵！

驻足，才晓校园绿树阴浓，初夏时至，顿感在西大七年的生活悄然而过，留恋不舍！

眺望，怀揣着梦想与希望，把一片感恩之心化为前进的动力，用行动去见证，爱的回报！

我很幸运，能在求学中遇见亦师亦父的导师张维平先生。敬仰先生的学识渊博、宽厚仁慈，让我能有机会踏入学术研究的门槛，畅游知识的海洋。忘不了先生如父般的慈祥，为我排解学习生活的烦恼，塑造我积极乐观的心态。同时，感谢师母，时常牵挂着我，担心我因学习压力影响身心健康。在此，寄予先生和师母无尽的感激，你们是我生命中重要的亲人，愿二老幸福安康，这是学生永远的祈祷与祝愿！

曾在一次面试中，一位考官问我最自豪的事是什么，我毫不犹豫的回答："选择攻读博士学位。"并非仅为了一纸文凭，更因锤炼了自我，感悟了为学为人之道。感谢我生命中另一重要恩师张诗亚先生，是先生让我真切地明白了"踏实"二字的内涵与真谛，感受到了踏实做学问与踏实做人的快乐，先生的教诲我将永远铭记心中，指引我前行。衷心感谢先生，愿先生永远快乐健康！学生会用踏实的心态规划美好的人生，以报答先生的启迪之情！

我的幸福与幸运还源于恩师陈恩伦先生，先生是我硕士导师，在我攻博期间依然孜孜不倦的教导着我。怀念先生平时对我的细心指教，潜移默化，犹如春风化雨；回味先生指导我论文的每一个流程、每一处细节，给予我前进中的启发；感谢先生为我缓解学习与生活中的困扰，给予我希望与动力。感恩之情，无以言表，先生亦是我终身的老师，这份感情值得一辈子镌刻于心！

四年学习的点滴中凝聚着众多老师的智慧和才能，如果没有你们为我悉心指导、指点迷津，我的学业将无法顺利完成。感谢廖伯琴教授、丁钢教授、王鉴教授、黎岳庭教授、何景熙教授、杨昌勇教授、巴登尼玛教授、张学敏教授、孙振东教授、张新立教授、孙杰远教授在开题时给予我的指导与点拨。感谢亦师亦友的李姗泽老师、吴晓蓉老师、么加利老师、倪胜利老师、杨挺老师、蒋立松老师、罗江华老师、王晓燕老师、张培江老师，在学习以及论文写作中给予我的知识与精神力量。在此，向你们致以我最真挚的谢意！

在求学征程中，除了学业的所获，还收获了友谊的硕果。同门间的情谊，是一份难得的友情与亲情的交融，亲如兄妹。石连海师兄、马焕灵师兄、马雷军师兄、王许人师兄、柳翔浩师弟等一直以来关心和帮助我的师兄师姐、师弟师妹们，感谢你们！同时，同窗之情也是人生最珍贵的财富，曾经促膝长谈、探讨学习的场景常浮现在眼前，感谢黄胜、谭莉、李涯、李佳、王冬敏、卓么措、张宏、石翠红、刘晓巍、龙洋、井祥贵、覃志强、田夏彪。还要感谢隋国成等诸位好友在我学习与生活道路上的支持！有缘与你们相识，也望在今后的人生中，一如既往、相互砥砺、携手共进，愿友谊地久天长！

还要感谢给予我论文调研莫大关心与支持的杨六金先生、方明老师、金平县宣传部的李自明、金平县民族宗教事务局的李玉明、金平县金水河中学的陈素珍老师，以及莽人综合扶贫项目实施相关的各政府部门人员、金平县莽人所在的各所学校的教师与学生、莽人村民、莽人附近其他民族村民、云南民族大学和红河学院的专家学者。没有你们的参与和配合，没有你们的尽心尽力、真诚帮助，我的论文只能是没有血与肉、没有灵魂的干瘪骨架。在此，深表谢意！愿你们工作顺利、生活幸福！

二十几年的求学生涯中，离不开家人与亲人的默默付出，在此要向你们深深鞠躬。爸爸妈妈为了成就我的梦想，含辛茹苦、起早贪黑！公公婆婆为了保障我顺利完成学业，用平凡的言行、伟大的爱意温暖我！两个妹妹贴心的关爱也激励和感动了我。先生向友桃是我生命的精神支柱，用默默地爱支持我完成学业，我将一辈子去珍惜我们的爱！人生路上，有你们一路同行，我今生无憾，在未来的道路上，我要为你们的幸福勇往直前，一起去见证家是温馨的港湾！

满载感恩与期待，我将踏上新的人生征程，谱写美好的人生篇章！

袁春艳

2012 年 4 月 20 日于西南大学杏园